高职英语课堂上，以学生为主导的课程思政示范课堂实践研究——编号：XXJYY4404

英语课堂上，学生进行“自我课程思政”路径的探索——项目编号：KSY202213

中国优秀传统文化融入大学英语教学的方法与实践

马　莉◎著

天津出版传媒集团

天津科学技术出版社

图书在版编目（CIP）数据

中国优秀传统文化融入大学英语教学的方法与实践 / 马莉著. -- 天津 : 天津科学技术出版社, 2024.3

ISBN 978-7-5742-1806-2

Ⅰ. ①中… Ⅱ. ①马… Ⅲ. ①英语 - 教学研究 - 高等学校 Ⅳ. ①H319.3

中国国家版本馆CIP数据核字(2024)第050864号

中国优秀传统文化融入大学英语教学的方法与实践
ZHONGGUO YOUXIU CHUANTONG WENHUA RONGRU DAXUE YINGYU JIAOXUE DE FANGFA YU SHIJIAN

责任编辑：刘　鸫
责任印制：兰　毅

出　　版：天津出版传媒集团
　　　　　天津科学技术出版社
地　　址：天津市西康路35号
邮　　编：300051
电　　话：（022）23332377
网　　址：www.tjkjcbs.com.cn
发　　行：新华书店经销
印　　刷：河北万卷印刷有限公司

开本 710×1000　1/16　印张 16.25　字数 220 000
2024年3月第1版第1次印刷
定价：88.00元

前言

在经济全球化趋势日益加剧的今天，英语教育不但是连接东西方的重要桥梁，而且是培养国际化人才的关键工具。然而，当前我国的英语教学常常过于强调西方文化，对中国优秀传统文化的传播与普及力度不尽如人意，这无疑会影响教师对具有全球视野、国际竞争力人才的培养。因此，探索如何将中国优秀的传统文化融入大学英语教学中，使学生在掌握一门国际通用语言的同时，更深入地理解和欣赏本国优秀传统文化，成为教育工作者亟待解决的问题。传统的英语教学往往过于强调语法、词汇和听说读写的技能训练，而忽视了文化背景的引入，导致学生虽然英语流利，但对于其文化背景和深层次含义的了解并不多。英语教学不仅仅是语言技能的传授，更是文化的传播和交流。在这一理念的指导下，传统的教学内容，如古诗、成语、历史故事、民间传说等，都可以成为英语教学的素材，并能帮助学生在学习英语的同时，更深入地了解中国的文化和历史。

中国的传统文化并非陈旧过时，而是有着活力和生命力，有着无尽的魅力和深度，值得人们深入研究、传播和传承。人们必须认识到，中国的传统文化是中华民族的文化根脉，是中华民族在世界舞台上展示自我独特性的重要媒介。中国优秀传统文化历史悠久，博大精深，不论是其中蕴含的人文精神，还是源远流长的艺术传统，都是中华民族的宝贵财富，也是核心竞争力之所在。因此，只有让中国的优秀传统文化成为大学英语教学的重要内容，英语教育才能真正实现本土化和国际化的有机结合。然而，如何在大学英语教学中融入中国优秀传统文化，以让学生在英语学习中了解和欣赏中国优秀传统文化的同时，英语应用能力也获得相应提升，是当前我国高校英语教学中值得每一位教育工作者深思的问题之一。为了解决这个问题，笔者进行了深入的研究和实践，尝试从多个角度探讨如何将中国优秀传统文化有机融入大学英语教学之中。

本书共分七章，内容涵盖了文化、语言以及教学的基本理论，中国优秀传统文化的主要特征和基本精神，还有如何在大学英语教学中融入中国传统文化等内容。前两章详细介绍了中国优秀传统文化及其在经济全球化背景下的意义，以及语言、文化与教学之间的关系。第三章和第四章探讨了中国优秀传统文化对英语教学的影响，以及如何在大学英语教学中有效融入中国优秀传统文化，包括在互联网时代如何借助现代科技手段进行有效的教学。最后三章则具体讨论了如何在英语课程的词汇教学、听说读写教学以及翻译活动中有机融入中国优秀传统文化。通过撰写本书，笔者更深刻地认识到，教师必须以开放的心态去接纳和尊重文化的多样性，去探索适合自己的教学方法和路径，让学生在学习英语的过程中，既能领略西方文化的魅力，又能感受到中国传统文化的深度和广阔。只有如此，才能培养出既具有国际视野，又深深扎根于中国文化土壤的新一代青年。

本书是笔者在长期参与中国优秀传统文化融入高校英语教学工作的基础之上撰写的，具有一定的指导性与实用性，期待本书能够为从事高校英语教育的有关工作者提供帮助。由于笔者精力有限，本书难免存在不足，敬请各位读者批评指正！

目录

第一章　中国优秀传统文化概论

第一节　文化概述

一、文化的定义

文化具有复杂性与多样性，从古至今，人们对文化的定义一直在不断演变。文化涵盖了社会、历史、价值观、艺术、信仰、传统、语言、风俗习惯等方方面面，是人类共同创造和传承的宝贵财富。文化作为人类社会的现实存在，随着人类社会的进化不断发展。早期的人类依靠口头传授和图画绘制等简单方式传递信息，这些就是最原始的文化形式。随着人类社会的发展，文字的发明与运用让文化传承变得更加深入而广泛。历史的进程中，人类的文化因民族、地区、历史时期的不同而演变出各具特色的文化体系。中国的儒家文化、希腊的哲学艺术文化、印度的佛教文化，以及其他各种文明，共同构成了丰富多彩的世界文化图谱。文化对人类社会的影响是深远而广泛的，文化塑造了人们的价值观念、道德观念、认知方式和行为模式。文化为人们提供了归属感和认同感，在个体与群体之间建立了紧密的联系。在传承历史的同时，文化也是创新与变革的动力源泉，艺术、文学、科学、技术等领域的创新都源自文化的交流与碰撞。文化还影响着人类对自然环境的态度和对未来发展的展望，文化的不断演变与传承，使人类社会在不同历史时期得以持续发展。文化多样性是人类社会的重要特征，也是人类宝贵的财富。不同的地域、民族等孕育出了千差万别的文化。多元文化的交流与融合，促进了人类社会的交流与发展。在多样性中寻求共通性，推动不同文化之间对话，增进彼此理解，有助于推动全球文化的发展。每一种文化都有其独特的优点与价值，相互尊重、包容和平等对话，是促进文化繁荣发展的关键。随着经济全球化进程的加速，文化面临着一系列挑战，文化冲突、文化流失、文化同质化等问题不断涌现。经济全球化为不同文化的接触与交流提供了更多机会，但也给人们带来了文化认同方面的困惑。在这个过程中，重要的是保持文化的独特性与多样性，确保其不被同化，并应坚持文化自主，树立文化自信。文化保护与传承需要政府、社会组织和个体共同努力，加强文化教育，保护传统知识与技艺，促进文化创意产业的发展。

二、文化的特点

文化的特点是文化本质的重要体现，因此，对文化的特点有基本把握有助于人们在更深层次上对文化的本质问题进行探讨。

（一）后天习得性

文化与人类社会的关系是一个复杂而深刻的课题，文化作为人类所特有的现象，是将人类和动物区别开来的重要标志。人类之所以能成为地球上较为成功的物种之一，是因为人们具备发展和传承文化的能力。然而，文化并不是人们天生拥有的，而是需要人们通过后天学习而习得的，这一过程所反映的后天习得性就是文化的重要特征之一。在人类社会进化过程中，人类社会从原始社会发展成了现代文明社会。在这一过程中，人类逐渐学会通过语言和符号传递信息和知识，形成了文化的传承和演化。文化作为一种社会遗产，是在社会发展过程中由前辈代代相传，后代接受并继承的。人类社会中的每一个个体都要通过家庭教育、学校教育、社区活动等途径习得关于文化的知识和价值观。这种后天的学习是人类社会持续发展的基石，也是文化存在和传承的基础。

文化学习的过程从人的婴儿时期开始。婴儿生来就有基本的生存本能，如吃、喝、睡等，但这些本能行为并不构成文化，后天习得的文化要素，如何吃、什么吃等，才是文化的一部分。家庭和社会环境是婴儿最早接触并学习文化的地方，通过父母、长辈和社会的教育，婴儿逐渐习得了言语、行为的规范和社交技巧等，这构成了个体文化知识的基础。文化学习是一个不断演化的过程，随着个体的成长和社会环境的变化，文化也在不断演进。在现代社会，随着科技的飞速发展，文化学习的途径和内容也发生了巨大的变化。互联网、社交媒体等数字化工具让人们能够更广泛地接触不同文化，并推动着不同文化以前所未有的速度进行交流和融合，同时带来了文化冲突和文化认同方面的复杂问题。

（二）民族性

文化根植于民族之中，与民族的发展相辅相成，这是因为文化是特定人群长期共同生活和交往的产物，具有明显的民族性特征。民族文化是民族共同历史和社会环境的反映，是在特定地域和历史条件下形成和发展的。因此在不同的民族区域，文化的积累和传播方式会有一定差异，这就形成了民族文化的“特异性”。每个民族都有其独特的历史、语言、信仰、风俗和习惯，这些特点共同构成了民族文化的基础。文化是民族集体记忆的存储器，是民族认同和各民族人民自我认知的重要组成部分。通过代代相传的传统习俗和价值观，民族文化在民族群体中生根，起着重要的凝聚社群和增强认同的作用。民族文化不仅是民族这一社会共同体的象征，还是其独特个性的表现。民族区域的生态环境也对文化的形成有深远影响，地理环境、气候条件、资源分布等都会影响民族的生产方式、生活习惯和社会组织形态。例如，地处草原地区的蒙古族以游牧生活为主，形成了特有的游牧文化和骑射传统；而生活在热带雨林地区的部落民族，则发展出了丰富多彩的雕刻和织布艺术。不同的地理环境影响着不同民族的生产和生活方式，这直接成就了民族文化的特殊性。

（三）地域性

文化有地域性是因为人类的诞生与演化是在具体地域上进行的，在早期人类社群中，由于地理环境的差异，不同地区的人类群体在生存方式、生活习惯和社会组织方面存在显著的差异，这种差异使生活在不同地域的人形成了各具特色的文化传统。地域性文化的形成首先与地理环境密切相关，不同的地域有各自独特的地理特征，如气候、地形、水文等方面的特点，这些地理因素直接影响着人类的生活方式和生产方式。例如，生活在高山地区的民族可能会发展出山地农耕和畜牧的生活方式，而生活在沿海地区的民族则可能会依赖渔业和海洋资源，地理环境带来的不同生产方式和生活习惯形成了不同地域文化的基础。文化的地域性还与人类的历史和社会交流有关，在人类社会的发展过程中，人类之间的交流和互动是日益频繁的。随着交流的加深，不同地域的人们逐渐了解和吸收彼此的文化元素，形成文化的交融和融合。然而，由于交通和通信条件的限制，文化的交流和传播并不是完全均衡的。因此，不同地域的文化在一定程度上也保持了相对的纯正性和特异性。宗教、语言和历史传承也是地域文化形成的重要因素。宗教信仰在不同地域的分布情况对各地精神文化的面貌有较大影响。语言作为文化的重要载体，也是地域文化的标志之一，不同地区的人们使用不同的语言，形成了各自独特的语言文化。历史传承是地域文化的重要组成部分，历史事件和英雄人物在文化中扮演着重要角色，影响和塑造着人们的价值观和社会意识。①

（四）规则性

文化作为一种架构，具有规则性，涵盖了各种外显或内隐的行为模

① 金鸣娟．中国传统文化[M]．北京：中国农业大学出版社，2004：1.

式，并能通过这些行为模式引导或约束个人行为。这些行为模式在社会上表现为一系列的规范和准则，指导人们的生活和交往方式，进而构建了一个稳定的文化体系，而文化的规则性表现在多个方面。文化蕴含着一系列的价值观念，即对什么是好的、正确的、重要的和值得追求的所进行的认知判断。这些价值观影响着个体的行为和决策，引导着人们在日常生活中做出选择。例如，在一些文化中，维护家庭、尊重长辈、诚信和团队合作可能被视为重要的价值取向，而在其他文化中，独立、竞争和自我实现可能更受重视。这些价值取向不仅指导着个体的行为，还反映了一个社会群体的共同信仰和价值体系。不同文化中，人们对事物的看法、解释和处理方式可能存在显著差异，思维模式是人们在文化中长期接受的东西，隐含在日常语言和行为之中。例如，一些文化可能更倾向于集体主义思维，强调群体的利益和共同体的凝聚力，而另一些文化可能更倾向于个人主义思维，强调个体的自由和独立性。思维模式影响着人们对社会事件的看法，决定着个体与社会互动的方式。文化的规则性还体现在日常行为模式和礼仪习惯中，不同文化中可能存在着不同的礼仪和行为准则，这些准则指导着人们在不同场合的行为表现。例如，在某些文化中，对长辈的尊重表现为行为上的恭敬和礼貌用语的使用，而在另一些文化中，对长辈的尊重可能更多地体现在情感和心理层面。这些行为模式和礼仪习惯反映了文化对社会关系和社会秩序的塑造和维护作用。文化作为一种规则性的架构时，其重要作用在于使某种既定行为或准则得到社会上多数成员的自觉遵守。这种自觉遵守是文化传承和稳定发展的基础，也是文化在社会上得以传承和延续的重要动力。在社会中，文化让人们通过一些规则和准则，理解并识别自己所属的社会群体，形成认同感和归属感，从而加强了社会的凝聚力和稳定性。文化的规则也有抵御文化渗透的作用，在经济全球化时代，各种文化相互交融和碰撞，文化的多样性和开放性成为一个重要议题。然而，文化之间的交流和融合也带来了文化冲突和认同危机。在这种情况下，文化规则能够帮助社会抵御异文化的渗透，维护自身文化的独特性和稳定性。

（五）传承性

文化作为某个民族长期社会历史活动的经验总结和思想结晶，是一种宝贵的精神财富，蕴含着民族的智慧、信仰、价值观和生活方式，承载着民族的历史记忆和文明传承。文化不仅影响着个体的行为和认知，还塑造着整个社会的结构和运行方式。因此，文化的传承和继承对维护民族认同和促进社会发展具有重要意义。文化的传承途径多种多样，主要包括口头传授或亲身实践、书面语言方式的记录和传承以及非语言符号方式的传承。口头传授或亲身实践是最早、最直接的文化传承方式之一。在古代，由于文字的普及率较低，文化知识和技艺大多通过口头传承的方式传给后代。长辈通过口述故事、吟唱传统歌谣、表演戏曲和舞蹈等形式，将民族的历史、智慧和价值观传递给年轻一代。在许多手工艺和技艺领域，如农耕、工艺制作等，亲身实践和传帮带往往是最有效的学习方式，通过实践参与，后辈人能够更好地掌握和传承这些技能和知识。书面语言记录和传承是文化传承的重要方式之一，文字的发明和普及为文化传承带来了革命性的变化。通过书面语言的记录，文化的知识和思想可以被永久保存，超越时间和空间的限制，为后代提供宝贵的学习资源。古代经典著作、历史文献、哲学思想等，都是通过文字的记录传承下来的。随着印刷术的发明和书籍的大规模传播，文化的传承变得更加广泛和深入。现代互联网技术更进一步促进了文化信息的传递和交流，让不同地区和民族的人们能够更容易地获取和了解其他文化的知识。非语言符号传承也是文化传承的重要方式。语言虽然是文化传承的主要媒介，但并不是唯一的传承方式，非语言符号，如手势、绘画、雕塑等，也在文化传承中扮演着重要角色。艺术作品，如绘画、音乐、舞蹈等，也是民族文化的重要表现形式。通过这些艺术作品，民族的审美观念、情感和精神追求得到了传递和表达。另外，雕塑、建筑等物质文化遗产也是文化传承的重要组成部分，它们承载着民族的历史和文化记忆，是人们认识和了解文化的重要窗口。

（六）创造性

文化的灵魂在于创造。文化作为人类社会的产物，是文化主体进行实践和创造的结果。在人们认识世界、改造世界的过程中，文化得以产生。人们通过自身的智慧和创造力，不断创造和丰富文化，而文化也在不断地塑造和影响着人们的认知、行为和价值观。创造性是文化的本质特点，使文化得以发展、传承并能适应不同时代的需求。人类通过观察、思考和实践，不断地探索和发现世界的本质和规律。这种对自然和社会的认知和理解，组成了丰富的哲学、科学、文学和艺术知识。思想和知识的创造推动着文化的进步和发展，使文化成为人类智慧的结晶。文化有多种多样的表现形式，如语言、音乐、绘画、雕塑、戏剧等。每种文化形式都是文化主体根据自身的经验和感知，通过创造性的表达方式传递思想和情感的产物。例如，音乐是人类情感的表达，绘画和雕塑是人对于美的追求和想象的展现。这些文化形式不断地演变和创新，使文化变得多姿多彩，丰富了人们的审美体验。文化的制度指规范社会组织和行为的一系列准则和规则，制度是人类根据自身实际需要和价值追求，通过创造性的思考和实践，而构建的社会秩序。文化中的价值观是人们对道德和伦理的理解和认知，是人类根据自身的价值观念和信仰，创造出的对于善恶、美丑的评价标准。这些制度和价值观指导着人们的行为和决策，维护着社会秩序的稳定。随着社会的发展，人们的生活和价值观念也在不断地演变，文化需要不断地更新，以满足人们对美好生活和幸福感的追求。在现代社会，科技的进步和经济全球化加速了文化的交流和融合。各种文化相互碰撞和交流，激发出新的创造和想象。在这种情况下，文化创造的重要性愈发凸显。

（七）时代性

文化是一种社会现象，随着时间的推移和社会的变革而不断演变和发展。每一个时代都孕育着自己的典型文化，这是因为文化是在历史的长河中不断产生、传承和创新的。各个时代的文化都是当时社会的生产力、科技水平和价值观念的体现，它们为人们提供了认识世界、相互交流和共同发展的基础。历史上，人类社会经历了许多不同的历史时期，如石器时代、青铜器时代、蒸汽机时代、电力时代、信息时代等，每个历史时期都具有独特的技术、生产方式、社会组织和文化形态。在石器时代，人们使用简单的石器工具进行生产活动，其文化主要表现为部落生活方式和原始宗教信仰；而在信息时代，人们依靠先进的通信技术和信息网络进行全球交流和合作，其文化呈现出多元、开放和包容的特点。不仅如此，文学、艺术等文化形式也随着时代的变迁而不断变化，赋、诗、词、曲等文学形式代表着不同朝代的文化风貌。汉赋以雄浑豪放为主，表现了当时社会的繁荣与壮阔；唐诗以豪放洒脱、婉约清新为主，表现了唐代社会的开放与文化繁荣。每个时代的文学和艺术都是当时社会思潮和审美观念的反映，它们记录着时代的变迁和社会的进步。

（八）发展性

文化是一个动态的系统，随着时间的推移和社会环境的变化而不断演变、更新和前进。文化不是静止不变的，文化发展是一个不断变化和适应的过程。在文化的发展中，客观环境起着重要的作用，它影响着人们的观念、行为和价值观，推动着文化的演进。文化的发展与社会历史和人类生活密切相关。随着社会的进步和科技的发展，人们的生活方式、社会结构和价值观念都在发生变化。例如，工业革命的发生，推动了城市化和现代工业化的兴起，人们的生产方式和社会交往方式都发生了巨大的改变。这些变化不仅影响了社会结构，还塑造了人们的行为和文化形态。文化的更新和前进源自人类在认识世界和改造世界过程中所做出的不断探索和实践。在探索和实践的过程中，人们发现新的知识和技术，形成新的思想和观念，从而创造出新的文化成果。例如，科学技术的进步，推动了人类对宇宙和生命的深入认识，使人们形成了新的科学体系和哲学思想，这些新的知识和思想不断丰富和拓展着文化的内涵和外延。文化的变化和更新还受到文化主体的影响。文化主体指影响和传承文化的各个主体，包括个体、群体、社会组织和国家等。文化主体在不同的历史时期和社会环境下，具有不同的意识形态和价值观念，它们对文化的发展和传承起着重要作用。例如，在一个开放包容的社会环境下，文化主体更容易接受新的文化元素，这就促进了文化的多元融合和创新；而在一个封闭保守的社会环境下，文化主体更倾向于保持传统文化的纯粹性和稳定性。尽管文化在不断发展，但文化在某些方面确实是相对稳定且不易改变的。这是因为，文化不仅是一种社会现象，还是一种传承和认同的体现。文化承载着人们的历史记忆和文明传承，能够形成深厚的历史积淀和情感共鸣。在文化的传承中，人们对传统文化的保护和传承是非常重要的，这能使文化在某些方面保持着相对的稳定性。

三、文化的分类

（一）知识文化与交际文化

知识文化和交际文化是文化中两个重要的部分，它们在不同层面上影响着人们的思维、行为和交往方式。知识文化主要以物质表现形式呈现，如文物古迹和艺术品，而交际文化主要以非物质形式存在，涵盖了人们在跨文化交往中的各种社会习俗、价值观念、世界观和情感态度。知识文化是人类智慧和创造力的结晶，包括人类在各个领域的知识和经验，知识文化通过文物古迹、艺术品、历史文献等物质载体来传承和展现。文物古迹是人类历史和文化的见证，是过去时代的物质遗存，反映了当时社会的生活方式、技术水平和价值观念，如中国的长城、埃及的金字塔、希腊的帕特农神庙等，都是知识文化的重要代表。艺术品则是艺术家创造的艺术作品，以绘画、雕塑、音乐、文学等形式表达人们对美和生活的追求。知识文化不仅具有历史价值和艺术价值，还能为后人提供了重要的智慧和启示。交际文化则是人类社会中相互交往和沟通的重要组成部分，涵盖了人们在交往过程中的各种社会行为和交际方式。交际文化主要以非物质形式存在，包括语言、礼仪、价值观念、情感表达等方面。交际文化是人类在长期的社会实践和生活中形成的，是人们相互了解和共享资源的重要途径。在跨文化交往中，交际文化的重要性更加明显。不同文化背景的人们，在交往过程中，往往会因为语言表达、行为方式和价值观念的不同而产生误解和冲突。因此，了解和尊重对方的交际文化是促进跨文化交流和合作的关键。交际文化可以分为外显交际文化和内隐交际文化两个层面。外显交际文化是相对明显和表面化的文化特征，如礼仪、礼节、习俗等。这些文化特征往往在社交场合中表现得比较明显，是人们在日常生活中较为熟悉的一部分。例如，不同国家的餐桌礼仪、礼貌用语和礼物赠送方式都是外显交际文化的表现。而内隐交际文化则包含更深层次的世界观、价值观、思维方式和情感态度，这些文化特征往往需要更深入的交往和了解才能发现。例如，不同文化在时间观念、个人主义与集体主义、权威与平等价值观念上的差异，都属于内隐交际文化的范畴。对于内隐交际文化的研究对满足深层次交往的需求，如政治外交、商务往来和学术交流等，显得更为重要。

文化组成模式如图 1-1 所示。

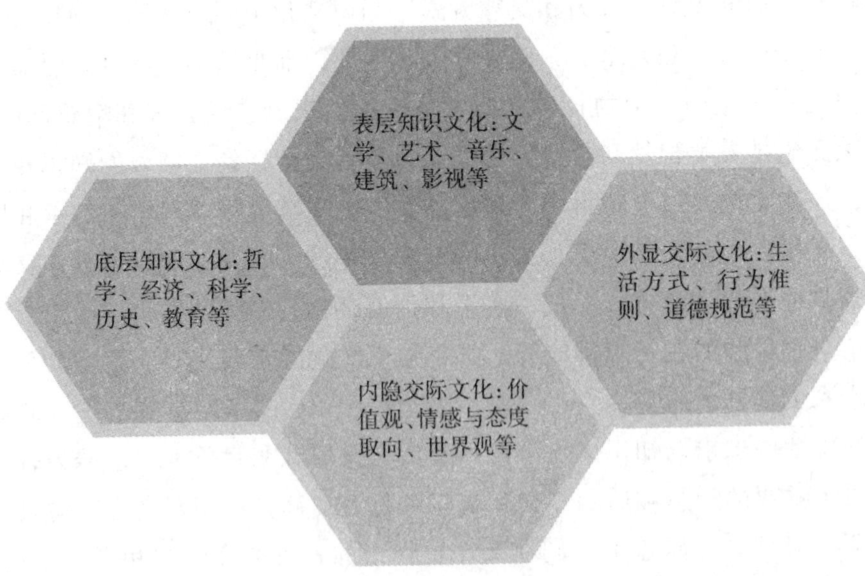

图 1-1 文化组成模式

（二）物质文化、制度文化与精神文化

文化是人类社会的灵魂，是人类在长期历史活动中的经验总结和思想结晶。它以多种形式存在，包括物质文化、制度文化和精神文化。这三个方面共同构成了文化的多维度内涵，它们相互交织，相互影响，共同塑造了人类社会的面貌和发展轨迹。物质文化是文化的基础部分，它体现了人类对自然界的认知和改造能力。物质文化包罗万象，其中包括技术和物质产品，如生产和交通工具、服饰、建筑、饮食等方面。这些物质产品满足了人类最基本的生存需要，为人类提供适应和改造环境的物质装备。例如，人类在不断发展的过程中所创造的农业技术、手工业技术、工业技术和信息技术等一系列技术。不同民族和文化所创造的建筑和服饰也是物质文化的重要表现形式，物质文化产品不仅满足了人类的生存需求，还是文化传承和发展的物质基础。制度文化是文化的结构部分，是社会组织、运行的基本规则和规范。制度文化包括规章制度、法规等，是用于调节内部关系、协调行为、适应和改造客观世界的组织手段。制度文化的形成，意味着人类能够创造社会环境，并在其中提供服务并约束自己。人类社会的运行离不开各种制度的约束和规范，这些制度反映了社会的价值取向和组织原则。政治制度、经济制度、教育制度等都是制度文化的重要组成部分。制度文化在不同民族和文化中存在差异，这反映了不同社会的特点和发展阶段。精神文化也被称为“观念文化”，是文化的内核和灵魂。精神文化是人类认识主客观关系，并进行自我完善和价值实现的途径之一，包括艺术、哲学、道德、文学、习俗等，是文化中的核心价值体系内容。艺术是人类情感和审美的表达，是文化的审美形态。哲学是人类对世界和人生的思考的结晶，是文化的智慧体现。道德是人类行为准则的规范，是文化的道德规范。文学和习俗是人类文化的传承和延续，是文化的历史记忆。精神文化是文化的核心和灵魂，其在不同民族和文化中的不同形态形成了各种不同的文化价值观念和思维方式。

（三）高层文化、民间文化与深层文化

文化的多层次性促进了文化资源的丰富性和多样性，高层文化、民间文化和深层文化共同构成了人类社会的文化生态系统，它们相互交融、相互作用，共同塑造了社会的面貌和人们的思想意识。高层文化是一种相对较为高雅的文化，代表了人类智慧的结晶和创造力的高峰。高层文化涵盖哲学、历史、文学、艺术等领域，这些领域的产物是人类智慧和创造力的杰作。哲学探讨人类存在和认识的本质问题，历史记录人类社会的发展和演变，文学表现人类情感和审美，艺术展现人类的创造力和想象力。高层文化是一种精英文化，它是人类文明的瑰宝，代表了社会发展和进步的高度。高层文化不仅丰富了人类的精神世界，还为社会的发展提供了重要的指导和启示。民间文化是与人们的日常生活密切相关的文化形式，也被称为通俗文化。民间文化包括生活方式、风俗习惯、民间艺术等方面，是人们日常生活中的重要组成部分。民间文化体现着人们对生活的认知和表达方式，它反映了人们的生活态度、价值观念和情感体验。民间文化是人类文化的根基，不仅丰富了人们的日常生活，还是文化传承和发展的重要途径。民间文化深刻体现了人类社会的民族性和地域性，体现了人类社会的多样性和丰富性。深层文化是背景文化，是隐而不露但能起指导作用和决定作用的文化形式。深层文化包括世界观、价值观、思维模式、情感态度等，是人们的核心信念和认知框架。深层文化对人们的思维和行为有着潜移默化的影响，是人类社会的文化底色和价值基石。深层文化不仅影响着人们的行为方式和决策，还影响着社会的发展和变革。深层文化是文化的内核，它决定了文化的走向和发展方向。例如，不同文化中的价值观念和道德标准的差异，可以决定不同社会的发展轨迹和文化传承的方向。

（四）高语境文化与低语境文化

高语境文化和低语境文化是人类社会中两种不同的交际文化形式，这两种文化的差异使人们在跨文化交际时容易出现误解和冲突，因为这

意味着人们的交际方式和表达习惯存在差异。理解这两种文化的特点，可以帮助人们更好地跨越文化障碍，促进跨文化交流和理解。在高语境文化中，交际的方式和程度判断依赖于非语言符号。信息并不总是以明确的语言形式传递，而是存在于自然环境或交际者的头脑中。交际者希望对方能够从非语言符号中理解信息，因此可能不太直接明了，有时需要在无言中表达心意。在高语境文化中，非语言符号扮演着重要的角色。非语言符号包括肢体语言、面部表情、眼神等，此类非语言符号传递的信息常常比言语更为丰富和复杂。人们在高语境文化中更注重沟通的氛围和情感交流，通过非语言符号传递感情和意图。相比之下，在低语境文化中，交际的方式和程度判断更依赖于语言符号。大量信息通过清晰明确的语言进行传递，成员希望对方的表达能尽量明确详尽。在低语境文化中，人们更倾向于直接表达自己的意见和想法，注重言辞的准确性和逻辑性。因此，低语境文化成员可能会觉得在交际过程中，高语境文化成员的表达不够明确，甚至觉得他们不够直率，此类高语境文化和低语境文化的差异可能导致人们在交流时产生误解和冲突。高语境文化成员可能会觉得低语境文化成员直接而不够含蓄，认为他们缺乏足够的情感表达。而低语境文化成员可能会觉得高语境文化成员含糊其辞，无法理解他们隐藏在非语言符号背后的意图。

（五）民族文化、区域文化与阶层文化

文化是人类社会的重要组成部分，是民族、区域和阶层的重要标志。文化在不同层面上表现出来的丰富多样的特征和内涵，形成了多元的文化景观。民族文化作为世界各民族在自身发展过程中所创造的文化，承载着民族的历史和独特特色。每个民族都有自己独特的语言、宗教、习俗、艺术和价值观念等，这些元素共同构成了民族文化的基本要素。例如，中国文化包含了汉族、蒙古族、维吾尔族等 56 个民族的文化元素，每个民族都有其独特的文化传统和风俗习惯。民族文化是构成多元文化世界的基石，它们在世界文化的融合和交流中发挥着重要的作用。区域

文化是因地理环境和位置的差异而形成的，带有明显区域特征的文化，不同地域的人们在长期的生活实践中形成了独特的文化习惯和生活方式。地域文化体现了人们对乡土的情感和认同，也反映了人们在特定地区所受到的自然环境和社会环境的影响。例如，南方地区和北方地区的饮食习惯、建筑风格、服饰风俗等就体现了不同地域文化的特点。区域文化不仅体现了地域差异，还促进了不同地域之间的文化交流与合作，丰富了全球文化多样性。阶层文化是因不同阶层的职业和社会分工不同而形成的文化，不同职业群体和社会阶层的人们在日常生活和文化活动中展现出不同的特点和习惯。例如，知识分子的文化素养和审美追求可能与劳动者的生活方式和文化兴趣有所不同。阶层文化反映了社会结构和社会分工的特点，同时表现了不同社会群体的生活态度和价值观念。阶层文化是社会多元性的体现，为社会内部带来了文化多样性和丰富性。

（六）主文化与亚文化

在一个复杂多元的社会中，主文化和亚文化是文化多样性的两个重要层面。主文化是社会的主导文化，是主流文化因素，它在整个社会中占有支配地位，并影响着社会的价值观、行为准则和思维方式。主文化在一个国家或地区通常是传播和所获认同最为广泛的文化形式，它是维系社会稳定和统一的重要力量。主文化在不同历史时期可能会有所变化，受政治、经济和社会等因素的影响，不断地与时俱进。亚文化是相对于主文化而言的，处于次要地位的文化形式。在多民族国家或社会中，少数民族的特色文化通常是亚文化。亚文化与主文化相比，可能具有较小的规模和特定的特征，它们在主文化的基础上形成，同时受到少数群体的共同认同。亚文化可以是地区性的、职业性的、年龄性的等等，如青年文化、街头文化、农村文化等，类别、标准不一而足。亚文化反映了同一个社会内不同文化群体的差异和共性，为社会文化增添了多样性和丰富性。

四、文化的功能

文化是一种比较复杂的社会现象，有着多个层面的功能。

（一）帮助功能

文化作为一种复杂而多样的现象，有帮助人们正确认识世界的功能，在人类的早期历史中，文化的出现和发展就为人们提供了认识世界的工具和框架。文化在不同的历史时期和地域，通过不同的形式和内容，向人们展示了丰富多样的世界观和价值观。文化通过语言、符号、传统和故事等方式，帮助人们理解自然环境和社会环境。语言是文化传承的重要载体，它不仅是人们交流思想、传递知识的工具，还是人们对世界进行认知的方式之一，文化中的符号、习俗、节日等的形成与传承也有助于代际传递关于自然和社会的信息。通过文化的传承，人们能够了解历史、掌握经验，并从中汲取智慧，使每一代人都能站在前人的肩膀上，为未来的发展积累经验。文化也能帮助人们更好地认识自己和他人，文化影响着人们的价值观、行为准则和社会角色，塑造了个体的身份认同和社会的归属感。人们能够通过文化认识自己的文化身份，了解自己所处的社会群体，从而形成共鸣和凝聚力。文化也为跨文化交流提供了框架和规范，使不同文化背景的人能够相互理解和尊重，促进多种文化的共存与交流。文化的帮助功能还体现在满足人们的基本需求方面。随着文化的发展，它已经渗透到人们生活的各个层面，成为人们生活中不可或缺的一部分。文化不仅关系着人们的生理需求，如饮食、服饰、建筑等，还涵盖了人们的心理和情感需求，如艺术、娱乐、宗教等。文化为人们提供了寻找生活目标、追求幸福和意义的途径，使人们的生活更加充实和有意义。文化的帮助功能还在于提供社会组织和协调的手段，制度文化是文化的重要组成部分，它为社会提供了组织和管理的框架，调节和协调社会关系，维护社会秩序。不同文化群体通过共同认同和遵循一定的制度文化，形成了社会的稳定秩序，推动社会向着更好的方向发展。

（二）育人功能

文化作为知识的载体，具有育人的重要功能，它不仅代表了人类对世界的认知和智慧，还是知识不断积累的结晶。文化使人类不断进化，塑造着个体的价值观、行为方式和思维模式，同时提升整个社会的文明程度和素质。文化作为知识的传承，能帮助人们学习历史和前人的智慧。历史是文化的一部分，通过了解历史，人们能够从前人的经验中汲取教训，明确道德准则，塑造正确的价值观。文化传承着人类智慧的结晶，包括哲学、文学、科学等各个领域的知识。通过学习文化，人们能够不断丰富自己的认知和思维方式，从而更好地适应社会和进步。文化不仅代表着已有的知识，还是人类知识不断积累的结晶。随着社会的不断发展和科技的进步，新的知识不断涌现，旧知识也在不断被验证和修正。文化不仅是对过去的回顾，还是对未来的展望。它激励人们勇于探索未知，追求新的知识，推动社会不断向前发展。文化作为知识的媒介，不仅帮助人们理解过去，还培养了人们对未来的探索精神和创新能力。文化塑造人的过程也是人塑造文化的过程，人类文化的发展是与个体的认知和行为紧密相关的。人们通过接触和学习文化，逐渐形成个体的世界观、价值观和行为模式，个体的经验和行为也影响着文化的演变和进步。文化不是一成不变的，而是随着社会和个体的发展而不断演进的。人们通过文化的学习和传承，不断地改进和创新文化，使其更加符合社会和个体的需求。文化还为人们提供了提升能力和素质的途径。文化不仅是知识，还为人们在思维、情感和艺术方面提供了体验和提升的途径。人们在接触和学习文化的过程中，培养了批判性思维、创造性思维和解决问题的能力。文化艺术作为一种表达方式，帮助人们表达情感、体验美的感受，从而提升其情商和审美能力。文化还为人们提供了人文关怀和价值观的指引，使个体更有社会责任感和共情能力。

（三）化人功能

文化的精神属性是人类与动物相区别的重要标志，动物的行为多数出于本能的驱使，而人类则具有自主意识和自主选择的能力，这使人类能够创造、传承、改进和拥有文化。文化不仅是人类的产物，还是塑造和影响人类的精神世界的重要因素。文化有化人的功能，其中教化、美化、感化、熏陶、塑造等是特别值得关注的。文化的教化功能指人们可以通过传承和学习文化，获得知识和智慧，从而提高认知能力和理解世界的能力。教育是文化的重要组成部分，它不仅是知识的传递，还是价值观、道德准则和行为规范的传授。教育能使人们学习如何正确地看待和处理问题，培养积极向上的思维方式，增强创新能力和解决问题的能力。教化功能使文化不仅是一种精神上的享受，还是一种认知上的引导和指引。文化的美化功能是指通过艺术、文学、音乐等形式，人们获得审美体验和艺术享受。美化功能使文化成为一种愉悦的精神享受，使人们的心灵得到滋养。艺术作为文化的重要表现形式，能够表达情感、传递思想、展现美感，使人们感受到精神上的满足和愉悦。美化功能不仅提高了人们的审美能力，还丰富了人类的精神世界。文化的感化功能指人们可以通过传承和学习文化，受到情感和情绪上的感染和影响。文化中包含着丰富的情感和情绪，能够激发人们内心深处的共鸣和共情，使人们体会到彼此的感受。感化功能使文化成为一种凝聚人心的力量，让人们在面对困难和挑战时能够相互支持和理解。文化的熏陶功能指通过接触和学习文化，人们可以受到文化的熏陶和影响，形成个性和品格。文化中包含着价值观念和道德准则，能够塑造人们的品行和行为方式，使人们具有良好的道德修养和社会责任感。熏陶功能使文化成为一种涵养人心的力量，培养人们的道德品质和社会良知。文化的塑造功能指通过传承和学习文化，人们能够不断形成和改进自身的个性和性格。文化不仅影响个体的认知和行为，还能影响个体的精神世界和人格塑造。文化的塑造功能使人们成为具有独特特质和价值观的个体，形成丰富多样的人类社会。

（四）规范功能

文化的规范功能指文化可以对社会行为进行约束和引导，它是确保社会有序发展的基石。在人类社会中，个体的行为受文化制度和社会规范的影响和约束。这些规范涵盖了各个方面，包括道德准则、法律法规、社会习俗、礼仪规范等，它们都是文化的具体表现形式。文化的规范功能体现在道德准则和伦理规范的制定和传承上。道德准则是社会行为的规范和准则，影响着人们的行为和决策。通过对道德教育和伦理规范的传承，人们能够认识到何为善、何为恶，从而在行为中选择正确的道路。道德准则的传承和遵守有助于维护社会的公平正义和道德秩序，促进社会的和谐稳定。文化的规范功能还表现在法律法规的建立和执行上。法律确立了人们在社会中的权利和义务，是由国家强制力保障实施的行为规范。通过法律的制定和执行，人们能够维护公共秩序和社会稳定，保障合法权益，促进社会的繁荣与进步。法律是文化规范功能的重要组成部分，能使文化成为一种有力的社会调控手段。文化的规范功能还体现在社会习俗和礼仪规范的传承和遵守上。社会习俗和礼仪规范是人们在日常生活中应遵循的一种行为规范，反映了社会的价值观和文化传统。通过社会习俗和礼仪规范的传承，人们能够维持社会秩序和彼此之间的团结合作，形成文化认同和社会认同。社会习俗和礼仪规范是文化规范功能的重要体现，它使社会成员能够在共同的价值观和行为准则下和谐相处。

（五）经济功能

文化经济作为经济发展的重要组成部分，在现代社会中发挥着越来越重要的角色，它既通过文化的教化功能推动经济的有效发展，又能直接创造经济效益，是现代经济体系中不可或缺的一部分。文化的教化功能对经济发展具有深远的影响，文化的教化作用不仅在于传承和弘扬民族优秀传统文化，更重要的是，文化还能激发人们的创新精神和创造力。当人们受到文化的教化和熏陶后，他们的视野会更加开阔，他们会拥有更广阔的思维空间，从而有更多的可能性去寻找新的经济增长点和创新机遇。文化的教化不仅让人们有更高的学习能力和适应能力，还使人们更容易接纳新技术、新理念，从而推动科技创新和经济的转型升级。文化直接创造经济效益，尤其在文化产业的发展方面。文化产业指以文化和创意产品为主要内容，通过生产和流通等经济活动而推动发展的一类产业，这些文化产品包括文学作品、电影、音乐、艺术品、传媒内容等。随着科技进步和数字化时代的到来，文化产业正迅速崛起，成为新的经济增长点。文化产业不但创造了大量的就业机会，而且带动了相关产业的发展，如旅游业、餐饮业等。文化产品的创意和独特性也使其成为有高附加值的产品，有助于提高经济的竞争力，增加社会财富。

（六）社会动力功能

文化作为社会动力，对当今社会发展有重要的推动作用，对经济社会发展有着直接的影响，文化产业正逐渐成为支撑当代社会的重要产业，文化的社会动力功能体现在对经济社会发展的支撑作用和对社会协调发展的支撑作用两个层面。文化对经济社会发展的支撑作用在于，文化可以对人们的精神世界进行教化和启迪，文化是人类认识世界、改造世界的工具，传承了人类智慧和经验，使人们能够认识到周围环境的多样性和复杂性。通过文化的教化，人们的认知能力得以提升，思维得以开拓，这就推动了经济社会的创新和发展。文化能够激发人们的创造力和创新精神，促进科技进步和产业升级。在创意产业领域，文化的推动作用表现得尤为明显。文化的多样性和创新性能够激发艺术家、设计师和创业者的创造力，推动创意产品和服务不断涌现，推动形成新的市场和经济增长点。文化对社会协调发展的支撑作用在于其在塑造社会共识和价值观方面的影响，文化是社会共同的精神纽带，可以促进社会成员之间的相互理解和认同，推动形成共同的价值观和意识形态。当一个社会的文化价值体系得到认同并成为共识时，社会的各个成员就会在共同的目标和价值导向下协调发展。例如，在跨文化交际中，文化会使人们产生共鸣，促进不同文化的融合与交流。这种文化共识和价值共鸣有助于减少误解和冲突，推动不同文化的和谐发展。而对于一个国家而言，文化的社会动力功能可以体现在塑造国家形象和提升国家软实力方面。国家文化得到全球认可和尊重，将有助于提高国家的国际声誉和影响力，推动国家的经济合作和文化交流，推动国家与其他国家的协调发展。

（七）整合功能

文化的整合功能在社会上发挥着重要的作用，它是社会需求的重要体现。通过文化的整合功能，文化成员之间的关系可以得到协调，文化内部各个部分得以形成和谐一致且联系紧密的整体。这种整合不仅能够加强民族团结，促进社会的稳定与发展，还能够使社会成员对自己的国家或民族有更强烈的归属感。文化的整合功能在社会中发挥着调和各种文化的作用，在多元文化的社会中，不同的文化群体存在着差异和多样性，这可能会导致文化之间的冲突和对立。而文化的整合功能可以帮助社会成员理解并尊重不同的文化，促进文化之间的融合与互动。通过交流和对不同文化的包容，人们能够更好地认识和理解彼此，减少误解和偏见，从而促进社会和谐稳定发展。例如，一些多民族国家通过鼓励不同民族之间的文化交流和融合，加强了民族团结，推动了国家的社会稳定和发展。文化的整合功能可以协调社会内部各个部分之间的关系，使社会成为一个有机的整体。社会中存在着各种不同的文化群体和社会分层，而这些文化群体和社会分层之间往往存在着相互影响和相互制约的关系。通过文化的整合功能，社会成员能够认识到各个部分之间相互依赖和联系的关系，形成共同的目标和价值导向，促进社会的协调发展。例如，在教育领域，文化的整合功能可以使教育系统更加关注人的全面发展，培养学生的综合素质和创新能力，促进社会的持续进步和发展。文化的整合功能还可以加强民族团结，促进社会的稳定与发展。在一个多民族国家或地区，不同民族之间可能存在着文化差异和历史遗留问题，这可能导致社会的分裂和冲突。而通过文化的整合功能，不同民族之间的文化交流和融合得以加强，民族的认同感和归属感也能得到提升。民族团结有助于增强国家的凝聚力和稳定性，促进社会的繁荣与发展。

第二节　语言与文化的关系及融合

一、语言与文化的关系

（一）语言是一种社会文化现象

语言作为文化的重要组成部分，承载着丰富的文化信息，是一种社会现象，也是文化的重要表现形式。语言不仅是人类交流的主要工具，还是传承和表现文化的媒介。在文化中，语言对精神文化建设有至关重要的作用，它是精神文化产生和发展的必要前提之一。语言是文化的灵魂和载体，通过语言，人们传递和交流思想、观念、价值观以及文化传统。语言是人类思维的工具，不同文化背景的人们会借助不同的语言表达来诠释世界和人生。例如，在不同文化中，某些词汇可能有特定的文化内涵和象征意义，通过语言的表达，人们能够更好地传递文化的精髓和特色。语言是文化心理的反映，不同文化背景的人使用不同的语言，这种语言上的差异体现了不同人群文化心理的不同特征。例如，一些文化强调集体主义和社会责任，他们的语言就可能更加强调集体和社会的表达；而另一些文化可能更注重个体自由和个人表达，他们的语言可能就更加强调个人主义和自我表达。语言也对文化心理的某些要素有影响，语言不仅是表达文化的工具，还在一定程度上塑造着人们的文化心理。不同的语言结构和词汇体系可能会影响人们的思维方式和认知方式。例如，一些语言可能更注重对动作和体验的描述，而另一些语言可能更注重抽象概念的表达，这些差异也会影响人们对世界的理解和感知。文化与语言相辅相成，但并不等同。文化是语言生成与发展的机制，塑造了语言的形态和表达方式，语言的交流也为文化的多元化发展增添了新内容。在经济全球化时代，各种文化相互交流和融合，语言作为文化的一部分，也在不断发展和演变。因此，理解语言与文化的关系对跨文化交流和理解具有重要意义，人们应当尊重不同文化背景的语言表达，认识到语言背后蕴含着丰富的文化内涵和特点。[①]通过学习和掌握不同的语言，人们能够更好地理解和融入不同文化，促进文化的多元发展和交流。在经济全球化背景下，推动文化和语言的交流，有助于促进世界各地文化的包容与融合，能为构建一个和谐、多元、共赢的世界做出贡献。

（二）语言是文化的凝聚体

语言与文化的关系的确是一种复杂而深刻的互动关系，可以被形象地描述为“语言是文化的凝聚体”。语言作为文化的凝聚体，包含了从文化中积淀下来的丰富信息。词汇、语法、语调和发音方式等语言要素，都能体现人们自身所属社会的文化传统、价值观念和社会习俗特点。语言中的词汇反映了人们对周围世界的认知和理解，而不同文化中的词汇差异往往反映了他们对于不同事物在重视和关注程度方面的差异。例如，某些民族的语言中可能有许多与自然环境和动物有关的词汇，这反映了他们与自然和动物的密切关系。而另一些民族的语言可能更加注重人与人之间的社会关系，这反映了他们对社会互动的重视。语言是文化认同的标志，语言是人们认同自己所属文化的重要途径之一。人们通过学习和使用特定的语言，表达对自己文化的认同和归属感。语言不仅是一种交流工具，还是一种身份认同的象征。在经济全球化的今天，保护和传承自己的语言成了许多文化传承者所面临的重要问题。失去了语言，人们也将失去文化认同的重要标志，文化多样性也将因此受到威胁。语言塑造着人们的认知方式和思维模式，不同的语言有不同的表达方式和逻辑结构，这也影响着人们的思维方式和认知方式。[②]例如，一些语言可能

① 杨德爱．语言与文化 [M]. 昆明：云南大学出版社，2020：16.

② 朱文斌，庄伟杰．语言与文化论坛 [M]. 上海：上海交通大学出版社，2019：14.

更强调对细节和具体事物的描述，而另一些语言可能更注重整体和抽象概念的表达。因此，语言不仅是一种交流工具，还是一种思维方式的载体。不同的语言可以让人们用不同的角度看待问题，从而拓宽人们的认知和理解范围。

（三）语言对文化的影响

语言与文化的相互影响和相互作用是人类社会发展的重要动力之一，它们之间的关系是复杂而密切的，涉及文化的建构、传承以及交流。语言是文化建构的基石，文化是人类社会的精神财富，而语言是文化的表现和传承工具。语言能使个体的思想和认知得以外化为集体意识的一部分，从而让人们形成共同的价值观念、信仰和习俗。例如，不同文化背景下，人使用不同的语言表达对自然的认知，并因此而形成了各具特色的神话、传说和民间故事。这些语言背后蕴含着人们对世界的理解和解释，构建了独特的文化体系。因此，语言在文化的建构中起着不可替代的作用，是文化的基石。语言是文化传承的关键，文化的传承需要通过代际间的交流来实现，而语言正是这种交流的媒介。通过口口相传，文化得以传承并世代延续。例如，许多民族通过口头传授的方式讲述历史故事、民间传说和祖先的智慧，这些故事和传说通过语言传承给后代，成为文化传统的一部分。语言也在文化传承中扮演着记录和保存的角色，通过文字和书籍的载体，文化的知识和智慧得以长期保留，为后人继续传承提供了重要的依据。语言在文化交流中也发挥着重要作用。文化交流就是不同文化之间相互影响和借鉴，而语言是文化交流的主要媒介。人们能够通过语言的交流，了解和体验其他民族的文化，学习其他民族的语言，可以深入了解其价值观、社会习俗、艺术表达和传统习惯。这种文化交流促进了文化的提升与发展，使各种文化相互借鉴、互补共赢。文化交流也能够保护并发展文化多样性，使各种文化能够在共同的交流平台上相互交流，协调发展。

（四）文化对语言的影响

文化对语言的影响是深远且多方面的，它塑造着语言的词汇、语法、语音等，语言也反过来影响着文化的传承和发展。文化对语言的影响有几个方面：第一，词汇丰富度。文化环境和生存环境影响人们对事物的认知和表达方式，从而导致某些语言拥有更多或更少与特定事物相关的词汇。例如，一些土著民族语言在描述本土植物、动物和风土人情时可能有丰富多样的词汇，而在现代科技领域，可能需要借用其他语言中的词汇。第二，社会关系和称谓。社会关系在文化中占据重要位置，影响着语言中亲属称谓的丰富程度。不同文化对家庭成员、长辈、晚辈等的称呼可能存在差异，这反映了不同文化对家庭关系的重视程度差异和家族结构的特点；文化交流与借鉴。在不同文化接触与交流中，一些有代表性的词汇可能会传向其他文化，并被接受和使用。例如，中国文化的传统节日“春节”“中秋节”等词汇，随着中国文化的传播，已经为世界各地的汉语学习者所接受和使用。[①] 反过来，不同文化之间的接触也可能导致一些词汇消失或转变。第三，语法结构和表达方式。文化对价值观、社会习俗和思维方式的影响也会反映在语言的语法结构和表达方式中。例如，一些文化对礼貌用语的要求较为严格，反映在语言中，就是礼貌称谓和表达方式会更为复杂和多样化。第四，语音和口音。不同文化区域的语音特点也受文化影响，一些文化对语音发音的准确性和清晰度要求较高，而其他文化可能更加注重语音的地域特色和乡土气息。

二、语言与文化的融合

语言作为文化的最终产物，是文化内涵和价值观念的体现。深入了解语言，可以使人更深入地了解文化，从而加深对不同文化背景下人们思维方式、价值观念和社会习俗的理解。在外语教学中，文化教学也扮演着至关重要的角色，因为仅仅学习语法和词汇并不能真正掌握一门语

① 冯学芳．中国语言与文化[M]．武汉：武汉大学出版社，2019：13.

言，了解文化背景是语言学习融会贯通的关键。外语教学必须实现语言教学和文化教学的有效结合，教师应该在教学中注重文化教育，通过介绍外国文化背景、习俗和价值观，激发学生对跨文化交际的兴趣和好奇心。教师可以通过多媒体教学手段，引导学生了解和体验不同文化，让学生在语言学习中感受文化的魅力。学校可以组织文化交流活动，让学生亲身体验和感受不同文化背景下的生活方式，从而加深学生对外国文化的理解和认知。在实现语言教学和文化教学的有效结合时，教师也需要具备相应的文化素养和跨文化交际能力。教师应该不断提升自己的文化水平，了解和研究外国文化，以将其更好地传授给学生。同时，教师还应该在教学中注重培养学生的跨文化交际能力，引导学生尊重和理解不同的文化，从而让学生在跨文化交流中更加自如和顺利。

（一）语言教学与文化教学

在外语教学中，加强文化教学有两大动机：工具性动机和综合性动机。工具性动机指学习者为了实用目的而学习外语和文化，如为了获取文凭、找到好工作或获取信息，主要强调外语和文化在职业发展和实际生活中的应用价值。综合性动机则强调学习者对外语和文化的全面认知和兴趣，包括与外国人交流、学习外国文化、促进文化交流等目的。综合性动机在外语教学中尤为重要，可使学习者在学习语言的同时对相关文化产生浓厚兴趣，并主动去了解、接受和融入这些文化。通过学习外语文化，学习者不仅可以提高跨文化交际能力，还能拓展视野，培养国际化思维。而仅仅追求工具性动机，忽视对外语文化的全面了解，可能会导致交际时发生文化冲突和误解。

在实践中，将文化教学融入外语教学中可能会遇到一些困难，如教材内容有限、教学时间有限等。但是，培养学习者的跨文化能力是一项必要且切实可行的目标。在教学中，教师可以通过多样化的教学方法和教学资源，为学生提供丰富的文化知识，引导学习者主动了解和探索不同文化的形成背景和价值观。教师还可以通过组织文化交流活动，让学习者亲身体验不同文化的生活方式，增强学生对文化的体验感。在加强文化教学的同时，外语教学的目标还应该有满足交际需要，提高学习者的跨文化交际能力。跨文化交际能力指学习者在不同文化背景的情境下，有效地进行交际和互动的能力，包括语言能力、文化意识、文化适应能力等多方面的能力。培养学习者的跨文化交际能力，可以让学生在跨文化交流中更加自如和顺利，促进不同文化的理解。

（二）语言教学与文化教学的关系

语言和文化是相互依存的关系，文化是语言存在的环境条件，也是语言应用的环境条件。语言是文化的表现形式，而文化则通过语言的传播和表达得以传承和发展。学习语言形式和语言应用的内涵知识，可以保证语言的真实性和生动化，使学习者更好地理解和运用语言。语言与文化的紧密联系在各行各业都是被认可的，无论哪种语言，都离不开其所处的环境和社会文化。每一种语言都蕴含着所属文化的价值观、历史传承和社会习俗。因此，学习一门语言必然伴随着对其背后文化的学习。文化学习是语言学习的必然结果，也就是说，要真正掌握一门语言，就必须了解其所代表的文化。文化教学在语言教学中具有重要作用，文化教学不仅可以提高学习者语言学习的效果，还可以培养其外语交际能力，帮助他们了解外国文化，增强跨文化意识，提高跨文化交际能力。跨文化交际能力是现代社会中非常重要的一种能力，它使人能够在跨越不同文化背景的情境中有效地进行交际和互动，避免文化冲突和误解的发生，促进文化交流和融合。将语言教学与文化教学合二为一，是现代外语教学的重要理念，外语教师应注重对学生进行本族特色文化和异域典型文化方面的教育，帮助学生形成正确的跨文化视野，提升学习者的语言和文化交际能力。[①] 在教学过程中，教师可以将多样化的教学资源和活动融入文化教学，引导学习者了解不同文化的背景和特点，培养学生对多元文化的包容心态。

① 周琳．教育与语言文化论文集[M]．北京：对外经济贸易大学出版社，2019：34.

（三）文化教学策略

1. 文化知识传授

在外语教学中，文化知识传授是提升学习者跨文化交际能力的重要途径。掌握文化知识对学习者来说至关重要，这里的文化知识涉及文化的本质特点、功能，文化包含的内容和范畴，以及不同文化的价值观念和习俗规范等。了解这些文化知识有助于学习者在跨文化交际中更好地理解和适应不同的文化环境。为了传授文化知识，教学者应采用多样化的教学方法。例如，教师可以通过讲座的形式，用不同的文化主题组织一系列的文化讲座，让学习者进行系统的文化知识学习。讲座可以涵盖各个方面的文化内容，如历史、文学、艺术、风俗习惯等，以便学习者全面了解不同文化的特点和背景。一个典型的例子就是英语国家和中国在交际距离上的差异。在西方国家，人们通常保持一定的交际距离，一个人如果在交谈过程中离对方太近或太远，都可能会让对方感到不适。这是因为不同文化对个人空间的理解和要求不同，需要学习者了解并适应。

2. 案例分析

案例分析在外语教学中是一种非常有效的教学方法，特别适用于培养学习者的跨文化意识和跨文化交际能力。通过分析实际跨文化交际中的典型失败案例，学习者可以深入了解不同文化在某些方面的差异，从而避免类似的误解和失误。教学者可以从各种渠道选择具有代表性的跨文化交际的失败案例，如报纸、新闻报道等。学习者可以分析这些案例，探究其中误解产生的原因。教学者也可以给出四个选项，让学习者根据自己的理解进行选择，并在错误的情况下进行多次尝试，直至选对为止。这种方法可以帮助学习者主动思考、积极参与，从而更好地理解不同文化之间的差异和交流中可能产生的误解。另外，教学者还可以通过收集目标语国家的物品和图片的方式，让学生了解外国的艺术、历史和风土人情。放映外语电影、电视、幻灯片、录像等资料，给学生直观的感受，让学生在真实的语境中感受目标语的实际运用方法。通过这种亲身体验，学习者能更加深入地了解目标语国家的文化特点，从而培养自身的文化意识和跨文化敏感性。案例分析的好处在于它能够使学习者从具体的情境中学习和体验，而不仅仅是理论上的知识传授。学习者可以在实际案例中感受到跨文化交际的挑战性和复杂性，从而更加注重细节和文化差异。这样的学习方式可以培养学习者的主动学习能力和解决问题的能力，同时增强他们在跨文化交际中的自信和应对能力。在实施案例分析时，教学者需要灵活运用不同的教学资源和教学方法，使学习过程更加丰富多彩。教学者还应鼓励学习者积极参与讨论和思考，鼓励他们主动探索和发现，从而真正实现语言教学和文化教学的有机结合。通过这样的教学方法，教师可以培养更多具有全球视野和跨文化意识的国际化人才，为构建更加和谐的全球社会做出积极贡献。

（四）语言教学与文化教学的融合

1. 词汇教学与文化教学相融合

在语言中，词汇是文化差异的基本体现，承载着各种文化意义和内涵。在外语教学中，教授词汇的文化意义和引申意义尤其重要，因为了解这些差异能够帮助学习者真正理解和运用词汇。在不同民族或文化之间，同一个词语可能会有不同的联想意义和文化内涵。例如，一个简单的词汇在中西方文化中的用法和搭配就可能会有很大差异。教师在教学中应该向学生重点介绍这些文化差异，让他们了解不同文化对词汇的不同运用，从而更好地掌握词汇的含义和使用方法。教师可以利用丰富的教学资源，组织多种教学活动等方式，帮助学生学习词汇的文化意义，例如，教师可以通过让学生阅读有丰富文化背景的文章、短片、音频等，让学生在真实的文化语境中感受词汇的含义和用法。教师还可以引导学生进行跨文化比较，比较不同文化对同一词语的解释和运用，帮助学生深入理解词汇的多样性和灵活性。除了教授词汇的文化意义，教师还应该帮助学生掌握词汇的引申意义。有些词汇在特定文化中可能会有一层或多层的引申意义，而不仅仅有字面上的意思。教师可以通过讲述实际案例和故事，向学生展示词汇的引申含义，引导他们在不同语境下理解和运用词汇。教师还应该将词汇的学习环节置于实际的语言交际中，开展角色扮演、对话练习等活动，使学生可以更好地掌握词汇的运用能力和语言交际能力。这种实践性的教学方法可以让学习者在真实的交际情境中感受词汇的实际运用方法，提高他们的语言交际能力。在外语教学中，注重教授词汇的文化意义和引申意义，让学生将词汇置于真实的文化语境中进行练习，不仅可以帮助学生深入理解词汇，还可以提升他们的跨文化交际能力。通过这样的教学方法，学习者可以更好地适应和应对不同文化背景下的交际情境，成为具有全球视野和跨文化意识的国际化人才。

2. 阅读教学与文化教学相融合

在外语阅读教学中，学生需要学习三个层面的意义：词汇意义、语法结构意义和社会文化意义。其中，社会文化意义是最具挑战性的一层，因为它涉及使用该语言社区的价值观、信仰和态度。有效的阅读教学要求学生具备对目标语言的文化洞察力，否则他们的阅读理解会受到影响。因此，在阅读教学中，教师应该着重强调语言的社会文化意义，并为学生提供适当的指导。为了帮助学生在阅读中把握社会文化意义，教师首先需要明确教学目标和内容。教师应该明确告知学生，在阅读中除了理解词汇和语法结构，还需要关注篇章内容中的文化信息。教师还应该指导学生了解目标语言社会文化背景，包括价值观、信仰和社会习俗等。这样学生就可以更加了解文化背景，进而更好地理解阅读材料中的文化内涵。

3. 听说教学与文化教学的结合

为了让学生更好地了解跨文化交际文化，外语教学应与听说教学有效结合，将听说教学融入外语教学过程中。在跨文化英语教学中，听说教学的作用非常重要，它是帮助学生培养跨文化交际能力的重要手段。

听说教学的融入可以使学生更加熟悉语言的真实运用环境，增强他们的交际能力和理解跨文化交际文化的能力。文化教学在外语教学中应该具有准确性和代表性，教师要选择准确的文化材料和主题，反映本国文化的多个方面，让学生真实地了解本国文化和与目标语言社区的交际文化。教师还应该将文化知识融入课堂教学中，让学生在学习语言的同时学习相关文化知识。

第三节　中国优秀传统文化的主要特征与基本精神

一、中国优秀传统文化的主要特征

中国文化是一个综合的有机整体，是几千年来中华民族在认识与改造自然、社会与自身的过程中创造和积累的全部民族文化成果的总和。中国文化的主要特征体现在多个维度和角度上，从幅员辽阔、民族众多、历史悠久等方面来看，中国文化具有明显的广度和厚度。

（一）源远流长

中国文化作为世界上最古老、持续时间最长的文明之一，其卓越的延续性和稳定性是值得探讨和深入研究的重要特征。自中华文明起源至今，中国文化经历了漫长的历史沉淀和演进过程，凝聚着中华民族的智慧和创造力。中国文化的历史可追溯至约五千多年前，最早起源于黄河流域和长江流域，并在那里形成了著名的黄河文明和长江文明。这两个地区在古代以农业为基础，逐渐形成了独特的文化形态，并通过交流融合产生了富有特色的中国文明。其中，中国古代农耕文化是中国文明的重要组成部分，农耕文化在中国的历史中长期扮演着核心角色，农耕文化对中国社会和文化的发展产生了深远的影响。古代农耕技术的发展为中国创造了丰富的农业产出，使中国成为世界上最早实现人口大量稳定聚居的地区之一。农耕文化也深刻地影响了中国人民的生活方式、价值观念和文化传统，使中国人形成了独特的农耕文化心理。中国在古代也取得了许多科技成就，为世界文明的进步与发展做出了重要贡献。在冶铁术方面，中国古代冶铁技术的发展达到了相当高的水平，这使中国的军事力量和经济发展有了强大支撑。中国人还创造了四大发明，即造纸术、指南针、火药和印刷术，这些发明对人类文明的进步产生了深远的影响。在文化思想方面，中国人也取得了许多令人瞩目的成就，如儒家经典、《孙子兵法》、屈原的《离骚》等。儒家思想在中国的影响尤为深远，它强调仁爱、诚信、忠恕等美德，对中国的政治、社会和教育产生了巨大影响，成为中国传统文化的重要组成部分。

（二）博大精深

中国文化是中华民族在几千年的历史发展过程中所创造的民族文化的总和，其丰富多样的内容和深刻内涵使其成为世界上独具特色的文化体系。中国文化蕴含着政治、经济、文化、军事、历史、哲学、道德、宗教等多个方面的智慧。中国文化的丰富性体现在文物古迹的多样性上，中国拥有悠久的历史，各个历史时期的遗址和建筑物在今天依然保存完好，是宝贵的文物古迹。长城、故宫、兵马俑等都是举世闻名的代表。这些文物古迹不仅见证了中国历史的变迁，还向世界展示了中国古代文明的辉煌成就，对研究和了解中国文化有着重要的价值。中国人在数学、文学、艺术等方面也取得了辉煌的成就。在数学领域，古代中国人发明了十进制数制、零的概念、算盘等，对世界数学的发展产生了深远的影响。中国文学拥有悠久的历史，从古代的《诗经》《楚辞》《论语》到现代的文学作品，无不展现了中国文人的智慧和情感。中国的艺术也非常独特，包括绘画、音乐、舞蹈、戏曲等形式，这些艺术作品都有着丰富的艺术表现形式和深刻的内涵。中国文化还在农学、医学、天文学、算学、地学等方面领先世界。中国古代农学家发展了丰富的农业技术，推动了农业的繁荣和发展；中国古代的医学疗法和草药疗法也为世界健康事业做出了重要贡献。在天文学方面，中国古代天文学家观测到过许多天体现象，并形成了独特的天文学理论。不仅如此，在算学和地学方面，中国古代学者也取得了一系列的重要成就。中国文化的特点还包括强调伦理和道德，注重实际和稳定，追求和谐与统一、理性和教养等。这些特点构成了中国文化独特的价值观和价值取向，对中国人的日常生活和中国的社会发展产生了深远的影响。

（三）影响深远

中国传统文化是中华民族的精神力量和灵魂，是几千年来中华民族在认识世界、创造文明的历史长河中所创造的丰富宝藏。这一传统文化承载着中华民族的智慧、情感、价值观和道德准则，是中国人民团结、自立和开拓进取的重要精神支撑。中国传统文化涉及政治、经济、文化、军事、历史、哲学、道德、宗教等多个方面的理论和思想，形成了独特的文化体系。例如，儒家思想强调仁爱和道德修养，道家思想注重自然和无为而治，佛教教导众生追求解脱和慈悲等。这些理论和思想构成了中国传统文化的核心价值观，对中国人的日常行为和社会伦理产生深远影响。中国传统文化包含了丰富多样的科技成就、文艺创作、文物古迹和民风民俗等，在科技方面，古代中国人创造了造纸术、指南针、火药和印刷术等重要发明，这些科技成就对世界文明的进步产生了重要影响。在文艺创作方面，中国拥有众多的名家名作，如唐诗宋词、古琴音乐、京剧戏曲等，这些艺术作品代表着中国文化的高度艺术成就。中国还有众多珍贵的文物古迹，如长城、故宫、兵马俑等，这些文物古迹见证了中国古代文明的辉煌历程。中国的民风民俗也是中国传统文化的重要组成部分，各地的传统节日、民间舞蹈、手工艺品等都体现了中国人民的智慧和创造力。[①] 中国优秀传统文化对鼓舞民族团结奋斗、提高人民思想境界、推动社会进步发挥了巨大作用，在实现中国梦的过程中，中国传统文化不可或缺。中国梦是实现中华民族伟大复兴的梦想，而传统文化

① 金鸣娟．中国传统文化[M]．北京：中国农业大学出版社，2004：210.

是中国梦的重要支撑，它在引领国家和人民前进的征程中发挥着重要作用。中国传统文化也促进着世界文化的交流和共建，中国作为一个拥有五千年历史的文明古国，有着丰富的文化资源和智慧积累。传播中国传统文化，可以提高中国的文化软实力，展现中华文化的永久魅力和时代风采，为世界文化的多样性和共同发展贡献力量。

二、中国优秀传统文化的基本精神

（一）天人合一

中国共产党始终将人民的利益放在首位，坚持人与自然和谐发展，实现了中国社会的快速崛起和经济的持续增长。在实践中，中国通过大力推进生态文明建设，加强环境保护和生态修复，努力实现人与自然的和谐统一。例如，中国积极推进绿色能源的发展，大力发展可再生能源，减少对传统能源的依赖，降低碳排放，为构建人与自然和谐的生态环境做出了积极贡献。在当代社会，中国面临着日益严峻的全球环境挑战和资源压力。在这个背景下，“天人合一”思想依然具有重要的现实意义。中国不仅在国内加强环境保护，还积极参与全球环境治理，为全球生态文明建设贡献力量。中国倡导构建人类命运共同体，强调国际合作，共同应对全球性的气候变化和环境问题。中国坚持绿色发展、循环发展、低碳发展的理念，致力于推动人类与自然的和谐发展，为全球可持续发展贡献中国智慧和力量。除了在环境保护方面，“天人合一”思想在社会和谐与发展中也具有重要意义。在中国传统文化中，人与人之间的和谐关系同样受到高度重视。中国强调家庭和睦、社会和谐、国家团结的价值观，倡导尊重和关爱他人，追求社会和谐的共荣共享。在现代社会，中国不断加强社会建设，推动全民素质的提高，促进社会公平与正义，努力实现社会的和谐与稳定。“天人合一”思想对个人也有深刻的启示，其鼓励个人树立正确的人生观和价值观，追求心灵与自然的和谐，坚持真善美的价值取向，追求人生的有意义和幸福。在当代社会，“天人合一”思想激励着人们积极适应社会发展的需求，不断提升自己的综合素质，实现个人与社会的和谐统一。

（二）人本主义

“人本主义”或“以人为本”是中华传统文化的核心精神，其价值观和思想观念于中国古代哲学、伦理学、政治学等各个领域皆有所体现。这一思想强调人类在整个文化体系中的核心地位，将个体人的尊严和价值放在首位，以人的幸福和全面发展为最高目标。与西方中世纪的“神本主义”和近代的个性主义不同，中国的“以人为本”思想注重伦理道德，将人的实践活动视为最根本的道德实践。这体现了中国古代思想家对人性的深刻洞察。他们认为人是有道德自觉和道德追求的动物，是在社会关系中实现自身价值和道德实践的主体。“以人为本”最早可以追溯到春秋时期的管子，他在自己的著作《管子》中强调“民为贵，社稷次之，君为轻”，主张国家的稳固和繁荣取决于百姓的安康和福祉。东汉思想家仲长统进一步发展了这一思想，提出“人事为本”的观点，强调治理国家要以人民的需求和福祉为出发点，追求人民的幸福和安宁。中国的“以人为本”思想强调人伦重于自然，重视个体在社会关系中的角色和责任。相比近代西方资产阶级的个性主义，中国的“以人为本”思想更加强调群体利益和社会和谐。这一思想强调人与人之间的和谐关系，强调家庭、社区和社会的凝聚力和团结，认为个体的幸福和发展离不开社会的支持和关怀。在中国的现代发展中，“以人为本”的理念得到了进一步强调，成为中国特色社会主义的核心理念之一。中国特色社会主义注重人民群众的主体地位，致力于推动全体人民共同富裕和全面发展。特别是在改革开放以来，中国坚持以人为本，推进全面建设小康社会，不断提高人民的生活水平和幸福感。中国特色社会主义进入新时代后，中国进一步强调“以人为本”的发展观，将人的自由全面发展作为根本目标，推动人的全面发展和全体人民的幸福。中国梦作为中华民族伟大复兴的宏伟目标，正是以人民的幸福和全面发展为核心，通过建设社会主义现代化国家，实现国家的富强、人民的幸福、民族的振兴。

（三）刚健自强

中国文化中蕴含的“刚健自强”精神是中国传统文化的主流价值观之一，代表着中国人民追求进取、奋发向上的精神力量。这一精神根植于中国古代的经典文献，并在历史发展中被不断弘扬和传承。“刚健自强”的精神最早可以追溯到中国古代经典《易经》中的“刚”和“柔”观念。其中“刚”代表阳刚之气，象征坚强、有为、自主，而“柔”代表阴柔之气，象征柔和、顺从、包容。《易经》提倡“刚柔相济”的观念，认为刚与柔的相互结合是万物成长发展的动力。这一思想也在中国古代的《尚书》和《诗经》中有所体现，它强调国家和个人要秉持“刚健有为”的精神，自强不息、开拓进取。在中国传统文化中，自强不息的思想深深根植于人们的日常生活和社会观念之中。历史上，中国人民经历过许多灾难和挑战，但始终坚持自立自强、艰苦奋斗，不断寻求进步和发展。尤其在中国的封建社会，士人儒家的学说强调以德治国，以德养人，强调个人品德的修养和国家的治理。这种“刚健自强”的精神塑造了中国人民坚忍不拔、自强不息的品质。中国“刚健自强”的精神在中国历史上多次发挥着重要的作用，在近代以来的国家振兴和民族复兴的进程中，中国不断积累经验，总结教训，坚持自立自强，奋发进取。尤其在近现代历史上的困境中，中国人民深刻认识到自身的薄弱和落后，不断探索强国之路。中国的现代化建设和改革开放的历程，正是“刚健自强”精神的体现。

如今，中国特色社会主义进入新时代，这一精神依然具有重要的借鉴和指引意义。中国人民在实现中华民族伟大复兴的中国梦的过程中，需要坚定理想信念，坚持正确的政治方向，勇于担当责任，发扬艰苦奋斗精神。中国社会在实现全面建设小康社会和全面推进现代化的过程中，需要不断弘扬“刚健自强”的精神，追求卓越、自主创新、勇于担当，推动国家的强盛和社会的繁荣。“刚健自强”精神不仅适用于个人，还适用于国家和民族。中国人民在探索国家发展和民族复兴的道路上，需要以自强不息、开拓进取的精神来应对国内外的各种挑战和困难。这一精神是中国文化的瑰宝，也是中华民族的精神支柱。在未来的发展中，中国人民将继续弘扬“刚健自强”的精神，为实现中华民族伟大复兴的中国梦不懈奋斗。

（四）贵和尚中

中华文化中蕴含着丰富的“和合”思想，这一思想体现在中国传统文化的方方面面，贯穿于中华民族的价值观和社会观念之中。这种和合的精神在中国古代经典中得到了深刻的诠释，并在中国的历史发展中被不断弘扬和传承。“和合”思想的根本内涵是以和谐为核心，强调人与人之间、人与自然之间的和谐关系。在中国古代经典《易经》中，和合被视为宇宙运行的基本规律之一。《易经》中的“八卦”和“易理”皆强调阴阳和合、天地和谐。古代中国的“礼”与“义”的观念也强调以和合为原则，即要注重个体的利益与整体的和谐统一。“和合”思想在中国传统文化的价值观中被进一步强调，中国传统文化强调“仁义礼智信”，这些都是与和合思想相符合的价值观。仁是以和为贵，尊重他人，以仁爱之心对待世界。义则是以和为贵，尊重社会公义，维护公平正义。礼是以和为贵，注重社会的仪式和规范，维护社会秩序。智是以和为贵，以智慧化解矛盾，做到和谐共处。信则是以和为贵，信守承诺，增进信任，维系和谐关系。在中国特色社会主义的实践中，和合思想得到了进一步的发展。中国积极倡导“和平共处五项基本原则”，坚持在国际事务中奉行独立自主的和平外交政策。中国还提出“构建和谐社会”的目标，注重在国内营造和谐的社会关系，实现全面建设小康社会的目标。

（五）爱国主义

中华民族的优秀文化传统中，爱国主义精神是一颗闪亮的明珠，是中华民族的精神支柱和民族凝聚力的源泉。这一传统的形成和发展贯穿了中华民族的历史，凝聚着千百年来中华儿女对祖国的深情厚谊和对民族独立的坚定追求。爱国主义在中华民族的文化传统中根深蒂固，自古以来，中华儿女就深怀对家乡、亲人的眷恋之情。这种亲情与家国情怀相结合，使爱国主义的种子在中国人的心中扎根生长。中国壮丽的河山、灿烂的历史文化和博大精深的人文精神，也成了激发爱国情感的源泉。中华民族有着深厚的历史底蕴，博大精深的文化传统，这一切都来自中华儿女爱国情怀的滋养和熏陶。在中华民族的历史发展过程中，爱国主义传统得到了进一步弘扬和传承。众多历史名人和英雄都以他们的爱国行为和言行，为中华民族树立了崇高的榜样，如伍子胥为吴国效忠，岳飞誓死保卫南宋河山，毛泽东等共产党领导人为民族解放事业英勇奋斗。他们的事迹激励了一代又一代中华儿女，使爱国主义成为中国人民的共同情感和价值追求。爱国主义传统激励中华儿女为国家，为民族的独立、统一、进步和繁荣而英勇斗争。在抗击外敌入侵的历史中，中华民族表现出顽强不屈的爱国意志，坚定地捍卫着祖国和民族的尊严。无论是辛亥革命的旗帜拥护者，还是新中国成立后的众多建设者，都怀着满腔热血和赤诚信念，为民族的解放、振兴和崛起贡献着自己的力量。

爱国主义是铸造中华民族国魂和民魂的重要因素，也是凝聚中华民族强大凝聚力和创造力的源泉。在全体中华儿女心中，对祖国的热爱和对民族的认同感构成了一种深刻的情感纽带。这种纽带将中华儿女紧密地联系在一起，使他们在面对困难和挑战时同舟共济、携手前行。爱国主义是推动中华民族不断前进的强大动力，对祖国的热爱和对民族的责任感使中华儿女积极投身于各项事业中，不断创造新的辉煌和伟业。在当代中国，爱国主义传统依然在继续发展和传承。中国特色社会主义进入新时代，弘扬爱国主义成为时代的使命。在经济全球化的背景下，中国坚持维护国家主权和民族尊严，奉行独立自主的和平外交政策，这体现了爱国主义精神在国际舞台上的积极意义。中国积极参与国际事务，推动构建人类命运共同体，表现了对世界和平、发展、合作的担当和贡献。中国特色社会主义的发展也体现了对国家、社会、个人和谐发展的关注，强调“全体人民共同富裕”，体现了“和合”思想在现代社会的应用。

第四节　学习中国优秀传统文化的意义

文化是一个国家、一个民族的灵魂所在，文化兴则国运兴，文化强则民族强。没有高度的文化自信，没有文化的繁荣兴盛，就没有中华民族的伟大复兴。无论是过去、现在，还是将来，学习中国优秀传统文化的意义都十分重大。

一、学习中国优秀传统文化是我国教育的根本任务

教育的本质是塑造人的灵魂，培养人全面发展，在习近平同志的教育思想中，立德树人作为党的教育方针的核心内容，强调了教育的根本问题和永恒主题——培养什么样的人，怎样培养人。立德树人的核心目标是培养德智体美全面发展的社会主义建设者和接班人，这一目标体现了中国教育的使命，即要培养具有社会主义核心价值观的优秀公民，他们不但在道德品质上应有高尚追求，而且应具备丰富的知识和技能，具有健康的体魄和审美情趣。在培养人才的过程中，坚定理想信念是首要的。理想信念是人的精神支柱，是道路走得远、事业做得大的重要前提。中国特色社会主义核心价值观是中国社会主义现代化建设的精神支柱，蕴含了爱国、敬业、诚信、友善等优秀品质。在教育中，要通过教育教学的全方位引导，让学生深刻理解并认同这些价值观，并做到内化于心，外化于行。中华优秀传统文化是中华民族的瑰宝，蕴含着多种道德伦理规范和丰富的智慧，是中华民族的文化根基和精神支柱。通过对中华优秀传统文化的学习和传承，学生可以更加了解到中华文化的博大精深，增强对中国文化的自豪感和认同感，从而坚定文化自信。社会主义核心

价值观是中国特色社会主义的灵魂，是中国特色社会主义事业的精神动力。在教育中，要注重培养学生对社会主义核心价值观的理解和认同，引导他们树立正确的世界观、人生观和价值观。

在引导学生正确的历史观、民族观、国家观和文化观方面，教育有至关重要的作用。正确的历史观意味着对历史的客观认知，认识到历史的发展规律和成就，从历史中汲取智慧，受到教益。正确的民族观意味着对中华民族的自豪感和认同感，弘扬民族精神，增强对中国特色社会主义事业的自信心。正确的国家观意味着对国家的重要性和对国家发展的责任担当有深刻理解，促进国家的繁荣富强。正确的文化观意味着尊重和保护文化多样性，增进不同文化之间的交流与理解。中华民族伟大复兴的梦想是中国教育的重要目标，伟大复兴的梦想需要一代又一代的人不懈奋斗。[①] 在教育中，要引导学生树立远大的理想和目标，培养学生对中国特色社会主义伟大事业的使命感和责任感，激励他们为实现中华民族伟大复兴的梦想而努力奋斗。

二、学习中国优秀传统文化是认清与把握当前我国基本国情之需

在新时代，发展中国特色社会主义文化是一个重要任务。文化是一个国家和民族的软实力，是国家的精神家园。在这个经济全球化和信息化的时代，文化交流和融合更加频繁和深入，要加强对中国特色社会主义文化的宣传和推广，讲好中国故事，传播中国声音。为了发展中国特色社会主义文化，广大教育工作者应积极培育和弘扬中国核心价值观，包括爱国、敬业、诚信、友善等优秀品质，这些是中华民族的精神基因。教育和宣传可以让人民群众深刻认识到这些价值观的重要性，坚定文化自信，从而形成共同的文化认同。同时要加强文化产业的发展，推动文化创意产业兴起。文化产业是文化和经济的结合，是实现文化价值和经济价值有机统一的重要方式。要鼓励文化创意产业的创新和发展，培育

① 冉启江，韩家胜，康佳琼．中国传统文化[M].上海：上海交通大学出版社，2016：5.

一批具有国际竞争力的文化企业和品牌，推动文化产业的繁荣。另外，在发展中国特色社会主义文化过程中，要加强文化教育。教育是培养和传承文化的重要途径，要注重在教育中融入中国特色社会主义核心价值观，让学生从小接受爱国主义、集体主义和社会主义教育。教育应该让学生树立正确的历史观、民族观、国家观和文化观，让他们了解中华民族的历史文化和传统，培养他们对中华优秀传统文化的认同和热爱，同时认识到中国特色社会主义制度的优越性和适应性。

三、学习中国优秀传统文化是传承与弘扬中国优秀传统文化之需

中国文明是世界上最古老、持续时间最长的文明之一，其传承的历史为中国特色社会主义实践提供了深厚的历史积淀和文化底蕴。中国特色社会主义是中国共产党在马克思列宁主义、毛泽东思想、邓小平理论和“三个代表”重要思想指导下形成发展的基本理论和基本路线，是在长期实践中形成和发展起来的，是中国坚持和发展社会主义的基本方略。中国特色社会主义的成功实践源于社会主义理论与中华文化的有机融合。中华文化强调家国情怀和集体主义，弘扬民族精神和爱国主义，提倡社会公德和集体责任，注重和谐共处和共同发展。这些价值观与中国特色社会主义的核心价值观和社会主义核心价值体系相契合，为中国特色社会主义提供了精神支撑和文化底色。当前中国已成为世界上第二大经济体和重要的全球参与者，因此弘扬中华文化的“走出去”战略就变得尤为重要。这一战略旨在通过文化的开放合作，将中华文化的智慧和魅力传递给世界，推动中华文化成为世界文化的重要组成部分，增进人类的文明交流与共享。

在经济方面，中国的开放合作促进了世界各国的经济繁荣。随着中国经济的崛起，中国的投资、贸易和基础设施建设正在扩大中国在全球经济中的影响力。中国特色社会主义的实践不仅为中国自身的发展带来了稳定和繁荣，还为世界其他国家提供了合作机遇和发展契机。文化交

流方面，弘扬中华文化的“走出去”战略倡导开展各类文化交流活动，加强与其他国家的文化合作。中国的文化体育交流中心、孔子学院、文化交流展览等项目在海外开展，使更多国家的人民了解中华文化、学习汉语，增进友谊，促进文化的交流和共存。教育方面，中国积极开展国际教育交流合作，为世界各国提供学习中国语言、文化和经济发展经验的机会。通过国际学生交流项目、留学生奖学金计划等，中国努力培养更多的外国人才，增进彼此之间的了解与友谊。在弘扬中华文化的过程中，中国要保持文化的独立性和本土特色，尊重其他文化的多样性。文化交流不是简单的单向输出，而是一个双向互动的过程。人们应该倾听其他国家的声音，理解和尊重其他文化的习惯和传统，实现文化的平等对话与交流。中国特色社会主义文化的传承与发展是全体中华儿女共同的责任和使命，要坚定文化自信，推动中华文化与时俱进，与世界文明交流互鉴，为实现中华民族伟大复兴的中国梦贡献力量。

四、学习中国优秀传统文化是全面提高人文素养之需

中国优秀传统文化是一座博大精深的宝库，蕴含着几千年的智慧和历史积淀。学习中国文化不仅仅是为了了解过去，更是为了塑造当代人的人文精神，培养全面发展的人才。在当代社会，人文素质教育成了高等学校教育的重要内容，其重要性超越了纯粹的学科教学，更关注学生的人格和品质培养。学习中国优秀传统文化，可以从多个层面全面提高学生的人文素养。传统文化强调重视人的内心修养和道德品质，注重人的情感体验和情操提升。在学习中国文化的过程中，人们可以深刻体会到诗词歌赋、书画音乐等艺术形式所传递的情感和美感，感悟到其中蕴含的智慧和人生哲理。此种境界的提升将使人们更加明确自己的人生目标和价值追求，从而更加坚定地迈向成功和幸福。中国传统文化强调儒家的仁爱之道和道家的无为而治，这些道德准则一直贯穿着中国历史的发展。人们学习中国文化时可以汲取其中的道德精华，培养自己的道

德情操和社会责任感。在今天这个多元化社会，道德失范和社会问题层出不穷，学习中国优秀传统文化有助于培养人们正确的价值观和行为准则，帮助人们成为道德品质高尚的公民。中国文化涵盖了丰富多样的艺术表现形式，如中国画、戏曲、音乐、雕塑等。欣赏这些艺术作品，可以培养良好的审美情趣和鉴赏能力。艺术不仅仅是一种娱乐，更是对修养和思想的陶冶。学习中国优秀传统文化，人们可以感受到艺术的魅力，激发自己对美的追求和表现欲望。中国文化是一门综合学科，涉及学术思想、宗教、教育、文学、科技等多个领域，人们在学习中国文化的过程中可以了解到中国几千年来在这些方面所取得的成就和贡献。这将使人们对世界的认知更加全面和深刻，使学生成为具有国际视野的综合型人才。

第二章　大学英语教学综述

第一节　大学英语教学的内涵及理论依据

一、大学英语教学的内涵

大学英语教学属于高等教育中比较重要的一项内容，也是学生在大学期间必修的一门课程，这门课程不仅影响着学生综合素养的提升，还与国家、社会的实际需求息息相关。英语教学实际上是一门综合性的教学活动，要想对大学英语教学有深入、全面的把握，应了解大学英语教学的内涵。

（一）教学

大学英语教学作为学校教育的重要组成部分，涉及教与学的双向互动。在学者胡春洞的定义中，教与学是并列的关系，强调教学生如何学习。由此可见，教学不仅是教师向学生传授知识和技能，还包含学生的学习过程和学习成果。教学应包含三个方面的特性，如图 2-1 所示。

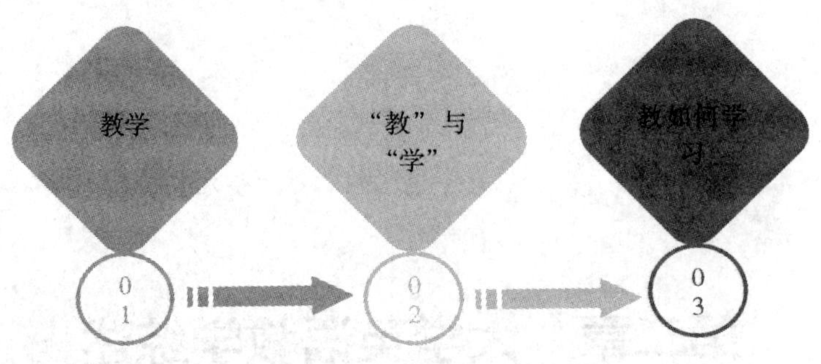

图 2-1　教学的特性

在教育领域中，教学是一个复杂而重要的因素。教学对于教师而言是一种教育活动，但对学生而言则是一种学习活动。因此，教学既是教师教导的过程，也是学生学习的过程。在这样一个师生互动的过程中，学生不仅能在教师的引导下掌握知识与技能，还可以提升能力，培养正确的情感、态度及价值观等，即学生在学习过程中能得到全面发展。这种全面发展的教学目标，是教育的本质和使命所在。教学作为教育的主要形式，是实现教育目标的重要途径。在教学过程中，教师不仅是知识的传授者，还是学生学习的引路人。教师需要具备丰富的学科知识、高超的教学技能，以及良好的道德情操。在教学中，教师需要根据学生的学习特点和需求，采用灵活多样的教学方法和手段，激发学生的学习兴趣，引导学生主动参与学习。教师应实时关注学生的学习动态，及时调整教学计划和教学策略，确保学生能够有效学习。教师的教学质量和教学态度直接影响着学生的学习效果和学习体验。学生是学习的主体，是知识的主动获取者。在教学过程中，学生需要保持积极主动的学习态度，主动参与课堂活动，积极思考和探究问题，主动提出疑问和交流意见。学生还需要培养自己自主学习的能力，掌握有效的学习方法，形成良好的学习习惯。通过自主学习，学生能够更好地理解知识，运用知识，发展自己的学科能力和综合素质。学生还需要树立正确的学习观念，明确学习目标，养成坚持不懈的学习态度，以克服学习中遇到的困难和挑战。

教学作为学校教育中最重要的教育活动形式，具有明确的目的和任务。其核心在于传递知识与技能，这是教学的主要使命。在教学过程中，教师通过有效的教学方法和手段，将丰富的知识和实用的技能传递给学生，让学生在各个学科领域和实践活动中不断成长和发展。而这些传递的内容，则体现在课程内容与教学内容上。课程内容是教学的基础和起点，涵盖了学科知识的全部范围和内涵，是学校教育的重要组成部分。课程内容的设计需要综合考虑学科本身的特点、学生的认知水平和兴趣爱好以及社会需求等因素。合理设置课程内容，能够为学生提供科学的知识基础和丰富的学科视野，激发学生的学习兴趣和学习动力。课程内容应紧密结合时代背景和社会发展需求，使学生在学习过程中能够获取实用的知识和技能，为未来的职业生涯做好充分准备。教学内容则是教师在具体教学活动中所传授的内容，是课程内容的具体体现，包括教材中的知识点、教学课件的展示、教师讲授的重点内容等。教学内容的设置需要根据课程目标和学生的学习需求来定，并且教师应灵活运用不同的教学方法和教学手段，将抽象的学科知识转化为具体形象的教学内容，使学生能够更好地理解和掌握知识。教学内容还应注重培养学生的实践能力和创新思维，使学生能够将所学知识应用于实际问题的解决，培养学生的综合素质和能力。教学活动具有较强的计划性和系统性，教学计划是教学活动的重要组成部分，是教师在教学过程中的安排方案。课程计划和教学计划由教育行政机构负责制订，目的在于确保教学活动的有效实施和教育目标的顺利达成。[①]教学计划的制订需要充分考虑学生的学习需求和教师的教学能力，合理设置学科学习的阶段目标和学习内容，保障教学活动的连贯性和系统性。教师和学校也可以根据具体情况自行制订教学计划，以满足学校和学生的特定需求。

（二）语言教学

语言教学作为教育工作的重要组成部分，是帮助学习者掌握和应用语言的关键环节，主要分为本族语教学（第一语言教学）和外语教学（第

① 成畅．大学英语教学与课程建设新探索[M]．长春：吉林人民出版社，2021：1.

二语言教学），涉及双语教学和多语教学。语言教学拥有独立的理论体系，其中包括原则和方法等方面的研究，并应依托应用语言学、教育学、心理学、教育技术学等理论的支持。第一语言教学是儿童的母语习得过程，母语对于一个人的语言发展和思维方式的形成具有极其重要的影响。儿童在家庭和社会环境中通过模仿、交流和体验逐渐习得母语，这个过程是自然而然的，不需要特别的教学干预。然而，针对不同年龄段的学生，教师可以通过语言游戏、交流活动、阅读和写作等方式提供丰富的语言环境和学习资源，激发学生对母语的兴趣，促进其语言能力的全面发展。第二语言教学指学习外国语言的过程。随着经济全球化的发展，外语越来越重要。外语教学不仅仅是简单的语法和词汇学习，更重要的是培养学生运用外语进行交际的能力。在外语教学中，教师需要设计生动有趣的教学活动，提供真实语境，让学生在实际交流中逐步掌握外语的表达，并应用语言学的研究成果，了解学习者的学习特点和需求，制订科学合理的教学计划，为学生提供个性化的学习支持。双语教学和多语教学是针对特定学习群体的教学模式，在双语教学中，学生在母语和外语之间进行平衡式学习，这有助于提高学生的双语能力和跨文化交际能力。多语教学则是在学校设置多种语言课程，让学生有机会学习多种语言，拓宽视野的教学模式，可以培养学生灵活运用语言的能力。这些教学模式的实施需要充分考虑到学生的语言能力和兴趣，人们提供多样化的学习资源和支持，让学生在多语环境中自由发展。

（三）大学英语教学的属性

从教育学的角度上说，大学英语课程教学是教育活动的一种，对广大教师来说，开展教学活动主要是为了引导学生进行学习，对学生来说，教学主要是在教师的教育与引导之下进行学习。学生是否能够获得身心发展，是教学的主要目标。由此可见，教学是教师与学生之间的互动过程，教师的主要任务是教授学生，而学生的主要任务是学习，进而共同实现自身目标。关于大学英语教学的属性，可从下面几点分析。

1. 有目的的活动

随着学习阶段的不同，英语教学的目标也随之发生变化。中小学和高中阶段的学生主要侧重于对英语的基础知识的学习，如词汇、语法、听力和阅读等。这些知识是构建语言能力的基石，帮助学生建立起扎实的英语学习基础。在这个阶段，学生的学习任务主要是掌握基本的语言规则和词汇量，培养英语听、说、读、写的基本技能。然而，到了大学阶段，学生的英语学习目标将更加复杂和全面。除了继续学习和巩固基础知识，大学生的英语教学要更加注重培养听、说、读、写、译等多方面的语言技能。听说读写译是语言能力的综合体现，通过对这些技能的培养，教师可以让学生更加流利地交流和应用英语，提高学生的实际语言运用能力。大学阶段的英语教学还要将语言技能与文化相结合，语言和文化是密不可分的，通过了解英语国家的文化背景和习惯，学生可以更好地理解和运用英语。在英语教学中，教师可以引入相关的文化元素，如文学作品、传统节日、历史背景等，让学生多角度感知和理解英语文化，提高跨文化交际的能力。

2. 具备系统性与计划性

大学英语教学的系统性和计划性是教学质量和学习效果的重要保障，两者相互交织，共同构成了高等教育中英语教学的基本框架，让学习者在系统有序的教学过程中获得全面的英语语言能力和文化素养的提升。英语教学的系统涵盖了各个层面的制定者，在大学的英语教学中，教研部门、教育行政机构和学校教学管理者等，都参与制订教学计划和课程体系。他们会综合考虑学生的学习需求、教学资源、教师队伍等多方面因素，以确保对教学内容和形式的合理安排。系统性的教学计划可以使学生在不同学年、学期逐步学习，构建起一套完整的英语知识体系。系统性还表现在对教学内容的组织和安排上，大学英语教学通常涉及语音、词汇、语法、听力、口语、阅读、写作、翻译等多个方面。这些内容是相互联系、相互支撑的，对这些内容的系统有序的安排，可以帮助学生提高全面的英语语言能力。例如，语音和语法是语言的基础，而听力和口语则是与人交流的重要手段，阅读和写作是学术研究和社会交流的基本技能。有计划的教学能使学生逐步掌握这些知识和技能，并将其有机地与实际语言运用相结合。英语教学的计划性意味着教学不再是零散的知识传授，而是对教学内容和教学活动的有序组织。针对不同学生群体和学习目标，教师需要有针对性地制订教学计划，明确学习的目标和任务。例如，对于初学者，教师可以重点关注对基础知识的掌握，如常用词汇和简单语法规则；而对于高级学习者，教师可以着重培养学生的独立思考和创新能力，让他们能够运用英语进行深入的学术交流。计划性的教学能使学生在不同阶段有针对性地提高自己的英语水平。

3. 需要采用合理的教学方式与技术

对大学英语教学的教学方法和教学技术的合理运用是提高教学效果和学习效率的重要保障，随着英语教学理念的不断发展和现代科技的不断进步，教师们逐渐摒弃了传统的单一教学模式，转向更加灵活多样的教学方法，同时借助先进的教学技术，为学生提供更具互动性和个性化的学习体验。有一种重要的教学方法是任务型教学，任务型教学注重学生的参与和合作，为学生布置真实的任务，使其在实践中掌握英语语言和文化知识。任务型教学强调学生的实际运用能力，让学生在解决问题的过程中不断提高语言技能水平。例如，教师可以组织学生进行小组讨论、角色扮演、信息搜索等活动，让学生在实际情境中练习英语，提高对英语的实际应用能力。另一种教学方法是沉浸式教学，沉浸式教学指将学生置身于全英语语境中，让学生在真实的英语环境中学习和交流。这种教学方法强调学习者与英语环境的融合，让学生在真实的情境中逐渐习得语言。例如，教师可以采用英文授课，或者组织学生参与英语角、英语演讲比赛等活动，帮助学生更好地适应英语环境，提高学生的听说读写技能水平。

除了教学方法的创新，现代科技的发展也为大学英语教学提供了新的可能性。网络多媒体技术在英语教学中的广泛应用，为教师和学生提供了丰富的学习资源和教学工具。教师可以利用网络多媒体平台制作教学课件、教学视频等，使教学内容更加生动形象；学生可以通过网络学习平台进行自主学习和互动交流，拓展学习的空间和时间。人工智能技术的应用也为大学英语教学带来了新的变革，智能化的教学辅助系统可以根据学生的学习情况和需求，量身定制学习计划和安排教学资源，帮助学生更有效地进行学习。例如，智能语音识别技术可以帮助学生练习口语发音，智能学习推荐系统可以根据学生的学习表现推荐适合的学习材料等。

（四）大学英语教学的定位

大学英语教学的定位问题是教育领域中的一个重要议题，准确的教学定位是保障英语教育有效进行的基础。在当前经济全球化的背景下，英语作为国际通用语言，在国家、社会和个人层面都有着重要的地位。因此，大学英语教学的定位应当综合考虑多方面因素，以满足不同层面。大学英语教学的定位还应当符合国家发展需求。随着中国的崛起和国际地位的提升，培养高水平的英语人才对国家建设和国际交流至关重要。大学英语教学应当旨在提高学生的英语综合运用能力，培养具备国际视野和跨文化交流能力的人才，以适应国家对外开放和交流的需要。大学英语教学的定位还应当考虑社会需求。在当今社会，英语已经成为许多行业的基本技能要求。无论是从事国际贸易、外交事务，还是在科研、教育、文化等领域工作，具备优秀的英语能力都是求职者的重要竞争优势。因此，大学英语教学应当注重培养学生实际运用英语的能力，使其在职场和社会生活中能够游刃有余。大学英语教学的定位还应当考虑学生个人需求。不同学生在英语学习方面有着不同的兴趣、特长和发展目标。有些学生可能希望通过英语学习了解国际文化，增长见识；有些学生可能希望将英语作为帮助未来职业发展的工具。因此，大学英语教学应当注重个性化教学，满足学生的不同需求。另外，大学英语教学的定位还应当考虑地域性和学科性，不同地区和不同学科对英语教学的要求也有所不同。例如，一些经济发达地区，对英语的要求可能更加严格，需要培养具有商务英语能力的人才；而在一些人文学科领域，对英语的要求可能更加注重文学、文化等方面的知识的掌握。

二、大学英语教学的理论依据

大学英语教学模式是语言学在教育学、认知科学等方面发展至一定阶段的产物，具有一定的必然性，同时是对传统语言学与教育学在理论、观念、思想、方法论上的继承、发扬，对大学英语教学进行研究应先从其理论依据方面着手。

（一）基础理论

1. 哲学理论

哲学作为一门学科，是对世界观、价值观、方法论等基本问题的深刻思考和探讨。在大学英语教学中，哲学理论的指导具有重要的意义。特别是辩证唯物主义的方法论和认识论，以及人本主义与技术主义的哲学基础，这些内容在构成大学英语教学的理论基础中有深远的影响。

辩证唯物主义的方法论和认识论对大学英语教学具有重要的指导意义，辩证唯物主义强调矛盾斗争的普遍性和发展的无限性，认识论上提倡实践和认识相统一，从而为大学英语教学提供了正确的方法论指导。教师在教学过程中应当注重理论与实践相结合，帮助学生在实践中不断探索和发展，从而提高学生的英语综合运用能力。辩证唯物主义还强调全面、客观、具体地看待问题，这在大学英语教学中也具有重要意义。教师应当根据学生的实际情况和需求，灵活运用不同的教学方法和手段，以满足学生的学习需求。

人本主义与技术主义是大学英语教学中最深层次的哲学基础，人本主义强调人的主体地位和价值，强调教育应当以培养学生的人格和学生全面发展为目标。在大学英语教学中，教师应当注重学生的个性和特长，关注学生的发展和成长。教师应当以学生为中心，关注学生的学习兴趣和需求，从而激发学生的学习动力和学习潜力。另一方面，技术主义强调对科学技术的应用和发展，这在现代大学英语教学中尤为重要。教师应当善于运用现代教学技术，如多媒体、网络教学等手段，提高教学效果和效率。教师应当不断更新教学理念和方法，以适应社会发展和教育改革的需求。

2. 传播学理论

传播学作为一门学科，研究人类的一切传播行为，包括传播过程的发展、发生，以及传播过程中人与社会的关系、社会信息系统及其运行规律等。随着社会的发展和科技的进步，传播学逐渐成为跨学科研究的产物，涉及领域广泛，其中包括教育传播学，即将传播学运用于教育领域之后的交叉学科。在大学英语教学中，传播学的理论对教育传播过程具有重要意义，教育传播指教育者与被教育者通过传播媒介进行信息交流的过程。在此过程之中，传播学理论为教学提供了重要的支持和指导。传播学理论归纳和阐释了大学英语教学传播过程中涉及的各种要素，在大学英语教学中，教师和学生是传播的主体，教材和教学内容是传播的信息，传播媒介，如教室、多媒体设备等，则起到传播的作用。传播学理论帮助人们理解这些要素之间的相互关系，以及它们对教学过程的作用和影响。通过深入研究这些要素，教师可以更好地设计和组织教学活动，提高教学效果。传播学理论阐述了信息传播的基本规律，在大学英语教学中，信息的传播是教师向学生传递知识和技能的过程。传播学理论帮助人们了解信息传播的特点和规律，如信息的传递速度、信息的传递途径、信息的传递效果等。了解这些规律有助于教师更好地控制教学进度，提高教学效率。传播学理论还归纳了信息传播的基本阶段，在大学英语教学中，信息传播要经历准备阶段、传递阶段、接收阶段等不同的过程。传播学理论帮助人们了解这些阶段的特点和作用，从而让人们更好地规划教学过程，确保教学信息能够被顺利传递和接收。

3. 方法论

方法论是对科学方法的总结和概括，涵盖了人们正确理解现象和文本、获取可靠信息的方法。科学方法体现了科学精神，特别是理性精神、实证精神和审美精神。而现代的方法论是建立在系统科学基础之上的，也被称为“系统科学方法”。系统科学起源于 20 世纪的控制论、信息论和系统论，随后逐渐形成了现代系统科学方法论体系。外语教学作为教学信息的传递过程，其传递效果往往受传递方式、信息容量等因素的影响和制约。而大学英语教学则需要对教学过程进行有效的控制，以获取及时的反馈信息，进而对教学策略和教学进度进行调整和修正，从整体上优化教学过程，以达到理想的教学效果。在大学英语教学中，方法论帮助教师理解和运用科学方法，确保教学过程的科学性和准确性。对科学方法的运用可以提高教学效率，帮助学生更好地掌握知识和技能。方法论中的系统科学思维也为大学英语教学提供了指导，系统科学强调整体性和综合性，教学过程中的种种因素相互关联，相互作用。通过系统科学思维，教师可以全面地考虑教学过程中的各个方面，从而更好地组织和管理教学活动。方法论还强调对信息的获取和处理，这对于大学英语教学尤为重要。教师需要根据学生的学习情况和反馈信息，不断调整教学策略，以适应不同学生的学习需求。在大学英语教学中，方法论也需要与实践相结合。理论只有在实践中得到验证和应用，才能发挥真正的作用。因此，教师应该在实践中不断探索和尝试，不断总结经验，不断优化教学过程，以提高教学效果。

4. 绩效论

“绩效”一词最初的含义是“能力、性能、工作效果、成绩”，包括工作质量、工作数量、获取的效果收益等。在 20 世纪 60 年代，美国开始将绩效技术作为一个专门课题进行研究。经过几十年的发展，绩效论的研究也逐渐深入，成为国际教育界研究的前沿课题，引起了国内外学者和实践者更广泛的关注和重视。在大学英语教学中引入绩效论是时代发展的必然要求，大学英语教学中的绩效技术包含设计、分析、实施、开发、评价等内容。因此，在大学英语教学实施的过程中，学习者需要投入更多的精力与时间，方法应用是否得当往往与学习者的学习效果成正比。还需要考虑教师的投入与产出，尤其是二者的经济价值比问题。教师可以应用绩效技术来设计教学方案和教学内容，并在其中更好地体现经济性、适应性、可行性等基本原则。

5. 美学理论

美学理论最初的含义是对感官感受的研究，从人对现实的审美关系出发，以艺术作为主要对象来研究美丑、崇高等审美范畴，以及人的美感经验和审美意识。然而，现如今的大学英语教学在信息技术的辅助下与美学理论相结合，具有直观性和形象性，强调通过艺术美、教学美、科学美等手段传达教学信息，将艺术魅力体现出来。因此，美学贯穿于大学英语教学的全过程，教师应在教学中创设美的意境，将深奥、抽象的内容艺术化、形象化，通过生动有趣的表现手法使知识更具有感染力。在大学英语教学中，美学理论的运用是为了使教学更加生动、吸引人，并提高学生的学习兴趣与积极性。在教学内容的选择和呈现上，教师可以运用美学的原则，选取具有艺术魅力和感染力的内容，通过生动的图像、音频和视频等多媒体手段，增加学生的学习兴趣。在教学形式和方法上，教师可以运用美学的手法，采用故事叙述、幽默表演、视觉展示等内容，使教学过程更具戏剧性和艺术性，让学生在轻松愉悦的氛围中进行学习。教师还可以通过布置课外阅读、参观艺术展览等方式，拓展学生的视野，提高他们的审美意识。

6. 教育学理论

教育学是研究教育现象及其规律的学科，其首要任务是对一般的教学原理进行研究。在教育学的研究中，人们通过实践和理论相结合，总结和揭示了大量的教学规律，这些规律涉及教学的方方面面，如教学目标、教学基本原理、教学方法、教学内容、教学模式、教学评估、教学策略等，为教育实践提供了有益的指导和借鉴。

7. 心理学理论

心理学是研究人类认识世界、获取知识、获取技能等过程中的心理规律和心理机制的学科。在大学英语教学中，心理学发挥着重要的指导作用，特别是心理语言学和外语教育心理学。心理语言学从认知能力和信息处理的角度研究语言的学习与运用，而外语教育心理学主要研究学习者如何习得外语知识和技能。在大学英语教学中，心理学的相关原则可以更高效、科学地帮助学习者掌握语言知识和技能，发挥学习者的个性和智力潜力，提升其语言交际能力。心理语言学的研究成果为大学英语教学提供了认知科学方面的支持。心理语言学探讨了人类语言习得和处理技能、信息的认知过程，揭示了学习者在学习和使用语言时所运用的心理机制。在大学英语教学中，教师可以根据学习者的认知特点和心理规律，采用更加符合认知原理的教学方法和策略，帮助学生更好地掌握英语知识和技能。外语教育心理学的研究成果让教师在大学英语教学中更加重视学习动机和情感因素。外语教育心理学研究学习者的学习动机、学习焦虑、自信心等心理因素对语言习得的影响。在大学英语教学中，教师可以根据学生的学习动机和情感状态，采取相应的教学策略，调动学生的学习积极性，降低学习焦虑，提高学生的语言学习效果。心理学的研究成果为大学英语教学提供了个性化的教学支持，心理学让人们认识到，每个学习者都是独特的个体，具有不同的学习风格、兴趣爱好和智力特点。在大学英语教学中，教师应该充分了解学生的个性特点，根据学生的学习风格和兴趣爱好，灵活调整教学内容和方法，让每个学生都能得到最适合自己的学习体验。心理学的研究成果还为大学英语教学提供了教学评估方面的指导，心理学研究了教学评估的各种方法和指标体系，为大学英语教师提供了科学的教学评估工具。在大学英语教学中，教师可以通过教学评估了解学生的学习情况和教学效果，及时调整教学策略，提高教学质量。

（二）语言学理论

1. 社会语言学理论

社会语言学作为一门边缘学科，涉及语言学、人类学、社会学、社会心理学、大众传媒、交际学等多个学科领域，主要研究语言与社会之间的关系问题。这门学科在 20 世纪五六十年代兴起，并在现代大学英语教学中产生了深远的影响。社会语言学强调语言习得的社会性，认为语言学习是在特定的语言团体中进行社会交际和实践学习的过程。这就意味着在大学英语教学中，教师需要为学习者提供更为真实的交际机会，让学习者能够在实际语境中运用所学的英语知识和技能。例如，通过开展角色扮演、讨论实际问题、参与社交活动等方式，学生可以更加深入地理解和运用英语。提高自己的语言交际能力。社会语言学关注语言与社会因素的关系。微观社会语言学研究性别、种族、年龄、教育水平、社会阶级等因素与语言的关系。而宏观社会语言学研究语言规划、语言政策、双语教育、语言规范化等整体性、全局性的问题。在大学英语教学中，教师需要考虑学生所处的社会背景和文化环境，将教学内容和方法与学生的实际需求相结合，以提高学生的学习兴趣和学习动力。社会语言学也关注语言对社会发展的反映，语言是社会发展的重要标志之一，反映了社会的变迁和演变。在大学英语教学中，教师可以通过引导学生分析英语的历史演变和不同地区的语言变异，增强学生对语言多样性和社会文化的理解，拓展学生的视野和思维方式。

2. 应用语言学理论

应用语言学是一门交叉学科，学者结合了信息论、心理学、社会学、计算机科学、控制论、教育学等多个学科，对语言进行了多方面、多层次的研究。尽管这个术语最早是由波兰语言学家博杜恩·德·库尔特内（Baudouin de Courtenay）在 1870 年提出的，但这一学科直到 20 世纪 40 年代才开始建立，并在 20 世纪 60 年代蓬勃发展。在广义层面上，应用语言学指将语言学知识应用于解决实际问题的学科，包括标准语的建立、语言教学、辞书编纂、翻译等方面。它通过研究语言的特点和规律，为语言的实际应用提供科学的指导。例如，在语言教学方面，应用语言学研究如何更有效地教授第二语言，提高学习者的语言水平。在狭义层面上，应用语言学专指将语言学理论应用于语言教学的学科，尤其是第二语言的教学。它关注语言学习者的需求和学习过程，探索最佳的教学方法和策略。在语言教学中，应用语言学的原理被广泛运用，帮助教师设计教学内容、制订教学计划，以及评估学习者的语言水平和进步程度。随着社会的进步，语言学研究不断深化，应用语言学的研究范围也逐渐扩大。除了语言教学与语言学习，应用语言学还涉及语言规划、语言信息处理等更广泛的领域。例如，语言规划研究如何规划和发展一门新的语言，以满足特定的社会需求；语言信息处理研究如何利用计算机和人工智能技术处理和分析大量的语言数据，从而提高语言的应用效率和质量。

3. 二语习得理论

二语习得理论作为一个新兴学科，在 20 世纪 60 年代末诞生，并经历了 50 多年的发展。该理论涉及学习者的内部和外部因素以及中介语等领域，主要派别包括先天论、环境论和相互作用论。它基于认知科学理论，认为二语习得是人类天生的语言习得机制。在斯蒂芬·克拉申（Stephen Krashen）提出的核心假说中，习得 – 学得假说、自然顺序假说、监控假说、输入假说和情感过滤假说是重要的内容。二语习得理论的研究领域包括学习者内部因素研究、学习者外部因素研究和中介语研究。在学习者内部因素研究中，学者关注学习者的认知能力、学习策略和个体差异等因素，以及这些因素对二语习得的过程和结果产生影响。学习者外部因素研究则关注外部环境对语言习得的影响，如教学方法、教学资源、学习环境等。而中介语研究则探讨学习者在二语习得过程中，暂时使用混合语言的状态，以及它在二语习得中的作用。在先天论派别中，研究者认为二语习得能力是先天存在的，个体在天然状态下具有习得语言的潜能。这种观点强调学习者在语言习得上的天赋因素，对学习者的语言学习能力持乐观态度。而环境论派别则认为，学习环境对二语习得起着决定性作用，包括语言输入、语言输出、学习资源等，环境论强调良好的语言学习环境对促进学习者的二语习得的重要性。相互作用论派别则强调先天因素和环境因素相互作用，共同影响二语习得的结果。

（1）习得 – 学得假说

习得主要指“学习者无意识地、自然地、不自觉地学习语言的过程”，学习者通过“习得”可以获得语言知识与语言能力。学得指“学习者有意识地、正式地、自觉地学习语言的过程”，学习者通过“学得”能够领会语言规则。“习得”与“学得”的区别如表 2–1 所示。

表 2–1　语言习得与学得的区别

	习　得	学　得
输入	自然输入	刻意地获取语言知识
侧重	语言流畅性	语言的准确度
形式	类似于儿童的第一语言习得	重视文法知识学习
内容	知识是无形的	知识是有形的
学习过程	无意识的、自然的	有意识的、正式的

（2）语言顺序假说

语言顺序假说说明了习得语言结构时是有一定次序的，该假设认为一种语言的语法规则或者结构是依据特定的、可预支的顺序而习得的，在第二语言学习的过程中，这种情况同样适用。

（3）监控假说

监控假说将“习得”与“学得”的作用在二语能力发展中的作用区分开来，“习得”主要用于语言输出，培养语感，让学生能够在交际的过

程中说出流利的语言，“学得”主要用于语言监控，即监控学习者的语言输出过程，从而检测出学习者在交际的过程之中是否运用了准确的语言。学得的监控作用是有限的，其监控要受到一些条件的限制如图 2–2 所示。

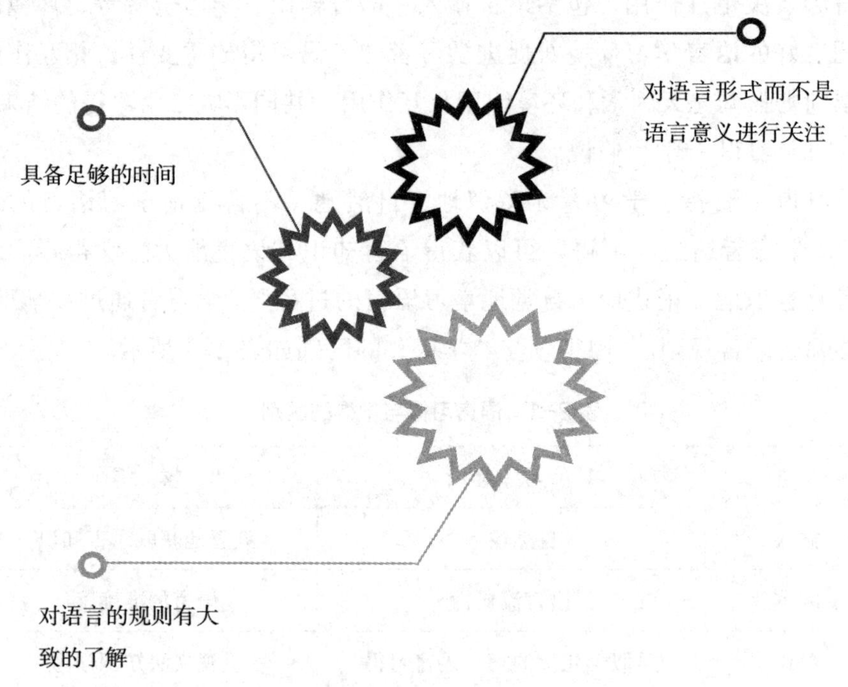

图 2–2　学得监控作用的限制条件

（4）输入假说

学习者想要获得“可理解性输入”，其输入的难度就不能过大，也不能过于简单。可理解性输入的公式是 i+1，i 代表了学习者现有的语言能力，1 代表了略高于现有语言能力的信息。输入假说的内容主要有以下几点，如图 2–3 所示。

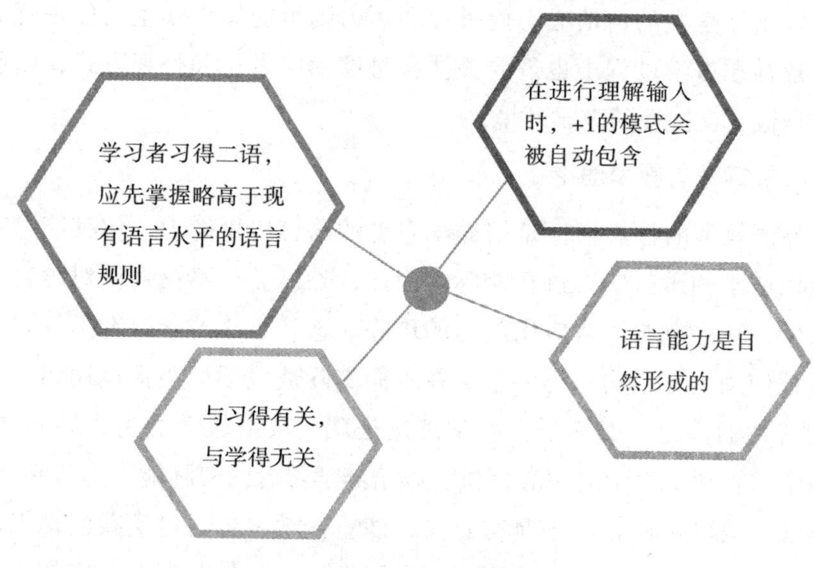

图 2-3　输入假说的内容

（5）情感过滤假说

情感过滤是一个重要的环节，影响着学习者对可理解性语言输入的处理过程。情感过滤假说认为，学习者的情感状态对语言习得有重要的影响。学习者积极的学习动机和自信心会促进语言的习得，而消极的情感因素，如焦虑感，则可能阻碍语言的习得。学习者在学习过程中的情感体验会影响他们对语言输入的接受程度，如果学习者感到愉快和放松，他们更可能主动地参与语言学习，接受新的语言输入，并对语言进行更深入的处理和理解。相反，如果学习者感到紧张、焦虑或没有兴趣，他们可能会对语言输入保持冷漠或不愿接受，导致语言习得受阻。在大学英语教学中，情感过滤假说提醒教师重视学习者的情感体验和情感状态。教师可以通过创设积极的学习氛围和愉快的学习体验，激发学生的学习动机和兴趣，促进他们对语言输入的接受和理解。教师还应关注学生的焦虑程度和自信心等的状况，帮助他们减轻学习压力，建立自信，从而更好地投入语言学习之中。除了学生个体层面的情感因素，教师的教学态度和情感态度也可能对学习者的语言习得产生影响。教师的鼓励和支持可以增强学生的自信心，而批评和压力则可能加重学生的焦虑感。因此，教师在教学过程中也需要关注自身情感的表达和处理方式，以创造一个积极、支持性的教学环境。

4. 交际语言教学理论

外语教学的核心目标是培养学习者的语言应用能力，使其能够熟练地运用所学的语言知识进行交际。因此，外语教学不仅强调对语言知识的教学，还注重对语言应用能力的培养。这就意味着学习者不仅要学会正确地使用语言结构，还要学会在不同交际情境下恰当地运用语言，以实现有效的沟通。交际语言教学理论是现代英语教学的主要导向之一，其将学习者置于教学的中心地位，以培养学习者的交际能力为最终目标。交际法认为学习语言应该具有意义，注重让学习者通过实践活动提高语言技能。这种方法强调建构真实的交际情境，让学习者在真实的语言环境中运用语言，而不是仅仅死记硬背语法规则。在交际法中，教师扮演的角色不再是传统的知识灌输者，而是学习者的引导者和促进者，他们需要创设一个积极的学习环境，鼓励学生参与交际活动。交际法的一个重要特点是强调意义传递。在教学中，教师应该围绕交际功能展开教学活动，让学习者在实际的交际情境中学习和使用语言。这种方法更加注重交际的目的和效果，不过度关注语法的准确性。学习者在交际活动中，会更自然地运用语言，并逐渐纠正和改进自己的错误，从而实现语言能力的提高。

（三）构建主义学习理论

建构主义理论是一种在 20 世纪 90 年代兴起的多学科交叉发展的理论，具有体系复杂和流派众多的特点。该理论的目的不仅在于揭示人类认识的能动性，还强调认识与经验、环境的相互作用，以及认识会随着环境改变而改变的规律。[①] 这些思想对教学改革有重要的意义，因此建构主义理论逐渐成为国内外教学改革的重要指导思想。

---

① 成畅．大学英语教学与课程建设新探索 [M]．长春：吉林人民出版社，2021：85.

1. 构建主义学习理论的基本观点

建构主义学习理论是一种重要的学习理论，强调学习者在学习过程中的积极主动的状态，并认为学习者通过与外部环境的相互作用和认知结构的调整，建构新的知识和意义。该理论的基本观点如下：学习过程是基于已有认知结构和新感觉信息的相互作用；学习是对外部信息主动加工和处理的过程；学习者进行知识建构时运用已有经验和改造重组原有经验；等等。建构主义还倡导合作式学习，认为学习者通过相互合作可以弥补个体对知识理解的不足，减少理解的偏差。学习环境在建构主义理论中被认为对学习过程有着重要的影响，建构主义学习环境的四个要素包括情境、协作、会话和意义建构。情境是学习者进行学习活动的社会文化环境，它为学习者提供了学习的背景和语境。协作是学习者之间、教师之间或学习者与网络交流者之间进行合作学习，学习者通过合作可以相互交流和分享知识，加深对学习内容的理解。[①] 会话是在协作过程中通过多种方式的信息交流，实现信息共享，包括口头交流、书面交流、数字交流等多种形式。意义建构是学习过程的最终目标，学习者通过建构新的意义和知识加深对学习内容的理解。

2. 构建主义学习理论的指导意义

建构主义理论对大学英语教学的影响和指导意义是深远而全面的，它强调学习者的主动性和合作性，将学习者视为知识建构者，认为学习者通过与外部环境的交互和合作，不断建构新的意义和知识。在大学英语教学中应用建构主义理论的指导思想，可以从几个方面来体现。首先，建构主义理论强调学习者之间的交流与合作，认为互动是语言运用的前提与基础。在大学英语教学中，教师应该鼓励学习者进行互动交流，通过合作学习，学习者可以相互交流和分享知识，加深对学习内容的理解。教师可以采用任务型学习活动、角色扮演、小组讨论等方式，创设积极的学习环境，让学习者在实践中运用语言，感受语言的应用方法，从而

① 魏微．大学英语教学基础理论与实践研究 [M]．长春：吉林人民出版社，2020：10.

提高他们的语言交际能力。其次，建构主义理论强调语言学习与学习者的社会经历之间的密切关系。因此，将语言学习与学习者的社会经历相结合，有助于推动学习者有效掌握目的语，更好地掌握英语这门语言。在大学英语教学中，教师可以通过教学内容和教学活动，让学习者将自己的社会经历与语言学习相结合，让学习者在实际情境中运用所学知识，增强语言的实用性和生动性。最后，建构主义理论强调学习者与教师之间的互动，强调教材对学习者的意义。这在一定程度上改变了教材的编写形式，也转变了教师在课堂上的角色，并对教学设计提出了更高层次的要求。在大学英语教学中，教师应该充分了解学习者的学习需求和兴趣，根据学习者的特点，精心设计教学内容和教学活动，以满足学习者的学习需求。教师还应该充分利用教材，将其作为学习者建构意义的重要工具，帮助学习者在有意义的情境中学习和应用英语知识。在建构主义理论指导下的教学设计不仅应将教学目的纳入考虑，还应将学习者的建构意义的情境考虑进去，教师需要将创设情境视为教学的一项内容。在大学英语教学中，教师可以通过创设真实情境和实际情景，让学习者在实践中运用所学知识，感受语言的应用，增强学习的实效性和可持续性。

（四）人本主义学习理论

1. 人本主义学习理论的基本观点

人本主义比较注重人的独特性、自由、理性以及发展潜能，并且认为人的行为主要受自我意识的支配，想要充分了解人的行为，就需要考虑到人们均有指向个人成长的基本需要。

2. 人本主义学习理论的指导意义

大学英语教学具有独特性和特殊性，教师在教学过程中需要始终以学习者为中心，并贯彻人本主义思想。教师应该关注学习者的需求和情感体验，在教学中创设积极的学习氛围，使学习者能够进行全面发展和自我实现。教师个人的素质和特质也会对教学产生重要影响，因此教师需要不断提升自身的知识水平和个人素质，发挥自己的潜力和优势。在教学过程中，教师的个人魅力和感召力非常重要。促进学习者学习的关键在于特定的心理氛围因素，即教师与学习者之间的关系，因此教师需要与学习者建立良好的师生关系，倾听学习者的需求和想法，关注他们的情感体验，让学习者感受到被尊重和理解。教师的个人品质和素质，如善于倾听、关爱学生、激发学习动力等，都会对学习者产生积极的影响。除了教师的个人特质，教师在教学中应该关注实践学习与过程学习的结合。实践学习指学习者通过实践和参与活动来学习的学习方式，强调在实践中获取知识和技能。过程学习则指对学习者学习策略和学习方法的培养。教师应该在教学中既注重让学习者在实践中学习，又教授他们学习的方法和技巧，帮助他们培养学习的自觉性和主动性。此种教学方法有利于学习者处理好学与做的关系，让他们的学习变得更加有趣和有效。

（五）行为主义学习理论

1. 行为主义学习理论的基本观点

言语和言语内容的形成、应用，常常受内部和外部刺激的影响，而内部与外部刺激可以来自个体内部的思维、情感和需求，也可以来自外部的环境和社会交往。通过不断的重复和练习，这些刺激会加强效果，使个体学会合理地运用语言形式。在学习语言的过程中，重复是一个不可忽视的重要因素。在行为主义学习理论的框架下，学习者的行为往往受奖励和惩罚的影响。例如，为了获得表扬或奖励，学习者会继续某种有益的学习行为；而为了避免受到责罚或惩罚，学习者可能会终止或改变不良的学习行为。这种以奖励和惩罚为导向的学习方式，强调外部的激励对学习行为的调节作用。在教学中，教师常常通过奖励和鼓励来增强学生的积极学习行为，并通过批评和惩罚来阻止或改变不良的学习行为。

2. 行为主义学习理论的指导意义

行为主义学习理论突出强调了重视学习者在接受刺激后的即时反应、重视重复练习、注意反馈和逐步减少提示等重要原则，这些原则在实践中对提高学习者的学习效果和教学效率具有积极的影响。在大学英语教学中，及时的反馈可以帮助学习者准确地了解自己的学习情况，及时纠正错误，加深对知识的理解。教师在课堂上可以采用各种方式，如提问、回答、讨论等，让学习者在接受知识刺激后立即作出反应，从而促进学习效果的产生和巩固。重复练习在大学英语教学中也十分重要，通过不断的重复练习，学习者可以加深对知识的记忆和理解，使学习效果更加持久。教师可以设计各种练习活动，如口头练习、写作练习、听力练习等，让学习者反复应用所学知识，从而提高学习的效率和质量。注意反馈是帮助学习者取得进步的关键，在大学英语教学中，教师应该及时给予学习者以准确的反馈，让他们清楚自己的学习情况和进步方向，及时的评价和反馈有助于学习者更好地调整学习策略和方法，不断提高自己的学习水平。逐步减少提示是激发学习者学习动力和自主性的重要手段，在大学英语教学中，教师可以逐渐减少对学习者的引导和提示，让他们在学习过程中逐渐发展出自主学习的能力。这种逐步减少提示的方法有助于培养学习者的主动学习意识和学习能力，从而使学习过程更加高效。

然而，行为主义学习理论也存在一些缺陷：将动物实验的结果直接应用于人类学习，忽视了人类学习的主观能动作用，对人的内在心理机制进行了过度简化和否定。在现代教育理论的发展中，心理学家逐渐转向认知学习理论和建构主义学习理论，将学习视为一个主动的、自我调节的过程，强调个体在学习中的主动参与和自主探索。

（六）错误分析理论

1. 形成系统前的语言错误

此类错误主要是由于学习者具备某种交际意图，但又未掌握表达这种意图的方式，因此学习者只能从已知的语言素材中搜寻一些手段，仓促对付。

2. 系统的语言错误

学习者在处于内化过程中时，经常会出现系统的语言错误，此时，基本上已经形成了系统规则，但是学习者或许未能完整、透明地理解这些规则。例如，学习者明白在英语中过去动作应用过去时进行表示，并明白动词的过去时可以由动词 -ed 构成，但是并不清楚英语有许多的不规则动词存在，因此在交际的过程中会使用 comed、goed 等形式进行表达。

3. 形成系统后的语法错误

在学习者已经形成了较为完整的语法概念之后，若尚未养成良好的习惯时，就可能出现形成系统后的语法错误。此类的错误的原因是，虽然学习者知道了英语过去时的所有形式，但是其尚未养成习惯，因此其仍会用 comed 代替 came，用 goed 代替 went，学习者出现错误的主要原因，如图 2-4 所示。

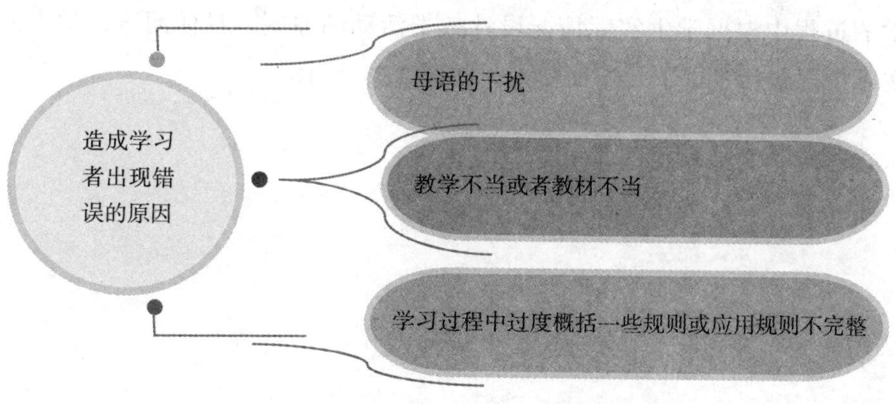

图 2-4　造成学习者出现错误的原因

第二节　大学英语教学的基本原则

大学英语教学的教学原则是教师在教学过程中应该遵循的准则和指导行为，这些原则是基于教育学、语言学、心理学等多学科的理论研究，并结合学科特点和学生特点而形成的，对于提高教学效果、激发学生学习动力和兴趣，培养学生综合运用语言能力等方面都具有重要意义。

一、以学生为中心原则

在大学英语教学中，学生的主体地位是不可忽视的重要因素。学生作为学习的主体，其学习兴趣、学习动机、学习风格和学习策略等都会对他们的学习效果和学习成果产生影响。因此，教师在教学过程中应该坚持以学生为中心，充分尊重学生的主体性，将学生的主观能动性发挥出来，从而提升他们的英语学习质量与效率。学生中心原则主要指在教学的过程中根据学生实际情况设计教学活动的原则，具体而言，学生的实际情况包括了以下几方面要素，如图 2-5 所示。

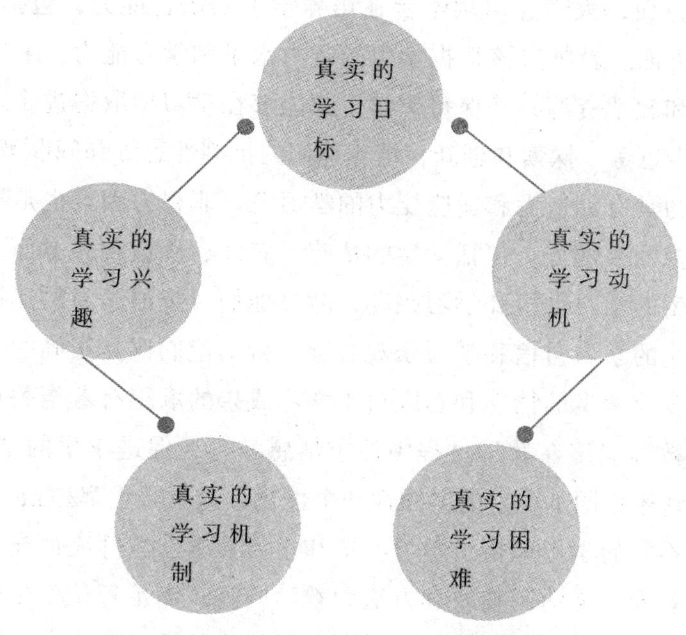

图 2-5　学生实际情况的要素

在大学英语教学的具体实践过程中，教师应该紧紧围绕以学生为中心的教学原则，充分考虑学生的个性和特点，鼓励学生积极参与教学活动，培养他们的语言能力、交际能力和应用能力，教师还应该注重培养学生的思辨能力。在大学英语教学中，教师不应该仅仅传授知识，更重要的是培养学生的思辨能力和批判性思维。教师可以引导学生进行问题解决和思辨讨论，鼓励他们自主思考、分析问题，并提出自己的见解和观点，重视学生在教学与能力培养方面的中心地位。

二、发展性原则

发展性原则涉及学生的整体发展，包括智力因素和非智力因素，关键在于确保学生在学习过程中得到全面的发展，不仅关注培养他们的学术能力，还注重培养他们的综合素质和良好个性。智力因素是学生发展中的重要方面，大学英语教学旨在培养学生的语言能力，包括听、说、读、写等方面。教师应该根据学生的智力水平和学习能力，采用合适的教学方法和教学资源，确保每位学生都能够在学习中取得进步。教师应该鼓励学生思考、探索和创新，培养他们的批判性思维和问题解决能力，使他们成为具有创造力和适应能力的学习者。非智力因素也是学生发展中不可忽视的一部分，包括学生的情感、态度、价值观等方面。教师应该关注学生的学习动机和学习兴趣，激发他们对英语学习的热情，还应该培养学生的学习自信和学习乐观心态，帮助他们树立正确的学习观念和学习态度。学生的情感和态度对于学习成果的取得有着至关重要的影响，因此教师应该在教学过程中注重情感教育，促进学生的全面发展。发展性原则还强调了学生的多样性和个性化，每个学生都是独一无二的，他们有着不同的学习风格、学习习惯和学习需求。教师应该充分尊重学生的个体差异，灵活调整教学方法和教学内容，满足每位学生的学习需求。这样可以激发学生的学习兴趣，增强他们的学习动力，从而促进学生全面发展。要实现这些目标，应做到以下几点，如图 2-6 所示。

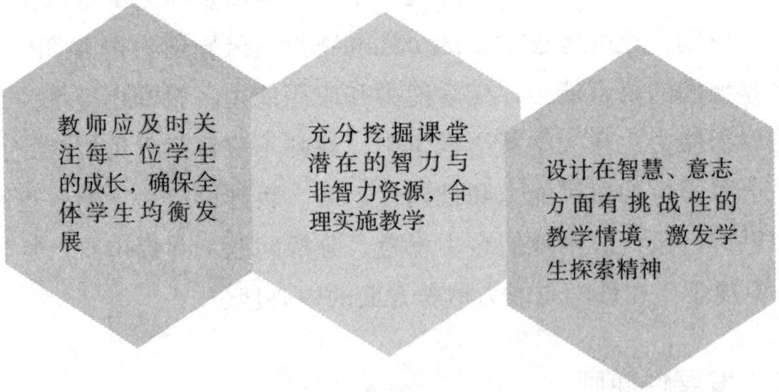

教师应及时关注每一位学生的成长，确保全体学生均衡发展

充分挖掘课堂潜在的智力与非智力资源，合理实施教学

设计在智慧、意志方面有挑战性的教学情境，激发学生探索精神

图 2-6　实现发展性原则的基础

三、综合性原则

大学英语课程教学的过程中还应充分重视综合性原则，对语音、词汇、语法等有关的知识进行交互教学，进而有效提升教学实效性。综合性原则指导下的大学英语教学应重视以下几方面内容。

（一）融合整句教学与单项训练

在大学英语教学中，教师应该注重总分结合的教学方法，即整句教学与单项训练相结合，以全面培养学生的语言运用能力。整句教学是指教师将完整的句子作为教学单位，对句子的结构、语法规则和语义意义进行教学。整句教学可以使学生直观地了解句子的组成和运用，培养他们对句子的整体理解能力。教师可以选择一些简单的句子作为起点，逐步引导学生学习复杂的句子，使他们逐步提高语言运用的能力。单项训练指教师将句子中的各个组成部分进行分解，分别进行训练。例如，教师可以针对句子中的词汇、语法结构、语序等方面进行单独的练习。单项训练有利于学生加深对语言细节的理解，提高语言的准确性和流利度。整句教学和单项训练相结合可以带来多方面的益处。整句教学使学生能够了解句子的上下文，理解句子的语用意义，从而更好地把句子运用于实际交际，单项训练有助于学生熟练掌握语言的基本要素，增强语言的准确性。两者相结合，可以使学生的语言运用能力得到更加全面的提升，既有较高的准确性，又有较高的流利度和自然度。

（二）开展综合训练

在大学英语教学中，综合训练是非常重要的教学原则。语言学习涉及多个技能，包括听、说、读、写和译，各项技能相互联系，相辅相成，构成了学习者全面掌握英语的基础。教师应该综合培养这些技能，从而达到更好的教学效果。听与说是语言交流的基础，在综合训练中，教师可以通过播放听力材料，如录音或视频，让学生进行听力练习，并引导他们进行口语表达。听力训练可以增强学生对语音、语调和语境的理解，从而提高学生的听说能力，口语表达可以使学生将所学知识运用于实际交流之中，培养学生流利自如的口语表达能力。读与写是语言运用的关键，教师可以组织学生进行阅读练习，阅读文章、新闻、故事等文本，从而提高学生的阅读理解能力和词汇量。教师还可以指导学生进行写作练习，通过写作巩固所学知识，培养学生的写作能力。写作训练不仅可以帮助学生更好地表达自己的思想，还可以提高他们对语法和词汇的运用能力。译是培养学生跨文化交际能力的重要手段，教师可以让学生进行翻译练习，既可以从英语翻译到母语，也可以从母语翻译到英语，从而使学生更好地理解不同语言之间的差异，培养他们跨文化交际的能力。

（三）实施对比教学

英汉语言之间的差异性在大学英语教学中是一个重要的方面，对比教学是一种非常有效的教学方法，能够帮助学生更好地理解英汉语言之间的异同，并提升学生的语言运用能力和翻译水平。在教学中，教师应该重视对比教学，并灵活运用对比教学的方法，以达到更好的教学效果。英语和汉语作为两种不同的语言，背后蕴含着不同的文化和思维方式，采用对比教学能使学生更加全面地了解英语和汉语的文化内涵，从而更好地理解和运用这两种语言。在对比教学中，学生可以发现英汉语言在词汇、语法、句式等方面的不同之处，这有助于学生提高对英语和汉语的理解能力，让他们更好地掌握英语的表达方式，从而提升学生的写作和翻译水平，从而避免中式英语和中式翻译的问题。英语和汉语有许多习语和地道表达，在日常交流中非常常见，通过对比学习，学生可以学会正确地运用这些地道表达和习语，使自己的语言更加地道自然。[①]对比教学还可以帮助学生克服汉语对英语学习的干扰，学生在学习英语时，往往会受汉语思维的影响，表达不准确或翻译不恰当。对比教学能使学生更好地认识两种语言的差异，从而减少汉语思维对英语学习的干扰。

① 成畅．大学英语教学与课程建设新探索[M]．长春：吉林人民出版社，2021：14.

四、以就业为导向原则

以就业为导向的教学原则强调将教学与学生未来的职业需求紧密结合，使学生在学习过程中能够获得实用的知识和技能，为学生的顺利就业打下坚实的基础。[①]在大学英语教学中为了更好地贯彻这一原则，教师需要注意几点。第一，教师应确保所讲授的英语知识与学生未来的职业领域相关。大学生通常会进入特定的职业领域就业，因此教师在教学中应该注重培养学生在工作中实际所需的英语技能，如专业术语、工作场景中的交际技能等。如此一来，学生在毕业后就能够顺利应用所学英语知识于实际工作中。第二，教师可以与社会上的与本专业领域相关的企业进行合作，为学生提供更多的实际参与机会。这种合作可以是实习、项目合作或参观企业等形式，通过与企业合作，学生可以接触到真实的工作环境，了解职业要求，并将所学知识应用于实际工作中，此类实践经验对学生的就业有积极的影响。第三，教师可以推行“双证书”制度，即让学生同时取得学历证书和职业资格证书。此种做法可以帮助学生在毕业时获得更多的证书，提高学生就业竞争力。学校可以与社会上的一些职业考证结构合作，帮助学生在毕业时取得相关的职业资格证书，使他们更多就业选择的机会。

五、以网络为手段原则

在大学英语教学的过程中，教师还应将网络作为重要的手段，以网络为手段的原则，仍有许多细则，具体分析如下。

（一）多媒体呈现

多媒体教学是一种融合声音、图像、文字等多种媒体元素的教学模式，其在大学英语教学中具有重要的优势和意义。结合多种媒体元素，

---

① 薛燕．基于教学改革的大学英语教学实践［M］．延吉：延边大学出版社，2018：5.

可以让学生同时接受丰富的信息，提升学习效果和体验，从而更好地理解和掌握英语知识。多媒体教学能够提供更全面的信息，通过声音、图像和文字等多种媒体元素的组合，学生可以获得更全面、更多样的信息。多媒体教学有利于激发学生的兴趣，提高其参与度，相比传统的单一教学形式，多媒体教学更加生动有趣，更容易吸引学生的注意力和兴趣。学生可以在视觉和听觉的双重刺激下更好地投入学习，从而更积极地参与教学活动。多媒体教学可以创设出更具吸引力的学习情境，激发学生的学习热情和主动性。多媒体教学可以提供更丰富的学习资源。随着科技的不断发展，多媒体教学资源也在不断丰富和更新。学生可以通过网络等渠道获取更多学习资源，包括英语学习视频、教学游戏、互动课件等。这些资源可以让学生在学习中获得更多的实践机会和体验，提高学生的学习效果和应用能力。

（二）时空同步

时空同步指相关的言语信息与视觉信息在时间和空间上同时呈现给学习者的教学方式，这种方式能够更有效地帮助学生接受和理解教学内容。在大学英语教学中，运用时空同步效应可以极大地提升学习效果，让学生更容易理解和掌握所学知识。时空同步效应能够增强学习者对知识的联想与联系，当学生在同一时间和空间内同时接收相关的言语信息和视觉信息时，这两种信息会在学习者的大脑中形成关联，从而增强他们的学习联想与联系能力。学生可以通过听觉和视觉的联动，建立起知识点之间的关联，加深对知识的理解。时空同步效应有助于提高学习者的注意力和集中度，学生在同时接收言语信息和视觉信息的过程中，需要集中注意力同时处理这两种信息，这种双重刺激可以提高学习者的学习动机和注意力水平。相比单一的听课或阅读，时空同步效应能够更好地吸引学生的注意力，使他们更加专注于学习任务。时空同步效应能够提高学习者的记忆强度和记忆的持久性，相关的言语信息与视觉信息在同一时间和空间内被共同呈现。学生可以通过多种感官同时接收信息，从而更容易将所学知识存入记忆中。而且由于信息的多重刺激，这些知识也更容易在学生的长期记忆中留存，延长学习的持久性。

（三）注意分配

在网络环境下，学生接收信息主要依靠听觉，因此在进行网络英语教学时，需要注意分配，即将文字信息和图像信息分别以听觉和视觉的方式呈现，以减轻学生的视觉负担，提高信息接受和理解的效率。通过将文字信息和图像信息分别以听觉和视觉的方式呈现，能够充分利用学生的听觉工作记忆和视觉工作记忆。听觉工作记忆是学生处理语言信息的重要部分，而视觉工作记忆则常被用于处理图像信息。当两种信息分开呈现时，学生可以更专注地在听觉工作记忆区加工言语表征，在视觉工作记忆区加工图像表征，避免信息的混淆和交叉干扰，从而减轻了学生的视觉负担。注意分配原则有助于提高学生对信息的理解和接受效率，当专注于听取解说词时，学生可以更好地理解文字信息的含义和逻辑，而当专注于观看动画时，他们可以更好地理解图像信息的含义和演示。这样的分配让学生在不同的感觉通道上进行信息处理，使他们能够更全面地理解教学内容，提高他们信息接受的效率。注意分配原则还能增强学生的参与感，丰富他们的学习体验，将文字信息和图像信息分开呈现，可以让学生在学习过程中更加主动地去关注和参与，因为他们需要同时处理不同形式的信息，这使学习过程更加有趣和有挑战性。学生会更积极地投入学习，提高学习的积极性和主动性。

（四）个体差异

在网络为手段的大学英语教学中，个体差异原则是至关重要的。学生的学习能力和形象思维能力在很大程度上影响着他们对言语和图像信息的理解和接受效果，因此教师应该在教学中注重区分学生的个体差异，采取有针对性的措施，使基础较差的学生和形象思维差的学生也能够实现言语与图像的结合，从而有效获取所需的英语知识。

对于基础较差的学生，教师可以更加注重教学的渐进性和细化程度。

在整句教学中，适当降低难度，用简单明了的表达方式进行教学，以帮助学生建立起对英语语言的基本认识和理解。在练习中，教师可以增加重复的次数，让学生多次接触和运用相同的语言知识，加强记忆和掌握。教师可以采用多样化的教学手段，如配合图片、动画等形象资料，帮助学生更直观地理解和掌握语言知识。对于形象思维较差的学生，教师可以采用更加具体和形象的语言教学手段。在教学中，教师可以多使用生动的例子、故事情节等，帮助学生形成对抽象概念的具体理解，同时可以鼓励学生积极进行联想和想象，培养他们的形象思维能力。在学习材料的呈现上，教师可以使用丰富多样的图像信息，如图表、图示等，引导学生进行更为直观的学习。针对不同学生的个体差异，教师还可以采用个性化的辅导和指导措施，了解学生的学习特点和需求，根据他们的学习风格和学习进度，提供有针对性的教学指导，帮助他们克服困难，提高学习效果。在落实个体差异原则时，教师需要灵活运用不同的教学策略和手段，注重因材施教，使每个学生都能够在网络英语教学中进行有效的学习。教师也需要时刻关注学生的学习表现和反馈，及时调整教学内容和方法，确保教学效果的最大化。结合关注个体差异，英语教学可以更好地满足学生的学习需求，提高教学质量和学习成效。

（五）紧凑型

在以网络为手段的大学英语教学中，紧凑型原则是非常重要的。这一原则要求教师在教学过程中提供短小精悍的言语信息和图像信息，以帮助学生更好地理解和应用所学内容，从而提高学习效果，这种教学方式也被称为“多余信息效应”。紧凑型原则的实施需要教师精心设计教学内容和教学材料，确保信息准确、简洁、重点突出。对于学习英语的学生来说，过多的冗长信息可能会让他们感到困扰和失去注意力。因此，教师应该尽量避免使用冗长的解说和复杂的图像，而更多提供简洁明了、重点突出的信息。在言语信息的应用上，教师可以采用简短明了的表达方式，让学生更易理解和记忆。例如，在教授语法知识时，教师可以用简单的例句和规则来说明，避免过多的理论解释和复杂的语法术语。在词汇学习中，教师可以使用词汇卡片或图片，将单词与对应的形象联系起来，帮助学生更好地记忆和运用。在图像信息的应用上，教师可以选择简单明了的图表、图示和动画，以帮助学生直观地理解概念和过程。例如，在教学单词时，教师可以通过图片和动画展示单词的意思和用法，让学生在视觉上建立对单词的形象记忆。在阅读教学中，教师可以使用图表和图示来帮助学生理解文章的主要内容和结构。紧凑型原则还要求教师合理安排学习的节奏和顺序，避免信息的过度堆砌和混乱。在网络环境下，学生通常面临更多的信息碎片和分散的资源，因此教师需要将这些信息有机地组织起来，形成一个紧凑、连贯的教学体系，使学生能够更好地理解和应用所学内容。

六、情感性原则

（一）因情施教

根据因情施教的原则，教师应将情感与知识有机融合为一体，在讲授课程知识的过程中适当引入积极的情感，进而有效实现以情促知、情知交融。因此，教师应让自己拥有积极的情感状态，只有如此，才能够更好地带动学生提高情感积极性。

（二）寓教于乐

寓教于乐的原则旨在让课堂教学活动的展开在学生快乐、积极的情绪之下进行，这需要教师及时预测并把握好一切变量，以使学生更加乐于接受知识、乐于学习。需要注意的是，教师应将调节情绪作为课堂教学活动的一个突破口，而不能整节课都处于调节学生情绪的状态上，从而令学生的学习状态能够较快地达到最佳的层次。

（三）移情原则

移情，即情感的转移，指一个人的情感转移到与其有关的其他人或物上的现象。在英语教学中，移情原则旨在使学生在学习过程中得到情感的陶冶，通过情感共鸣和情感迁移促进学生学习和语言能力的发展。教师是学生学习的榜样和引路人，在课堂上教师的情感态度会直接影响学生的情感体验。因此，教师需要注意自己的情感表达和情感调控，以积极、向上的情感影响学生，教师的热情、耐心、关爱等情感因素会激发学生对学习的兴趣，让学生在情感中感受到学习的快乐和乐趣。教学内容中的情感因素也会对学生的情感产生影响，教师可以在英语教学中选择一些富有情感的教学内容，如感人的故事、有趣的案例、振奋人心的演讲等，让学生在情感体验中学习语言知识。文章作者及文章中人物的情感也会感染到学生，在教学中教师可以引导学生体会原作者写作时的情感，从而更深刻地理解文章的意义和情感。情感迁移指学生将教师或他人的情感体验转移到自己身上，在教学中，教师可以通过引发学生的情感共鸣，让学生在情感体验中产生共鸣，从而更深刻地理解和体验所学知识。例如，教师可以使用真实案例或个人经历，让学生在情感共鸣中学习和表达英语知识。

第三节　大学英语教学的目的、任务与特点

对英语教师来说，明确英语教学的目的、任务和特点是教学工作的基础和出发点。英语教学的目的在于培养学生的语言能力，包括听、说、读、写和译等方面的能力，使学生能够流利、准确地运用英语进行交流和表达。英语教学还旨在培养学生对英语国家文化的了解和欣赏，增强其跨文化交际能力，以适应经济全球化的发展趋势。教学的任务是通过教学活动实现教学目标，即让学生真正掌握英语知识和技能。教师需要合理设计教学内容和教学活动，采用适当的教学方法和手段，激发学生的学习兴趣和积极性，帮助学生习得自主学习的能力，让学生在积极的学习氛围中实现自我价值。英语教学的特点是实用性很强，英语是学生

在现实生活中必须掌握的一门技能。因此，教学内容需要与学生的实际生活和职业发展需求相结合，注重教学内容的实用性和实践性，使学生能够在实际生活和工作中应用学到的知识和技能。英语教学还需要充分考虑学生的个体差异，采用灵活多样的教学方法和手段，满足不同学生的学习需求，使每个学生都能够在教学中获得成功感和成就感。

一、英语课程标准

为了全面实现具有中国特色的现代化基础教育课程体系的有效构建，促使基础英语教育能够适应国家经济建设以及社会发展的实际需要，教育部颁布了《全日制义务教育普通高级中学英语课程标准》(以下简称《标准》)。《标准》以全面推进素质教育为核心，坚持“三个面向”的原则，以改变现有英语教学现状为出发点，以更新教师教学观念以及教学方式为重点，基础教育阶段英语课程的总体目标是培养学生语言运用能力。综合语言运用能力的形成建立在学生语言技能、语言知识、情感态度、学习策略以及文化意识等素养整体发展的基础之上。语言知识与语言技能的提高是培养综合语言运用能力的基础，文化意识是得体运用语言的保证，情感态度是影响学生学习与发展的重要因素，学习策略是提升学生学习效率、发展自主学习能力的保证。

基础教育阶段英语课程目标的各个级别均以学生语言技能、语言知识、情感态度、学习策略以及文化意识五个方面的综合性表现为基础，进行总体描述。该《标准》与以往《教学大纲》相比较而言，有以下几方面特色。

（一）在总体目标设计上力求体现素质教育的思想与加强培养学生综合语言能力

《标准》的设计体现了素质教育的理念，强调对学生综合语言能力的培养，体现在课程目标的多元性上，就是涵盖了知识与技能、过程与方法、情感态度与价值观等三个方面。通过这种设计，课程不再是简单地传授知识和技能，而更加注重学生全面的发展，包括情感态度的塑造和价值观的培养。在培养学生综合语言能力方面，《标准》强调激发学生学习英语的兴趣和自信心。这对语言学习尤为重要，因为兴趣是学习的动力，自信心是学习的基础。通过激发学生的学习兴趣，教师可以提高学生的学习积极性，让学生在学习英语的过程中体会到乐趣。培养学生良好的学习习惯和有效的学习策略也是《标准》的一个重要目标。这些均为学习能力的关键要素。只有学会如何学习，学生才能在日后的学习和工作中不断进步。对情感态度和文化意识的要求在《标准》中也得到了充分的重视，学生在学习英语的过程中不仅仅要掌握语言知识和技能，还需要了解目的语国家的文化和价值观。接触和了解不同文化能使学生更好地理解语言的用法和文化背景，培养学生的跨文化交际意识，培养其对本国和异国文化的尊重和包容态度，这对于提高学生的跨文化交际能力和培养其全球视野至关重要。教师在实施《标准》时，应当注重学生的情感，并与学生建立良好的师生关系。通过积极的情感引导，教师可以增强学生的学习兴趣和学习动力，提高学习效果。教师还应该注重培养学生的学习策略，让学生学会学习，掌握有效的学习方法，提高学习的目的性和效率，并充分利用现代教育技术，挖掘丰富多样的教学资源，激发学生的学习兴趣，提高学习效果。

（二）力图改善学习方式，实现学习方式的多样化

在当今知识爆炸的时代，学习方式的多样化已成为教育改革和发展的必然趋势。传统的单一记忆、接受、模仿的被动学习方式已经无法满足学生全面发展和应对未来挑战的需求。因此，《标准》力图改善学习方式，实现学习方式的多样化，以培养学生的创新精神、实践能力和综合能力。在英语课程中，《标准》特别强调学生的体验和实践，引导学生主动参与、亲身实践、独立思考、合作探究，从而激发学生的学习兴趣和积极性。例如，在英语课堂上，教师可以通过组织小组合作、角色扮演、游戏等活动的方式，让学生在实际情境中运用所学知识，培养他们的语

言交际能力和实践能力。这种实践性的学习方式不仅能够提高学生的学习效果，还可以增强学生对知识的理解和运用能力。《标准》还提供了适量的案例和教材资源，为教师提供了更多的教学选择。教师可以根据学生的特点和需求，选用适合的案例和教材进行教学，让学生在学习中充分发挥主动性和创造性。多样化的学习方式不仅能够激发学生的学习兴趣，还可以培养学生独立思考和解决问题的能力。在实现学习方式的多样化过程中，《标准》强调研究性学习、参与性学习、体验性学习和实践性学习的重要性。研究性学习让学生成为知识的探索者和发现者，培养他们的探究精神和解决问题的能力。参与性学习强调学生在学习中的主体地位，让他们积极参与到学习过程中，增强学习的主动性。体验性学习注重学生通过亲身体验来获得知识和经验，强化学习的真实性和有效性。实践性学习强调学生在实际生活中运用所学知识，提高学习的实效性和应用性。《标准》的目标是培养和发展学生的创新精神和实践能力、用英语搜集和处理信息的能力、获取新知识的能力、分析和解决问题的能力以及交流与合作的能力，这是学生未来发展所必备的综合素养，也是国家建设和社会发展所需的重要人才所必备的素养。

二、英语教学大纲

在当今社会，经济全球化和信息化的快速发展使作为国际通用语言的英语愈发重要。因此，培养学生的英语综合能力成为当务之急。为了达到这一目标，人们对英语教学大纲进行了全面的修订和优化，力求提高英语教育的质量和效果。英语教学大纲的一个显著特点是统一了课程，在过去，不同高校的英语教学大纲可能存在较大的差异，这导致不同学生在学习过程中有不同的教学内容和标准，而这种分散的教学体系不利于学生全面发展和跨校交流。教学大纲的统一，让学生可以在不同学校之间更加顺利地进行转学和交流，促进了教育资源的共享和校际合作。传统的英语教学往往将重点放在语法和词汇的学习上，而忽视对学生综合能力的培养。然而，在现代社会，单纯的语法和词汇的掌握已经不足以满足学生的需求。综合能力包括听、说、读、写、译等多个方面，以及文化交际能力和信息处理能力。教师优化教学内容和方法，注重培养学生的综合能力，能使学生具备全面运用英语进行交流和表达的能力。英语教学大纲强调四年不断线的教学原则，可见英语教学在大学四年的学习过程中是连贯的，而不是四年一分为二。连贯性具体体现在教学内容和难度的逐步提高上，学生从大一到大四逐步扩展英语知识和技能，形成良好的学习习惯和学术素养。这种教学原则有助于学生在大学期间建立稳固的英语基础，为其将来的学习和工作打下坚实的基础。英语教学大纲也注重适应学生的实际需求，每个学生的英语水平和学习需求都是不同的，因此英语教学大纲提供了更加灵活的教学内容和方式。教师可以根据学生的特点和需求，设计个性化的教学方案，满足不同学生的学习需求。修订稿还鼓励学生积极参与教学活动，提高英语应用能力。例如，组织学生进行英语演讲比赛，参加英语角交流等活动，让学生在实践中提高英语交际能力。

第三章　文化交融视域下的大学英语课程教学分析

第一节　中西文化差异对英语教学的影响及应对策略

语言与文化密不可分，想要使学生真正掌握英语这项语言交际工具，教师应注重培养其语言交际能力，并使其了解中西方国家之间的文化差异。在大学英语教学的过程中，教师应尽可能提升学生的文化敏感性，消除文化差异对学生英语学习造成的消极影响，并在提升学生文化理解能力的同时，提升学生的语言运用能力。

一、中西文化差异的体现

语言作为文化的重要组成部分，不仅反映了民族特征，还承载了文化和社会风俗的深刻内涵。中西文化的差异在语言形式、词汇、句法和语篇中都有所体现，这是值得人们深入了解和探讨的重要话题。中西文化的差异在语言形式中表现得颇为明显。例如，中文注重“和谐”和“间接”，而英语则强调“直接”和“简洁”。在英语交际中，人们经常使用简短的句子和直接的表达方式，这与中文的复杂句式和委婉语气形成了鲜明的对比。在教学中，教师需要引导学生理解英语语言特点，运用英语语言表达形式，避免中式英语的干扰，培养学生的英语语感和表达能力。中西文化的差异在词汇方面也体现得十分明显，民族文化和社会风俗的不同都会体现在词汇中，因此，同一词语在不同文化背景下可能具有不同的含义。词语含义的不同需要教师在教学中指出，并引导学生理解这些词语在不同文化中的差异。中西文化的差异还体现在句法和语篇中。中文句子通常是主谓宾结构，强调话题在句首，而英语句子则更加注重信息的前置和后置。在语篇结构上，中文倾向展开式写作，情节渐进，而英语常采用悬念式写作，引人入胜。这些句法和语篇的差异也需要教师在教学中加以解释，帮助学生理解和运用英语的表达方式。

二、中西文化差异对英语教学的影响

语言不仅是一种交流工具，也是文化的载体和反映。文化是一个民族或社会的认知、价值观、习俗和传统的总和，而语言是文化的表现形式之一。因此，学习一门外语必然涉及对该语言所属文化的理解。在英语教学中，语言和文化的有效结合对于提升学生的语言应用能力至关重要。然而，在过去的教学模式下，很多教师过于注重对英语知识的传授，而忽视了对不同国家文化背景知识的讲授，导致学生对英语语言的应用存在一定局限性，以至于出现了所谓的“中国式英语”。因此，教师在外语教学中应当在传授基础外语知识的同时，引导学生理解语言的文化背景，合理导入国外文化知识，使学生对英语的应用更加全面和灵活。文化差异对于英语教学方案的实施是有影响的，特别是在英语精读课程教学中。[①] 文化差异在语音方面体现为不同国家发音习惯和语音规则不同。教师需要指导学生正确理解和掌握英语的语音规则，帮助学生克服发音困难，减少口音干扰。在词汇方面，不同文化中的词汇意义可能存在差

① 谭竹修．多元文化教育视域下大学英语教学理论探索[M].天津：天津科学技术出版社，2018：29.

异。文化差异还体现在交际方式和礼仪上，不同国家的年龄、称呼等词汇或有不同。教师应在教学中指出这些差异，帮助学生避免因文化差异而发生误解或冒犯他人，增进学生的跨文化交际能力。

（一）中西文化差异对语音教学的影响

汉语和英语作为两种截然不同的语言，在语音方面存在显著差异。汉语是一字一音节的语言，每个汉字通常对应一个音节，而英语的词汇则可以是一个音节、两个音节、三个音节，甚至更多，这使英语在发音上比汉语更加多样和复杂。汉语拥有四个声调，而英语则没有声调的概念，同时重音在英语中起着重要作用。在英语语音教学中，教师需要关注学生对各个音素及单个单词的正确发音。不仅要教授英语中每个音素的发音方式，还要让学生理解并准确模仿英语单词的发音。教师还应引导学生注意英语中的重音、连读和句子节奏等特点，重音在英语中起到强调信息的作用，教师可以通过课堂练习和游戏等方式让学生感受重音的重要性，帮助他们更好地表达意思。连读是英语中一个重要的特点，不同单词之间边界模糊，音节之间会产生融合，这使英语听起来更加流利和自然。教师可以通过示范和练习让学生学会正确地进行连读，提高他们在实际交流中的流利程度。句子节奏也是英语发音的重要方面，英语中的句子往往有一定的节奏和抑扬顿挫方式，这使英语语言更具感染力。教师可以引导学生学习唱英文歌曲、朗诵英语诗歌等，让学生在愉悦的氛围中感受英语的音韵美，同时加深对节奏和抑扬顿挫特点的认识。绕口令是英语语音教学的一个好素材，如电影《窈窕淑女》中的绕口令“The rain in Spain stays mainly in the plain.”就可作为教学内容，引导学生学习和理解 /ei/ 这个音素的发音。此种教学方法不仅生动有趣，还能激发学生的学习兴趣和积极性，帮助他们更加深入地理解英语的音韵规律。

（二）中西文化差异对词汇教学的影响

中西文化差异在英语教学中的体现是一个非常重要的问题，如上文所提及的例子，词汇在不同文化中可能存在截然不同的含义和用法。这样的文化差异不仅仅限于常用词汇，还包括习语、成语和典故等。因此，英语教师在教学中需要充分意识到这些文化差异，并适时地引入相关的背景文化知识，帮助学生更好地理解和运用英语语言。一个国家的语言和文化紧密相连，其中蕴含着深厚的历史、社会和价值观念。因此，英语教师在教学中要注重教授英语词汇的文化内涵，而不仅仅局限于简单的词义解释。例如，“freeze”这个词在英语中的基本含义是“冰冻”，但在美国社会，特别是涉及枪支的情境中，“Freeze!”是警察和歹徒之间常用的口头警告，意为“站住”“不许动”。这种情况下，了解背后的文化知识和社会背景对于正确理解和应用这个词语是至关重要的。如果学生不了解这一文化内涵，就可能会发生误解，招致不必要的麻烦，甚至危险。因此，教师应该在教学中引入相关的文化背景知识，让学生了解英语词汇的多重含义和用法。教师可以通过故事、图片、视频等多种形式，让学生了解这些词汇在不同文化和社会情境中的使用方式。例如，教师可以通过介绍美国的警察文化和涉及枪支的情况，让学生明白“Freeze!”的特殊含义，以及在这种情况下应该如何反应。教师还应该注意教授英语中常用的习语、成语和典故等文化元素，这些通常具有自己独特的表达方式和内涵。通过教授这些文化元素，学生可以更深入地了解英语所代表的文化，拓展自己的跨文化交际意识，增进对不同文化的理解和尊重。

（三）中西文化差异对篇章教学的影响

在英语能力测试中，特别是在英语阅读理解能力测试中，掌握英语阅读理解技能至关重要。只有具备优秀的阅读理解能力，学生才能在学习和实际应用英语中取得成功。然而，在实际的英语教学过程中，学生常常出现不理解阅读理解题目意思的情况。这种现象部分地反映了中西文化之间的差异，包括观念、价值观、道德规范以及行为准则等方面，同时反映了学生在思维意识、逻辑判断能力和语言表达能力等方面的差异。在英语阅读中，要想正确理解词汇和了解课文大意，学生必须加强对相应国家文化背景知识的了解，只有这样才能全面掌握其文化内涵。在英语阅读理解中，理解题目的意思至关重要。一些题目的表述可能涉及特定的文化知识或者习惯用语，学生若不了解这些文化背景知识，就很难正确理解题目的含义。因此，教师在进行语篇教学之前，需要对学生进行综合的英语学习能力评估，并了解学生的知识结构和语言水平。教师还需要提前准备相关的文化背景知识，确保学生能够全面掌握所读语篇的意思。

（四）中西文化差异对英语写作教学的影响

英语写作是外语学习所训练的核心技能之一，也是一项综合性技能。教师通过对学生英语写作情况的考核，可以全面了解学生在英语学习中的基础知识掌握程度和运用能力。然而，学生在英语写作过程中常常面临一些障碍和挑战，其中最明显的问题之一就是学生容易受到汉语思维和习惯的影响，在句法和修饰方面出现中国式英语，与标准的英语表达习惯不符。为了消除这种错误，教师可以为学生对比展示汉语和英语的句法结构和修辞特点，引导学生形成英语写作所需的逻辑和表达习惯。教师还可以采取多样化的教学方法来提高学生的写作技巧。例如，教师可以给学生展示优秀的英语写作范文，让学生学习其中的表达方式和用词技巧，同时可以引导学生进行写作练习，逐步提高他们的写作能力，或者设置写作任务，让学生在实践中不断提升写作技巧，增加写作经验。除了教师的引导，学生自身的积极性和学习态度也是重点。学生应该保持对英语写作的兴趣，主动参与写作练习，勇于表达自己的想法和观点，并不断积累词汇和语法知识，提高英语语言水平，从而更好地运用英语进行写作。学生在英语写作中还应注意细节，例如，注意单词拼写和语法错误，避免使用中式表达方式，并使用更加贴近标准的英语表达，同时注重段落结构和文章的连贯性，使写作更加流畅。

三、应对策略

（一）重视学生跨文化意识的培养

在英语教学实践中，培养学生的跨文化意识是至关重要的。随着经济全球化的加速和国际交流的增加，学生需要具备跨文化交际的能力，以更好地适应多元化的社会环境。教师在教学过程中应当注重语言的文化教学，将语言与文化紧密结合，帮助学生深入了解英语语言背后的文化内涵和意义。教师可以通过教授展示与英语文化相关的课文选段、歌曲、电影等材料，引导学生了解英语国家的习俗、价值观念、礼仪等。例如，介绍英语国家人谈话的禁忌，如在交流中不问体重、年龄、宗教信仰、收入等敏感话题，这些都是英语国的家人的重视隐私和个人空间的表现。此类例子可以使学生了解到英语国家的人与中国人在交流中的差异，培养其对不同文化的尊重和理解态度。教师还可以引导学生在跨文化交际中注意语言的使用方式，不同文化中，同样的词语可能会有不同的含义和语义。[①] 例如，英语中的“礼貌”和“尊敬”在中文中是相近的概念，但在英语中，“politeness”更偏向于表达一种礼仪上的规范，而“respect”更强调内心对他人的尊重。学生需要在不同语境中运用得体的语言，避免出现文化冲突和误解。教师还可以组织跨文化交流活动，让学生亲身体验不同文化之间的交流与合作。例如，组织学生与来自英语国家的学生进行交流、共同参与合作项目，或者参加国际文化交流活动，让学生深刻感受到文化之间的差异和共性，增进其对其他文化的认知和理解。

（二）挖掘教材中的文化信息

教材中蕴含着丰富的文化信息，这些信息是学生了解和体验不同文化的宝贵资源。教师深入挖掘教材中的文化信息，可以让学生更深入地

---

① 谭竹修．多元文化教育视域下大学英语教学理论探索[M]. 天津：天津科学技术出版社，2018：44.

了解西方社会的节日习俗、价值观念以及科学精神，同时培养了学生运用文化背景知识的能力。教师可利用教材中的课文和文章，引导学生运用“对比法”了解中西方文化的差异。例如，可以选取描述西方节日的文章，然后引导学生通过对比，分析其中的文化内涵和背后的价值观念。这样的对比学习能使学生更深入地了解西方节日习俗，如圣诞节、感恩节等，以及这些节日背后的文化意义。

（三）重视学生英语思维习惯的培养

在英语教学中，培养学生的英语思维是至关重要的。学生往往会在学习英语时受到母语的干扰，以致说出或写出中国式英语，即用汉语的结构和表达方式去翻译英语，从而造成语言使用的错误。为了解决这个问题，教师在教学中应采取多种方法和策略，帮助学生建立英语思维。学生需要熟练掌握英语的语法结构和句型，以及丰富的词汇。只有当学生对英语的基本语法和词汇有深入的了解和掌握之后，他们才能在表达时更加流利和自如，不再受限于母语的结构。因此，教师应该注重对语法和词汇的教学，同时鼓励学生多做练习，加深对英语语言的理解和运用。教师可以运用多种多样的教学资源和教学手段，使学生在英语学习中感受到更多乐趣。教师也可利用图片、照片、画册等来介绍国外的艺术、文化、风俗习惯，通过电教手段组织学生观看英语教学片和电影等，这些都是有效的方法。在具体的情境中，学生会更容易地进入英语的思维模式，从被动的翻译转变为主动的表达。组织学生进行英语小话剧表演、举办英语晚会等活动，也能让学生在真实的语境中运用英语，更好地体会中西文化的差异。

第二节　中国优秀传统文化融入大学英语教学的作用

一、促使学生了解不同语言的文化差异

中美两国之间的文化差异是由历史、地理、社会制度等多方面因素的影响而形成的，文化差异体现在语言行为、文化特点等多个方面，了解文化差异对中西交流和合作有重要意义。语言行为的差异在中美文化之间尤为显著，不同的文化背景和社会习惯会影响人们在相同情况下的反应和理解。在中国，父母可能会抱着疲惫的小孩走，这表现出家庭关系的温暖和亲密；而在美国，父母可能会鼓励孩子休息，强调培养孩子的独立性和自主性。对于感激的表达，中国人常说“不用谢，这是我应该做的”，这体现出对人的尊重和谦虚，但这样的话在美国人听来则可能被认为是他人对自己的帮助仅是迫于义务的意思，从而产生误解。因此在跨文化交流中，了解和尊重对方的语言行为习惯十分重要。中美两国的文化特点也有显著的不同，美国是个人主义文化，强调个人的自由、权利和独立；而中国是集体主义文化，重视家庭和社会群体的利益。这导致两国人在人生观、价值观和社会行为规范上存在差异。美国人可能更加注重个人成就和个人价值的实现，而中国人则更注重家庭的和谐和社会的稳定。这种文化特点也影响了两国在工作、教育、家庭等方面的不同做法和理念。中美两国的节日和传统文化也有很大的差异，美国人庆祝圣诞节、复活节、感恩节等西方传统节日，而中国人则重视春节、中秋节等传统的中国节日。每个节日都有着不同的文化内涵和纪念方式，反映了两国不同的历史和文化传承特点。

二、注意词语的文化内涵与语言文体的作用

英语词汇的丰富内涵和典故是语言文化中的宝库，每一个词汇都蕴含着历史和文化的积淀。正确理解这些词汇需要学生对其文化背景有深入的了解。许多英语词汇与文化、历史和文学作品密切相关，了解这些词语背后的故事能够帮助学习者更好地理解词汇的含义和用法。不同民族的观念和文化赋予词语不同的含义和象征，例如，英语中“owl”（猫头鹰）是智慧和知识的象征，而在汉语中，猫头鹰通常是不祥的预兆。这种差异反映了不同文化中的人对动植物的理解和看法的不同，需要学习者在跨文化交际中特别注意，避免出现不恰当的用词或误解。交际中的语言变体、语体和语式也会影响交际效果。例如，美国英语和英国英语在词汇和发音上存在一定的差异。掌握这些差异对学习者来说很重要，因为在不同的语境中使用恰当的语言变体和语体会才更加得体和自然。

第三节　大学英语文化教学的目标与内容

一、大学英语文化教学的目标

近年来，我国大学外语教学研究聚焦于交际性教学原则，强调语言与文化关系的重要性。《大学英语课程教学要求》明确了大学英语教育的目标：强调培养学生的英语综合应用能力，特别是听说能力；增强学生的自主学习能力和综合文化素养。在这样的教学要求下，强调交际性原则并突出语言的本质和功能变得更为重要。交际性教学原则是现代语言教学的重要理念之一，交际性教学不仅关注学生的语言技能，还重视学生在真实语境中进行有效交流的能力。这种教学方法能够帮助学生更快地融入语言环境，增强学生的语言运用能力，从而提高他们的语言学习

效率。而且，交际性教学注重学生的参与和主动性，注重激发学生的学习兴趣和学习动力。交际性教学使学生不再是被动的接受者，而是积极的参与者，从而令其更好地掌握语言知识和技能。另外，语言与文化关系的重要性在外语教学中也日益凸显。语言是文化的一部分，文化也贯穿于语言之中。在学习一门外语的过程中，了解目标语言国家的文化背景和社会习惯是非常有必要的，文化因素会影响到语言的使用方式、词汇的含义以及交际的方式。只有深入了解文化，学生才能更好地理解目标语言的意义和内涵。因此，教师在教学中应该引导学生积极了解目标语言国家的文化，通过文化背景的了解加深对语言的理解。在教学中引入一些文化方面的内容，可以让学生更加全面地掌握目标语言，并培养学生的跨文化意识和交际能力。

在外语教学中，制定明确的教学目标是教师提高教学效果和学生学习成效的关键。教学目标的制定涉及多方面因素，其中包括教师对学生学习情况的了解，对教学资源的状况、教学内容的要求以及教学方法的选择等。为了确保教学目标的科学合理性，教师需要进行充分的调研和分析。在制定教学目标时，可以借鉴本杰明·布鲁姆（Benjamin Bloom）的目标教学法。布鲁姆将教学目标划分为认知目标、情感目标和技能目标三个维度，在每个维度下又有具体层次。通过对教学目标进行分类和细分，教师可以更清晰地了解到应该在教学过程中关注的重点，有针对性地设计教学内容和方法。例如，在英语阅读教学中，认知目标可以包括理解文章主旨和细节，情感目标可以包括培养学生对文学作品的兴趣和理解作者的情感表达，技能目标可以包括提高学生的阅读速度和阅读理解能力。教学目标的制定也要考虑学生的学情和特点，教师需要对学生的英语水平、学习兴趣、学习风格等进行全面了解，从而制定适合学生的目标。不同学生有不同的学习需求和学习能力，教师应该根据学生的特点进行个性化的教学目标设置，以便更好地激发学生的学习动力和积极性。在制定教学目标时，教师还应深入研究相关理论。了解语言学习的心理学和认知学理论，可以帮助教师更好地理解学生的学习过程和认知规律，从而更有效地制定教学目标。教师还应将自主学习能力、学习策略和跨文化交际意识培养融入教学目标体系中。培养学生的自主学习能力和学习策略，可以帮助学生更好地适应不同学习环境，提高学习效率。而培养学生的跨文化交际意识，则可以帮助学生更好地理解和应用目标语言，让学生在跨文化交际中更加得心应手。教学目标应该分为不同层次，从容易到困难，适应不同学生水平。这样的分层次教学目标可以帮助学生逐步掌握和应用目标语言，从而提高学生的学习效果。教师应该采用多样化的教学方法，结合学生的学习特点和需求，选择合适的教学资源和教学材料，以确保教学目标的达成。建立良好的沟通基础也是非常重要的，教师需要与学生保持密切的互动，让学生了解教学目标，做到心中有数。

《大学英语课程要求》提出的大学英语教学目标是重要且有远见的，在经济全球化背景下，英语是国际通用语言，具备良好的英语综合应用能力有利于学生未来的职业发展和国际交流的顺利展开，这样的教学目标也符合国家中长期教育改革和发展规划纲要对国际化人才的培养要求。培养学生的英语综合应用能力，特别是听说能力，使其有效地进行口头和书面的信息交流，这是大学英语教学的核心目标。在实际生活和工作中，学生需要具备与外国人交流的能力，包括面对面的口语交流和书面的邮件、报告等写作交流。这不仅仅要求学生掌握英语的基本词汇和语法，更需要学生具备听懂他人表达意思和清晰表达自己意思的能力。因此，教学中应该注重英语听说的训练，引导学生积极参与英语口语练习和听力训练，提高学生在实际交际中的表达能力。增强学生的自主学习能力是现代教育的重要目标之一，在信息化时代背景下，知识更新非常快，学生需要具备主动学习的能力，不断学习和适应新知识。大学英语教学应该培养学生对英语学习的主动性和自觉性，让学生学会利用各种资源进行自主学习。教师可以引导学生使用英语学习软件、阅读英语原版书籍、参加英语角等活动，培养学生对英语学习的兴趣，使其乐于主动学习。文化与语言是密不可分的，学生只有了解了国家的文化背景，才能更好地理解和运用语言。教师应该在教学中引入一些与文化相关的内容，如国家的传统节日、历史背景、社会习惯等，并融合国外的文化，培养学生的跨文化意识，提高学生在跨文化交际中的应变能力。修订后的《大学英语课程教学要求》凸显了交际、自主学习和文化意识的重要性，这是对传统教学模式的一种改革和创新。过去，很多教师更注重学生的课堂表现和考试成绩，而忽视了学生的语言运用能力和学习兴趣。修订后的教学目标更加注重对学生能力的培养，强调学生学习的主动性和自觉性，鼓励学生通过自主学习提高自己的英语水平。增强学生的文化意识也是新教学目标的重要内容，让学生了解并尊重不同文化背景，培养学生在国际交往中的开放心态和应变能力。

文化教学不仅仅是为了让学生学会一门外语，更重要的是培养学生的文化意识和跨文化交际能力。文化教学具有三个重要目标：传授文化知识、培养文化意识和提高文化能力。在学习一门外语的过程中，了解母语和目的语国家的价值观、文化传统、风俗习惯等是很有必要的。这些文化知识不仅有助于学生更好地理解语言的含义和用法，更重要的是，还可以为学生的跨文化交际打下坚实的基础。通过学习不同文化的差异，学生可以更好地适应不同的文化环境，避免在交际中出现误解和冲突。文化意识指学生对目的语文化和母语文化的差异有一种自觉的认识和理解，在跨文化交际中，不同文化之间的差异往往会导致误解和矛盾。因此，培养学生对文化差异的敏感性和理解能力很重要。学生应该学会尊重不同文化，理解不同文化的价值观和行为方式，从而在跨文化交际中更加灵活和包容。文化能力指学生在跨文化交际中有意识地运用文化知识的能力，在交际的过程中，学生需要根据不同的文化背景选择合适的语言和行为方式，避免因文化差异而引起误解和冲突。文化能力的提高需要学生在实际的交际中不断积累，因此，教师应该鼓励学生参与真实的跨文化交际，增加学生的实践经验和信心。

文化教学与第二语言学习的研究早在美国的50年代就已经开始，这充分说明了文化教学在外语教育中的重要性。近年来，随着经济全球化的推进，人们对跨文化交际的需求日益增加，文化教学在中国外语教学领域中也逐渐受到重视。大学英语教学的目标强调语言的实际交际功能，特别关注对社会文化性因素的培养，增强学生的社会文化意识和跨文化交际能力在教学中具有重要意义。在实际的教学中，教师应该注重将文化教学与语言教学相结合，在教学中引入一些与文化相关的内容，如文化背景、习俗礼仪等，帮助学生更好地理解目标语言的意义和用法。

二、大学英语文化教学的内容

在大学英语教学中，文化内容的引入和教授是一项复杂而重要的任务。由于课时有限和英语国家文化的广泛多样性，要全面掌握所有文化知识是一项困难的挑战。因此，在设计文化教学的过程中，教师需要从多个角度着手，以确保学生能够在有限的时间内有效地了解和应用目的语国家的文化知识。文化教学内容不仅包括语言知识，还涵盖了地理常识、历史背景、政治经济、文学艺术、宗教信仰和风俗习惯等方面。在教学过程中，教师应该引导学生了解目的语国家的社会历史背景和文化背景，从而更好地理解语言的含义和用法。例如，在学习一篇关于节日的课文时，教师可以简要介绍该节日的历史由来和庆祝方式，让学生对课文内容有更深入的了解。词汇在语言中承载着丰富的文化内涵，因此，在词汇教学中融入文化元素是非常必要的。在课前预习阶段，学生可以对每个单元的词汇进行分类，了解其背后的文化主题，如文化产品、实践、社群、观念和个体等。通过将词汇和文化紧密结合，学生可以更加自然地理解和应用这些词汇，从而增强跨文化交际能力。在语言教学过程中，与社会群体的交互也是非常重要的。教师可以以语句教学为基础，根据学生之间的讨论和互动构建起一个协作社群。这个社群可以提供语境，使语言的意义在实际交际中得以体现。学生可以通过参与讨论调动已有的知识背景，把知识应用于真实情境中，从而实现跨文化交际的目标。

在大学外语教学中，文化作为一个重要的元素，具有多重分类方式，这种分类不仅可以根据国度和民族性，还可以根据文化的影响功能。这些分类方式为教师在教学中合理引入文化元素，培养学生的综合文化素养，提升语言教学效果和跨文化交际能力，提供了有益的思路和指导。一种常见的分类方式是根据国度和民族性对文化进行分类，这种分类方式基于不同国家和民族的独特文化传统和价值观，将文化划分为不同的类型，有助于教师向学生传授不同国家和民族的文化背景知识，培养学生的跨文化交际能力。另一种分类方式是根据文化的影响功能进行划分，将文化划分为知识文化和交际文化两个方面。知识文化强调的是文化的知识性内容，包括历史、文学、艺术等方面的知识，交际文化则侧重于在实际交往中的文化表达方式、礼仪习惯等，有助于教师根据不同的教学阶段和学生情况，有针对性地引入文化元素。例如，在初级阶段，教师可以注重教授一些基本的交际文化知识，如问候礼仪、礼物的赠送方式等；而在高级阶段，教师可以更深入地介绍国家的知识文化，如著名作家、历史事件等。

第四节　当代大学英语课程中“中国文化失语”现象

大学英语教学是针对英语开展的课程，目的是提升学生英语综合能力，有效培养学生的跨文化交际能力，因此英语语言知识、英美文化知识等是大学英语教学的主要内容，在这种背景之下，母语文化通常容易被忽视，进而导致大学英语教学中“中国文化失语”现象的产生。在英语学习的过程之中，母语文化之中的负迁移作用是明显可见的，但是母语文化也有着不可否认的正迁移作用，因此教师在大学英语教学的过程中应做到目的语文化与母语文化兼收并蓄，并正确认识到造成“中国文化失语”现状的原因，最终做好母语文化渗透工作。

一、“中国文化失语”的基本内涵

随着经济全球化的不断深化，政治和军事等也逐渐走上了全球化的轨道。在这一大趋势下，文化全球化的浪潮也迅速兴起，呈现出多元性的魅力。然而，在这跨越国界的文化交流过程中，中西方文化之间的交流却暴露出一种特殊的问题，即“失语现象”，这在中国文化中表现得尤为突出，成了难以逃避的趋势，阻碍着国际文化传播的进程。

以跨文化交际为例，中国人往往更加注重学习西方文化历史，掌握西方的交际礼仪，以确保在国际社会和国内国际交流场合都能得体应对。然而，西方人来到中国参与一些本土的民俗活动时，却常常陷入困惑。很多情况下，西方人无法理解活动的特色，难以理解其中的程序和步骤，即便有导游解释或者有翻译协助，他们也难以领会其背后深刻的内涵。原因在于其所见所闻只是停留在表面，而其中的文化内涵并未被详细解读和阐释。与此同时，西方人在体验中华文化的同时，很难找到与之相对应的更深层次的合理解释，即使得到了解释，也渴望有更进一步的阐述。最终，很多人只能选择放弃。中国人在向外介绍本国文化传统时也往往难以深入解释其中的文化内涵，或是因为词汇的不足，或是由于本身对文化内涵的理解不够深刻。总之，诸多因素共同导致了中国文化失语现象的发生。①

这种“失语现象”在一定程度上凸显出中国在文化交流中的短板。在经济全球化时代，虽然信息交流更加便捷，但文化差异依然是交流的一大挑战。为了更好地促进文化交流，人们需要努力弥合不同文化带来的沟通障碍，提高文化交际的效果。这一目标可通过加强文化教育实现，这里的文化教育不仅仅是单纯地传授文化知识，还应注重深层次的文化内涵和含义的传达，并强调对外交流时善于倾听和尊重的态度，以便学

① 马晓莹．跨文化交际理论与实践研究[M]．石家庄：河北科学技术出版社，2013：144.

生更好地理解和融入不同的文化。只有如此，人们才能在文化交流中建立起有效的纽带，实现真正的跨文化交际。

二、“中国文化失语”的母语迁移

（一）母语迁移的表现形式

“迁移”（transfer）是一种认知活动，属于心理学的范畴。具体而言，“迁移”描述了学习者在学习过程中，将已有的知识或技能应用于获取新知识和技能的现象，体现了学习者的心理加工过程。语言迁移理论诞生于20世纪50年代，是一种心理过程，指的是学习者在外语学习中，由于尚未熟练掌握目的语的规则，会有意识或无意识地用母语的规则来处理目的语的信息的现象，常发生于使用目的语进行交际时。语言迁移理论的提出，凸显了学习过程中心理加工和认知转换的重要性，提醒人们在语言学习中，认知适应和思维方式的改变同样重要。教师在教学中应采取有效方法，引导学习者从母语思维切换到目的语思维，提高学生的跨文化交际能力。结合积极的教学策略，学习者可以逐渐减少母语迁移现象，更加流利地运用目的语，实现更高水平的语言交际。而母语迁移主要源自不同语言之间的相同之处或者差异，具体包含了正迁移与负迁移两种形式。

1. 正迁移

正迁移是在母语与目的语相似或相同的情况下出现的一种认知现象，在外语学习中具有积极的作用，有助于促进学习者更好地掌握目的语言。例如，当汉语的语序与英语相同，用来表达相同含义时，正迁移就起到了积极的推动作用。例如，英语句子“He comes from Beijing.”与汉语句子“他来自北京”具有相似的结构，这样的相似性能够帮助汉语学习者更容易地理解和运用英语句子的结构。尤其在外语学习的早期阶段，母语的积极影响更加显著。学习者在刚开始接触新的目的语时，常常依靠已有的母语知识和规则进行语言的解读和使用。这种情况下，母语的正迁移作用可以提供一种桥梁，帮助学习者建立对目的语言的基本理解。母语与目的语的相似性能够降低学习者学习的难度，使学习者更加顺利地掌握新的语言。

2. 负迁移

负迁移是在母语与目的语在某些方面存在较大差异时出现的一种认知现象，当学习者在运用目的语言时，可能会借助母语中的某些规则，这就是负迁移，它会阻碍外语的学习。研究表明，母语的负迁移现象在外语学习中是普遍存在的。特别是在母语与目的语在语法结构、发音规则等方面存在显著差异的情况下，负迁移的影响更为明显。学习者可能会将母语的语法规则错误地应用于目的语，导致句子结构不完整或含义不准确。因此，负迁移会阻碍学习者对目的语言的正确掌握和运用，甚至可能造成交流障碍。

（二）母语文化在外语学习中的负迁移作用

母语文化在外语学习中的负迁移作用不仅体现在语音、词汇以及句法等语言系统上，还体现在文化语用的层面上。

1. 语音负迁移

在跨语言迁移现象中，语音迁移是一个显著且常见的方面，尤其在中国学生的语际交往中，这种现象频繁出现。对语言的语音系统进行深入分析，可以发现英汉语言属于不同的语系，其语言类型也存在差异。英语被归类为“语调语言”（intonation language），其区分句子意义主要依赖于对语调的运用；相反，汉语属于“声调语言”（tone language），主要借助声调区别词义。两种语言在音位数量和组合方式上存在完全不同的特点。由于这种音位系统的差异，学生常常出现语音迁移现象。在尝试用英语进行交际时，他们可能会错误地运用汉语声调规则，导致发音不准确，甚至造成交流障碍。例如，他们可能在英语发音中错误地使用汉语的声调，从而影响听者的理解。

英汉两种语言在语系方面的差异只是冰山一角，实际上它们在音节层面也呈现出显著的不同。具体来看，汉语音节中并不包含辅音群，同时辅音之间通常由元音隔开。这一特点导致很多中国学生在读英语的连续辅音时，常常在其中插入一个元音，试图使其更符合汉语的音节结构。而英语则包含以元音结尾的开音节词，也有以辅音结尾的闭音节词。相比之下，汉语的单音节“字”大多属于开元音，仅有少数音节以辅音结尾。此种差异导致中国学生在阅读英语闭音节时，会不自觉地在末尾的辅音上添加一个元音，如错误地将“work”读作“worker”。

汉语的发音习惯早已在学习者心中扎根，母语的负迁移现象使学生难以从根本上改变其发音习惯，从而在发音准确性方面无法与英美人媲美。然而，外语教学的目标并非追求无可挑剔的发音，而是要求学生能够流利交流。因此，在教学过程中，并不需要过于强调那些非关键音位的微小差异，这些差异在交际中并不影响意义的传达。相反，更应重视那些真正区别词义的音位，这些音位对交流的准确性至关重要。教学实践的目标是使学生能够在实际交流中准确地传递自己的意思，而不是追求完美的发音，帮助学生理解哪些发音对交际至关重要，可以让他们在发音方面取得更实际的进步。

2. 词汇负迁移

我国学生的词汇方面的负迁移现象尤为明显，并且成因比较复杂，具体体现在两个方面。

（1）内涵意义不对等

汉英两种民族的文化差异导致英汉词汇的内涵意义存在明显的不同，以颜色词汇为例，汉语中的“红色”代表着吉祥、顺利和成功，因此在中国文化中备受喜爱。然而，在英语中，“red”并没有这样的内涵，只是简单表示颜色本身。同样地，在英语中，“blue”可能会传递“沮丧”和“忧郁”的情感，但在汉语中的“蓝色”并不具备这些内涵，这使颜色词汇在两种语言中的内涵意义截然不同。

（2）词汇搭配不对应

词汇搭配不对应指词与词之间的横向组合关系在不同语言中的不一致现象。词汇搭配的意义是词与词相结合时所产生的联想和意义，同一词的意义在不同搭配中可能会有所不同，英汉两种语言存在许多词汇搭配不对应的情况，如图 3-1 所示。

汉语组合	英语组合	英语组合的真正意义
黑茶	black tea	红茶
食言	eat one's words	收回前言
个人评论	personal remark	人身攻击
拖后腿	pull sb.'s leg	开玩笑
红色带子	red tape	官僚气息

图 3-1 词汇搭配不对应示例

3. 文化语用层面的负迁移

每一个民族都有本民族独特的文化，在同一民族环境之中成长的人能够自然地吸收本民族文化，通常来说无须进行详细讲解。我国的外语学习是在汉语环境之中进行的，受汉语文化习惯的影响，学生在学习外语的时候，时常会将母语文化模式套用至外语学习之中，这就可能产生文化干扰。①

（1）词汇的文化内涵不同

在跨语言交际中，词汇不仅仅有基本含义，还蕴含着感情、风格和比喻等文化意义。由于不同文化在文化背景和社会观念方面存在差异，人们对于同一事物的认知也会不同。如果不充分对比文化差异，单纯套用母语的文化模式，就很容易产生误解。举例来说，对于词组“健壮如

① 刘艳秋．跨文化交际与外语教学[M]．北京：中国科学技术出版社，2007：60.

牛”，中国学生可能会受母语文化的影响，使用“as strong as a cow”来表达，但实际上，“as strong as a horse”或“as strong as an ox”才是更地道的表达。即便是在英汉文化中共存的现象或事物，因为文化的不同背景，也可能有不同的表达。有些词汇虽然在字面上相似，但其实际意义可能截然不同。

母语文化在英语词汇学习中的负迁移作用显而易见，这为外语教学提出了明确的要求，需要教师将词汇教学与文化教育有机地结合起来，丰富学生的文化知识，培养他们的文化素养，使他们能够更好地理解英汉词汇之间的文化差异。因此，外语教学不应该局限于词汇的表面意义，还应该涵盖其背后的文化内涵。教师可以通过引入有关词汇的文化背景、历史典故、民俗习惯等来帮助学生深入理解词汇的含义。例如，在教授“春节”一词时，除了解释其字面意义，还可以介绍中国春节的传统习俗和文化特点，让学生更全面地了解这一概念。跨文化交际还需要培养学生的跨文化意识和敏感性，让他们意识到不同文化之间的差异，避免不必要的误解和冲突。应用多样的教学方法，如文化比较、实地体验等，教师可以让学生更好地掌握词汇的文化内涵，提升他们的语言表达能力和交际效果。

（2）文化习俗不同

外语教育需要更加注重培养学生的跨文化意识和交际能力。教师可以通过引入真实的跨文化案例，让学生了解不同文化在交际中的差异，培养他们适应不同文化背景的能力。学生还应该学会在不同文化环境下灵活运用语言，避免因为文化差异造成误解和冲突。文化习俗的差异在国际交往中必然存在，了解并尊重这些差异是成功实现跨文化交际的关键。外语教育该致力于培养学生的文化敏感性，使他们能够在与不同文化的人交往时更加自信和从容。如此，学生才能够在跨文化交际中取得更好的效果，避免因为文化差异而造成沟通障碍。

（3）价值体系不同

在文化交流中，价值体系的差异是一个不可忽视的因素。中国和西方国家拥有不同的价值观，这源于各自悠久的历史和文化传承。中国文化历史悠久，孔子的思想对整个东方国家产生了深远的影响，他的学说渗透在中国的文化、教育、政治和思想等各个方面。孔子强调社会中的等级差异，认为这有助于保持社会的稳定。而在西方，特别是在统一时期，文化更加注重民主和平等，将人与人之间的平等视为社会的基础。

三、大学英语教学中“中国文化失语”现状分析

随着我国改革开放的不断深入和跨文化交际的日益频繁，大学英语教学的变革也愈发凸显出其重要性。然而，在这一过程中，母语文化似乎被忽视了。目前的大学英语教学存在一种明显的倾向，即过于重视英语文化的导入，而相对轻视中国传统文化。教师和学生的关注点似乎更多地集中在英语文化的学习上，这使他们在面对中国传统文化时感到无所适从，无法准确地用英语表达相关概念，产生了所谓的“中国文化失语症”。在大学英语教学的目标中，培养学生运用语言进行有效沟通是很重要的内容。然而，许多中国学生却在用英语描述常见的中国文化事物时感到困难重重，这直接反映出他们在文化知识方面的匮乏。此种局面不仅影响着学生日后语言交际的质量，还阻碍了他们在跨文化环境中的文化交流。大学英语教育应当在致力于让学生了解英语文化的同时，教授他们中国文化知识，让他们能够在未来的跨文化交际中自如地传播中国文化，从而让世界更好地了解中国。综合来看，大学英语教学中“中国文化失语”现象主要表现在以下两个方面。

（一）母语文化知识的“失语”

母语文化知识的失语，即“中国文化失语”，在跨文化交际中十分明显，这实际上凸显出学习者对本国母语文化的无知。缺乏深刻的中国文化底蕴，会导致学习者在进行跨文化交际时无法准确地描述中国文化

中的事物，甚至可以说“心有余而力不足”。尤其在民俗文化方面，其独具的民族性、朴素性和内生性，对当地人民产生着基本而广泛的影响，在英语中却难以表达。民俗文化体现了民族的归属感和凝聚力，是社会生活中不可或缺的一部分。与人们日常生活紧密相关的民俗文化，虽然在本土文化中常见，但在跨文化交际中，却往往因表达者对其缺乏了解而成为一种阻碍，这使许多人无法有效地介绍中国文化。在交际过程中，当涉及中国的民俗文化时，由于学习者对这方面知识较为匮乏，因此他们难以准确地用英语表达相关的概念和内容，从而造成了一种沟通的障碍，限制了他们在跨文化交际中充分展示自己的国家文化。正如上述所言，虽然这些民俗文化对本土人民来说是常见而熟悉的，但在跨越国界的语境下，这些文化特点却常常因为无法用外语准确传达而被忽视。

（二）母语文化英语表达的“失语”

母语文化无法用英语准确表达，即“中国文化失语”，说明了中国文化教育的缺失。很多学习者由于未能深刻理解本国的基本文化，因此无法用英语正确传播汉语文化。这不仅凸显了学习者对母语文化的不足，还显示出他们在英语基础知识方面的欠缺。对于中国文化中常见的表达方式，许多学习者都束手无策。举例来说，在跨文化交际中涉及对诸如太极、八卦、清明节、重阳节等中国文化的表达时，很多学习者感到无所适从，无法有效地进行解释。这种情况的出现，部分原因在于学习者对汉语文化的理解不足。由于未能深入了解中国文化的内涵，他们在用英语表达相关概念时陷入了困境。与此同时，这反映出学习者英语基础并不牢固。毕竟，只有在掌握了足够的英语词汇和语法知识的基础上，才能准确地将母语文化映射到英语中，而不至于出现表达不准确的情况。① 为解决“中国文化失语”的问题，英语教学需要综合考虑语言和文化的融合。不仅要注重英语语言技能的提升，还要将中国文化融入英语学习的过程中。组织丰富的文化课程和实践活动，可以让学习者更好

① 赵应吉．中国文化英语自主学习研究 [M]．成都：西南交通大学出版社，2019：68.

地理解和传达中国的文化内涵，从而在跨文化交际中自信地展示本国的特色。[①]

四、大学英语教学产生“中国文化失语”现象的原因

造成大学英语教学出现“中国文化失语”现象有诸多方面的原因，这些原因错综复杂，但是总体上来说，主要体现在以下几方面。

（一）片面理解跨文化交际

在大学英语教学的阶段，学生已经积累了一定的英语基础知识，因此教学的目标不再局限于培养语言能力，而更加侧重于从文化的角度提升学生的跨文化交际能力。当前，对跨文化交际能力的培养在大学英语教学中变得越发重要，然而，有不少人误解了跨文化交际能力的真正内涵。他们认为这仅仅意味着理解和吸收英语文化，而将本民族的文化抛诸脑后，正是这种观念，导致了跨文化交际中的“中国文化失语”的现象。实际上，跨文化交际应该是双向的互动过程，交流意味着信息的吸取和传播，这两者不可或缺。吸取意味着理解并融入目标语言的文化，而传播则代表向目标国家传递本民族的文化。真正的跨文化交际并非单向的信息传递，而是一种文化的共享，同时是向另一方传递本民族文化的过程。在此背景下，教学应该以双向文化的融合为核心，学生不仅需要理解英语文化，还要对本民族文化有深入的了解。对跨文化交际能力的培养不应只是单一方向的文化吸收，而是要将双方的文化因素融为一体。教师应引入与本国文化相关的教材和课程，引导学生更好地理解和传达本国文化，从而在跨文化交际中避免“中国文化失语”的困扰。跨文化交际的教学也应强调文化的共享，学生不仅需要理解英语文化，还应积极向外传播本国的文化。通过语言，学生可以将本国的价值观、风俗习惯等介绍给外国人，从而促进不同文化的相互理解和尊重。

① 潘亚玲．跨文化能力内涵与培养：以高校外语专业大学生为例［M］．北京：对外经济贸易大学出版社，2016：7.

（二）片面理解文化教学

对大学英语文化教学的片面理解，也是导致“中国文化失语”现象的重要原因。许多人往往狭隘地认为文化教学仅仅涉及英语文化知识的传递，却忽视了本土文化的输入。社会对人才的需求不仅局限于那些具备英语语言文化能力的人才，还需要了解中国文化的英语人才。然而，现今大学英语教学中的文化教学对如何用英语表达中国文化往往关注不够，导致“中国文化失语”现象愈演愈烈。在当前社会的国际化背景下，培养具备跨文化交际能力的人才变得尤为重要。但是仅仅注重英语语言的教学是不够的，在大学英语课堂上，教师应该注重将本土文化与英语语言有机地结合起来。学生不仅应该理解英语文化，还应该能够用英语准确表达中国文化。然而，现实中教师、教材以及教学方法往往偏离了这种学习需求，导致学生在英语交际中无法恰当地传达中国文化。

要解决这一问题，大学英语教学需要全面深化文化教育。教师应更注重培养学生的跨文化交际能力，包括英语文化与中国文化的结合。教材的编写也应该更加贴近学生的实际需求，引入与中国文化相关的主题和话题，让学生在语言表达的同时深入了解和传达中国文化。教学方法也需要更加多元化，教师应采用讨论、演讲、写作等方式，让学生在真实的语境中运用英语表达中国文化。在培养跨文化交际能力的过程中，英语文化和本土文化应该相得益彰，而不是相互割裂。只有全面深化文化教育，才能使学生真正理解并用英语恰当地传达中国文化。这不仅有助于提高学生的跨文化交际能力，还能够更好地传播和展示中国文化，使世界更好地了解中国。

目前，对如何在英语教学中导入英语文化研究颇多，然而关于中国文化在英语教学中的作用和影响的探讨却相对较少。此种文化教学“逆差”现象的逐渐加剧，导致学生对中国文化价值和审美的认同感逐渐减弱，缺乏对本国文化的基本了解，甚至可能导致学生过度追求英语文化，而将中国文化置于次要地位，最终造成中国文化在教学中的淡化。重视英语文化在大学英语教学中的导入是有必要的，因为这是培养学生跨文化交际能力的关键一环。但是仅仅在大学英语教学中融入英语文化并不能算是成功的文化教学。真正有效的文化教学应该遵循对比原则，将英语文化与学生的母语文化相对照，以更全面的视角审视两种文化，对比原则有助于学生更好地理解和吸收英语文化，同时促使他们更加深入地认识自己的文化。

（三）单向英语文化教学

在英语教学领域，部分教育者过度偏向对英语语言文化的传授，这导致学习者过于专注于对英美国家的语言和语用规则的学习，却忽视了本土文化在跨文化交际中的重要影响。这种教学方式呈现出以下几个显著特点。其一，一些教学大纲过于强调对目标语文化的引入，却未能充分意识到中国文化在跨文化交际中的作用。教育者往往偏向于将英语文化灌输给学习者，而忽略了在实际交流中，中国文化的输出同样具有重要意义，单向文化导入方式忽视了文化交流的本质，可能使学习者在实际交际中无法有效地传达本土文化价值观。其二，过于偏重引入英美原版教材也会导致问题的出现。这样做尽管可以提升学习者的语言标准性，但却忽略了学习者在真实跨文化交际中，由于不了解汉语文化的英文表达方式，可能出现的文化失语问题，同样与英语教学目标相悖。在真实情境中，学习者若缺乏对中国文化的英文表达能力，交际就可能会受到限制，阻碍跨文化交际的顺利进行。其三，一些教师将重点放在讲解课本中的英语文化知识上，但却忽视了对汉语文化的融入。此种做法过于片面，未能考虑到学习者需要在实际交际中理解和应用汉语文化的现实。仅仅关注教材中的文化知识，而忽略了学习者在跨文化交际中所需的真实技能，可能导致学习者在实际情境中感到无所适从。

第四章　互联网发展背景下中国优秀传统文化在大学英语教学中的应用方法

在我国，素质教育体系正在经历创新性的发展，新的教育理念要求大学英语教学融入中国优秀传统文化，以培养学生的良好道德素养。这已经成为“互联网 +”背景下高校学生发展的不可或缺的一部分。为了更有效地发挥英语教学的作用，教师必须在大学阶段采取合适的教学策略，将中国优秀传统文化与英语学习紧密结合，以切实促进学生的全面发展。在大学英语教学过程中，教师通过互联网可以拓展教学内容的传播范围。借助“互联网 +”的时代背景，大学英语教学与中国优秀传统文化的结合性发展可以采取多种措施：设计多样化的教材，将英语学习与中国传统文化相融合，以增强学生对文化内涵的理解；根据线上线下相结合的方式，开设相关文化活动、举办讲座等，让学生在实践中感受到英语和中国优秀传统文化的结合之美；等等。在英语教学中，教师应注重培养学生的跨文化交际能力。除了英语语言技能，学生还应具备理解和宣传中国优秀传统文化的能力。因此，教育者应通过教学课程，引导学生了解中国的价值观、历史传统和社会习俗，从而让学生在跨文化交际中做到得体而自信。

第一节　大学英语教学中融入中国优秀传统文化的基本原则

一、相互渗透原则

在当今世界，随着信息技术的迅猛发展，教育领域也迎来了“互联网+”时代，这一时代的到来不仅对传统的教学模式提出了新的挑战，更为重要的是，互联网还给大学英语教学的发展带来了前所未有的机遇。在这样的背景下，将大学英语教学与“互联网+”相融合，实现中西方文化的有机结合，既是一个必然的方向，也是一个充满挑战的课题。大学英语教学不再是简单的知识传授，而应注重培养学生的综合素养和跨文化交际能力。这要求教育者从教学的理念、内容和方法等方面进行创新，以适应“互联网+”时代的发展需求。教育者应借助互联网技术，创造多样化的教学环境，为学生提供丰富的学习资源。学生可以借助网络平台，随时随地获取英语学习材料，也可以参与在线讨论、互动交流，从而提高学习的效率和趣味性。

在大学英语教学中融入中西方文化方面的知识，不仅有助于学生更好地理解英语的语境和文化内涵，还能增进他们对本国文化的认识和理解。教育者可以利用网络平台，引导学生学习英语国家的历史、传统、价值观等，培养他们的跨文化意识，并以线上线下相结合的方式，开展与中国优秀传统文化有关的活动，让学生在实践中体验和感受本土文化的魅力。要实现中西方文化的有机结合，不能仅仅将两者简单地拼凑在一起。教育者需要深入分析中西方文化的差异，挖掘其本质和特点，并根据学生的需求和背景，有选择地进行融合。教育者应具备跨文化交际和文化比较的专业知识，以便深入浅出地向学生介绍中西方文化的异同，让他们在学习中得到启发，这也能培养他们的思辨能力和跨文化交际技能。“互联网 +”时代为大学英语教学的创新提供了广阔的空间，教育者可以设计在线课程，结合多媒体技术，以图文、音频、视频等形式，生动地展示中西方文化的内涵，还可以开发学习应用软件，根据学生的学习情况，个性化地推荐相关文化内容，从而提高学习的针对性和效果。

二、彼此尊重原则

中国传统文化的丰富内涵和深厚历史渊源为大学英语教学与“互联网 +”时代的结合提供了广阔的空间，二者的结合也使传统文化能够以更加鲜活的方式得以传承和发展。在这一过程中，一个重要的原则就是彼此尊重，即在融合中保持文化的独特性和多样性，实现文化的交流与互鉴。中国传统文化作为源远流长的文化体系，具有丰富的哲学思想、道德准则和价值观念。大学英语教学的“互联网 +”模式，能将传统文化的核心价值以多媒体形式传播给学生，不仅帮助他们理解中国文化的深刻内涵，还能够让他们在实际交际中践行这些价值观。例如，通过网络平台传达孔子的仁爱之道，儒家的中庸之道，不仅可以帮助学生形成正确的道德观念，还能在跨文化交际中展现中国人的思想修养和行为规范。

要实现中西方文化的有机融合，尊重原则至关重要。传统文化与英语文化并非割裂的存在，而是可以相互渗透、相互融合的。在这个过程中，学生需要具备开放的心态，尊重不同文化的差异，不将其中一方的文化凌驾于另一方之上。例如，学生在学习英语的时候，也可以通过对比的方式了解中西方文化在礼仪、习惯等方面的异同，避免因文化差异导致误解和冲突。另外，大学英语教学的“互联网 +”模式也需要尊重学生的个体差异。每个学生的文化背景和认知水平不同，因此教育者需要针对不同学生的需求，设计有针对性的文化教育内容。以在线问卷、讨论等方式，了解学生对文化教育的需求和兴趣，从而更好地满足他们的学习需求。教育者在教学过程中，既要传递中西方文化的精髓，也要尊重学生的思想和观点。鼓励学生在交流中提出不同的见解，从而提高跨文化交际的广度和深度。教育者也要积极参与文化融合的过程，不仅要在教学中展示中西方文化的异同，还要做好文化比较的工作，帮助学生理解其背后的历史和背景。

三、循序渐进原则

在认识事物本质的过程中，循序渐进的方法常常被采用，为人们提供了不断了解、深入研究和学习的途径，从而实现知识的积累与应用。大学英语教学与“互联网 +”的结合，在教学中融入传统文化知识，同样需要一定的层次和步骤，以确保学生能够由浅入深地进行学习，实现知识的量变与质变。大学英语教学需要建立一个扎实的语言基础，这是学生进行更高层次的文化学习的前提。语言是文化的载体，只有掌握语言表达能力，才能更好地理解和传达文化内涵。在线学习平台能够使学生接触到丰富的英语课程，掌握基本的词汇、语法和表达技巧，为后续的文化学习打下坚实基础。传统文化知识的渗透需要与语言学习相结合，在教学中教师可以选择与传统文化有关的英语教材和材料，以帮助学生在学习语言的同时了解文化。例如，通过学习与中国传统节日、名人、历史事件相关的英语材料，学生可以更深入地理解中国文化的独特性和价值观。随后，教师可以利用多媒体教具增强教学效果。多媒体技术可以使教学更具吸引力和趣味性，从而提高学生的学习积极性和效果。音频、视频、图像等可以生动地展示传统文化的方方面面，让学生更加直观地感受到文化的魅力。多媒体教具也能为学生提供在线指导和交流的平台，使他们能够在学习中得到及时的帮助和反馈。慢慢地，学生应开始学习更深层次的文化知识，包括文化的历史、哲学、艺术等方面，这些知识应涵盖文化的精髓和内涵。在线学习资源有助于学生学习到与传统文化相关的专业知识，如中国古代诗词、哲学思想、传统绘画等，它不仅丰富了学生的文化素养，还培养了他们对文化的深刻理解和欣赏能力。大学英语教学的目标是实现从量变到质变，让学生不断积累知识、运用知识、深化理解，这样学生就可以逐渐形成对传统文化的深刻认知，实现对文化内涵的把握和表达。此种转变不仅应在语言层面上有所体现，更应在对文化的思考和体验中体现出来。

四、与时俱进原则

在当今社会，随着科技的飞速发展和信息时代的到来，教育领域也面临着前所未有的挑战和机遇。大学英语教学作为教育体系的重要组成部分，同样需要与时俱进，充分利用现代科技手段，将传统文化融入其中，以实现教育效果的最大化。与时俱进的原则要求教育体系与社会的发展同步，传统文化的教育理念虽然具有深刻的人文内涵，但随着社会的不断变革，人们需要在现代语境中重新诠释和应用有关理念。大学英语教学在融入传统文化时，要能够理解文化内涵的本质，同时将其与现代社会的需求相结合。这要求教师具备丰富的跨文化交际经验，能够引导学生将传统文化知识应用于现实生活中，实现文化的传承和创新。

借助现代互联网技术，大学英语教学可以更好地实现传统文化的教育目标。互联网的出现极大地拓展了教育的边界，使教学不再局限于传统的教室环境。在线学习平台、教育应用程序等，有助于实现学习路径的个性化。教师可以将丰富的传统文化资源上传到互联网上，供学生随时学习和借鉴，这不仅使学生的学习更加自主、灵活，还为传播传统文化提供了新的途径。秉承传统文化的精神，与时俱进也意味着要积极拥抱数字化时代的发展。例如，大数据分析技术可以帮助教师更好地了解学生的学习情况和需求，从而调整教学内容和方法。虚拟现实技术可以创造出沉浸式的学习环境，使学生仿佛置身于英语国家的文化背景之中，更好地理解和体验文化内涵。从而有效提高教学的效果，并激发学生的学习兴趣和动力。

五、文化差异原则

文化是人类社会的精神财富，也是人类交往和认识世界的重要依据。在大学英语教学中，融合中西方文化，充分考虑文化差异的原则，有助于增强学生的跨文化交际能力，还能够培养他们在跨文化环境中保持开放心态、尊重多元文化的能力。中西方文化在思想观念、社会结构、价值体系等方面存在显著差异，差异既是文化的魅力，也可能引发文化冲突。因此，大学英语教学应当引导学生学会欣赏和理解这些文化差异，培养他们的文化相对主义观念，避免学生将自己的文化观念强加于他人。通过学习和了解中西方文化的差异，学生可以更好地适应跨文化交际，减少文化冲突的可能性。中西方文化尽管存在差异，但也有许多共同点和相通之处。大学英语教学可以借助现代科技手段，引导学生了解中西方文化的相互影响和融合。引导学生对比不同文化的特点，使其发现共性，加深对文化的认识。教育者可以创设环境，让学生在英语交流中充分展示和分享文化特色，促进文化交融和跨文化友好合作。文化差异的原则鼓励学生通过学习英语的文化背景，更好地理解和尊重他人的文化。英语作为国际交流的媒介，不仅是一种语言，还是对文化的传递。教育者可以引导学生通过文化解读，理解不同词汇、习惯和表达方式的文化根源。例如，教师可以向学生解释中西方在表达歉意时的差异，使其深刻体会不同文化背景下的思维方式。然而，落实文化差异原则并不容易，需要教育者具备深厚的跨文化交际背景，同时需要大学生具备较高的文化敏感度和这方面的意识。教育者可以通过案例分析、小组讨论、文化活动等方式，引导学生深入思考和讨论文化差异的影响，从而增强他们的跨文化交际能力。学生也应主动参与文化交流，与他国学生进行互动，开阔视野，提升文化素养。

第二节　信息时代中国优秀传统文化在大学英语教学中应用的可行性

一、跨文化交际的需要

在互联网发展迅速的今天，信息技术的进步极大地推动了文化全球化的进程。中国作为一个具有悠久历史和丰富文化传统的国家，在国际舞台上的地位变得日益重要，国际跨文化交流也变得愈发频繁。在这个背景下，中国是一个拥有五千年文明历史的古老国度，其悠久而灿烂的中华文化是祖先留给中华民族的宝贵财富。中华文化以其深刻的内涵和广泛的影响力，成为中华民族长盛不衰的精神支撑。

中华文化以其独特的魅力和智慧在国际上产生了广泛的影响，中国的文化价值观、哲学思想、传统艺术等吸引了众多国家学者研究。然而，大学教育中，特别是在西方文化的影响下，却出现了一些忽视中国传统文化或对其产生成见的现象，这在一定程度上可以理解为受到西方文化的冲击与影响，一些人渐渐忽视了本国文化的价值，逐渐产生了崇洋媚外的思想和对民族文化的虚无主义态度。这使中国传统文化在一些大学教育中被边缘化，甚至出现了“中国传统文化失语”的现象。这一现象亦意味着英语教育中中国文化的缺失，而面对这一问题，将中国文化渗透到英语教育中则是解决之道。在大学英语教学中融入中国文化，有助于学生更好地理解英语知识，还能够培养学生的文化自信和认同感，提升他们的自信心。

在互联网高速发展的时代，在大学英语教学中融合中国优秀传统文化变得更加可行。互联网为信息传播提供了全新的途径和平台，使文化交流变得更加便捷和广泛。通过网络，人们可以轻松地将中国的传统文化知识传播到世界各地，让更多的人了解和感受中华文化的独特魅力。在大学英语教学中，教师可以通过引入具有代表性的中国文化元素，如诗词、故事、传统节日等，结合语言教学展示其深厚的内涵和价值，同时可以通过网络技术，组织线上文化活动，如汉语角、文化讲座等，让学生与中国文化更加亲近。在实施这一策略时，教育者需要具备扎实的中华文化素养和英语教学经验，将中国文化融入英语教学中，创造丰富的教学内容和方法，激发学生的学习兴趣。例如，在教授英语词汇时，教师可以结合中国文化中的有象征意义的词汇对英语词汇进行解释，如"和谐""家庭"等。在教授语法和写作时，教师可以引用中国古代名句，让学生在学习语言的同时了解文化。在教授听力和口语时，教师可以用中国传统故事和民间传说作为素材，激发学生的创造力和表达能力。

二、提升学生自身文化素养的需要

中华民族作为拥有悠久历史和博大精深文化的民族，一直以来都非常重视对中国传统文化的传承和弘扬。然而，随着互联网的迅猛发展，文化全球化的影响愈加显著，现代人的思想观念也发生了巨大的变化。人们更加追求即时的满足和功利，这使中国传统文化在一些人心中逐渐被边缘化。尤其在高校，作为培养社会精英和传承文化的重要阵地，高校承担着介绍传承中华文化的责任，但一些人受到文化全球化的冲击，过度追逐西方文化，导致"中国传统文化失语"的现象愈演愈烈。中国优秀传统文化蕴含着丰富的价值观和智慧，不仅对中华民族的历史发展有深远影响，还对当今世界发展有着重要的启示。然而，当今尤其是如今的高校英语教育，对中国传统文化仍然不够重视。许多学生更加关注西方文化，希望能够迅速融入国际社会，而对本国文化的了解却不够深入，这在一定程度上制约了大学生文化素养的提升，也影响了中华文化在国际交流中的展示。

将中国优秀传统文化融入大学英语教育是非常有意义的，互联网时代的到来为这一目标的达成提供了更多的路径。互联网技术可以将丰富的中国传统文化知识传播到全球，加强国际文化交流，引导学生更加深入地了解和认识中华文化的内涵。互联网可以为大学英语教育提供更多的教学资源和方法，可以让教师在教学中引入中国传统文化的经典诗词、典故等，结合语言教学展示其独特魅力。通过线上平台，教师可以开设文化讲座、交流活动等，促进学生对中华文化的深入了解。将中国传统文化融入大学英语教育，有助于提升学生的文化素养，也能够增强他们的自信心和自我价值感。在跨文化交流中，了解自己文化的根基和特点，才能更好地与他国人士进行交流和合作，并让外国人更好地了解中国，消除文化隔阂，促进文化的交流与共融。要实现这一目标，教育者需要具备深厚的文化素养，将中国传统文化与英语教学相结合，创造出丰富多样的教学内容。例如，教师可以通过讲解中国传统节日的由来，介绍中国古代哲学思想等方式，激发学生的兴趣和对中华文化的好奇心，还可以鼓励学生参与文化体验活动，如书法、茶道、京剧等，让学生深入感受中华文化的独特之处。

第三节　“互联网 +”时代大学英语教学中融入中国优秀传统文化的方法

一、增加融合中国优秀传统文化的重视度

在当今“互联网 +”蓬勃发展的时代背景下，大学英语教学的发展也迎来了新的挑战。如何将中国优秀传统文化融入大学英语教学，实现文化传承与英语技能提升的有机结合，成了一个值得深入探讨的课题。提高重视程度是基础。在“互联网 +”时代，教师和学生都应意识到中国传统文化的价值，理解其对英语教学的积极影响。教师应该具备较高的文化素养，将中国传统文化融入英语教学中，使学生在学习英语的同时领略到中华文化的独特魅力。学生则需要重视文化的学习，增强对自身文化传统的认同感，从而更好地理解中西文化之间的联系和差异。

将整个教学过程、教学目标和教学内容与英语核心教学理念相结合，是确保融入中国传统文化的关键。道德素养和爱国主义精神是中华文化的重要组成部分，应当在英语学习中得到体现。教师可以引导学生通过学习相关的中国传统故事、名人事迹等方式，来培养正确的价值观和情感。在英语学习的过程中，阅读与中国文化有关的英文资料，也能加深学生对中华文化的理解，同时培养他们的爱国情感。中华优秀传统文化在“互联网 +”时代的传播可以借助英语的学习来实现。教师可以培养学生对传统文化的兴趣和爱好，激发学生对中国传统文化的热爱，从而在英语学习的同时让学生更加深入地了解中华文化。例如，教师可以设计与中国传统文化相关的主题活动，开展英语交流与讨论活动，引导学生深入思考文化内涵。中华文化的独特性需要在英语教学中得到准确的

呈现，教师可以引导学生比较中西文化的不同之处，让学生在了解中华文化的同时，认识到各国文化的多样性，这有助于培养学生的跨文化意识和包容心态，让学生更好地适应经济全球化的环境。在融入互联网和多媒体技术的教学策略中，必须将最终目标与英语技能的提升相结合。教师在设计教学内容时，应充分考虑如何在传播中国传统文化的同时，提高学生的英语水平。使用多媒体教具、在线资源等，可以将中国传统文化以更生动有趣的方式呈现出来，激发学生的学习兴趣。在学习英语的过程中，学生也能够更加深入地了解文化内涵，实现知识和技能的双丰收。

二、选择中国优秀传统文化学习的内容

在当今的教育环境中，教师应将英语教学与中华优秀传统文化结合起来，实现有机融合，提升学生的英语水平，并传承和弘扬中华文化。然而，要实现这一目标，并不能仅仅依靠简单地将传统文化灌输到英语教学中的方式，更需要深入探讨有效的应用方法，使之在“互联网 +”时代下焕发新的活力。在注重从古至今文化演变的过程中，教师需要深入了解中华优秀传统文化的历史演变，探寻文化的根源和发展脉络，从诸多古籍、经典中汲取智慧，通过对历史事件、人物思想的分析，使学生逐步认识到传统文化的深厚底蕴。教师还可以对文化的变迁、演进过程进行讲解，引导学生发现文化的多样性和包容性，培养他们开放的学习态度。在思想形成和观念态度养成的过程中，教师应关注传统文化在塑造个人品格和价值观方面的作用，引导学生学习传统文化中的优秀思想，如儒家的仁义礼智信、道家的自然与和谐、佛家的慈悲与禅定，这些都可以培养学生正确的道德观念和人生态度，激发学生的学习热情和自我价值感。在融合与应用的过程中，需要借助互联网技术创造丰富的教学资源，建设虚拟教室、在线学习平台，将中华传统文化的经典作品以英文形式呈现给学生，为他们提供更多的学习机会，并利用社交媒体、

博客等工具，鼓励学生分享自己对中华文化的理解和体会，鼓励同学之间的交流与合作。在阅读教材选取方面，教师可以选择涵盖中华文化的英文资料，让学生通过阅读来了解中华传统文化。在听力训练中，教师可以使用与中华文化有关的音频材料，让学生听到文化的魅力。在口语练习中，教师可以引导学生用英语表达自己对中华文化的理解和观点，从而提高他们的口语表达能力。教师还可以通过影视作品传递中华文化，选择一些有代表性的中国电影、电视剧，将其英文版引入课堂，让学生从影视中感受中国文化的独特魅力。教师还可以结合讨论、写作等方式，引导学生对影视中的文化元素进行深入分析，加深他们对文化的理解。

三、提高教师综合素质

当今时代快速变化，教育的核心使命是培养适应社会发展需要的优秀人才，而这其中，大学英语教育作为教育的重要组成部分，既要传授英语技能，更要传递文化理念。其中，在大学教育中，中华优秀传统文化的融入显得尤为重要，这不仅可以丰富学生的知识储备，还能培养他们的核心素养，引领他们成为具有高度文化自信的现代化社会主义建设者。教师作为教学过程的引导者和推动者，不仅需要具备扎实的学科知识，还要具备丰富的文化素养，深入理解中华文化的内涵与价值。在教学中，教师要善于将中华文化的元素融入英语课程，创造丰富的教学内容，让学生在学习英语的过程中感受到文化的滋养。教师在授课过程中应充分发挥引导作用，除了引导学生理解语言，更要让学生理解其中的文化背景和情感内涵。在个性化发展特点方面，教师应根据学生的兴趣、特长和学习风格，量身定制教学内容和方法。例如，教师可以鼓励有兴趣的学生深入研究某一方面的中华文化，进行专题研究，从而在深度上获得更多的收获。同时，教师还要关注学生的反馈和需求，及时调整教学策略，确保教学的针对性和有效性。教师应不断提升自身的综合素质和教学水平，参加培训、学术研讨等，不断更新自己的知识储备和教学理念，以更好地引导学生学习，并且应不断反思和改进教学实践，寻求适合自己和学生的教学模式，不断创新教学方法，提高教学质量。

四、创新英语教学模式

教育是社会发展的重要引擎，而在如今的快速变革时代，教育体系和教学模式也需要与时俱进，以更好地适应学生的成长需求和社会的发展趋势。在这一背景下，“互联网 +”教育理念应运而生，这一理论旨在通过互联网技术的应用，为教育带来新的可能性和机遇。将中国优秀传统文化融入大学英语教学中，是对文化传承的责任，更是为学生打造更具深度和广度的学习体验的有效路径。传统的教学模式和教育理念往往只注重知识的灌输，而忽视了培养学生的创新思维和综合素质。而“互联网 +”教育理念的出现，打破了传统教学的束缚，为教学带来了更多的可能性。在这一理念下，教育不再是单向的知识传授，而更注重学生的参与和互动。大学英语教学可以借助互联网技术，为学生提供丰富的学习资源，如在线课程、学习平台、多媒体资料等，让学习变得更加灵活和个性化。

将中华优秀传统文化融入大学英语教学中，需要更加灵活的方法和策略。一方面，教师可以通过编写以中华文化为背景的英语教材，选取与文化相关的课文和话题的方式，让学生在学习英语的同时了解中华文化的精髓。另一方面，教师可以借助互联网平台，引入中英文对照的文化经典，让学生在比较中体会两种文化之间的差异和共通之处。在“互联网 +”时代，大学英语教学不再是孤立的学科，而是与其他学科紧密结合的，应为学生创设多元化的学习体验。例如，教师可以将中华传统文化与文学、艺术、历史等学科相结合，开展跨学科的探讨和研究，让学生在学习中体会到文化的综合性和交叉性。

五、增强文化差异意识

在当今经济全球化的背景下，不同地区和国家的文化差异愈发显著，这给大学英语教学的文化融合提出了新的挑战，也是新的机遇。为了更好地推广中国优秀传统文化，实现文化教育理念的落地，教师需通过有效的教学方法，培养学生对多元文化的认知和认同感，提升他们的跨文化交际能力，实现文化传承与融合的目标。在多元文化的背景下，文化的多样性成为一个不可忽视的现实。在大学英语教学中，教师需要注重培养学生对不同文化的敏感性和尊重态度，以及对中国文化的自信。引导学生学习中国传统文化，使其深入了解中华文化的博大精深，同时令学生了解其他国家的文化特点，可以培养他们的文化包容性。语言表现能力在英语教学中具有重要地位，培养学生的语言表达能力，可以让他们更好地在跨文化交流中表达自己的观点和理解。教师在实际教学活动之中，可以设计各种口语、写作任务，让学生用英语描述和比较不同国家的文化，从而提升他们的英语交流与沟通能力。在教学实践中，教师要注重尊重西方文化，促进东西方文化的融合，适当引入西方文化的经典作品、名人事迹等，让学生了解不同文化背景下的价值观和思维方式，并对比分析中西方文化的异同，培养学生的文化鉴赏能力，使他们能够更全面地理解和尊重不同文化。

“互联网 +”时代为跨文化交流提供了便利，也为文化教育提供了新的途径。互联网技术可以将多样的文化资源融入教学之中，为学生呈现丰富的文化图景。例如，教师可以通过线上文化课程、文化交流平台等，让学生进入虚拟的文化情境，与不同国家的人进行交流，从而加深对文化差异的认识。文化传承与融合需要学生从内心深处产生共鸣，教师在教学中可以采用情感教育的方式，激发学生对自己文化的认同感和自豪感。例如，教师可以通过讲述中华民族的历史传奇、英雄事迹等，引发学生的情感共鸣，进而让他们深入了解和传承中华文化。

六、形成正确的中西方文化价值观

在当今社会，中西方文化的交融与碰撞日益频繁，培养学生正确辨别文化价值观念以及事物分辨的能力变得尤为重要。这需要学生具备一定的思维判断能力和价值取向，特别是在最高层次的价值观念方面，这也是文化的体现。而正确的世界观、人生观和价值观的塑造对个人和社会的积极发展起着良好的推动作用。此种背景之下，通过主流的价值思想，传承中华优秀传统文化中“仁义礼智信”的价值观念，是促进文化融合性发展的关键一步。除了在教学中传递这些价值观念，教师更要在实际的学习和生活中培养学生的价值判断能力，教师可以通过在大学英语教学中讲解文化背景、文学作品、历史事件等内容，引导学生思考和分析不同文化中的价值观念，培养他们辨别的能力。

七、将中国优秀传统文化融入大学英语教学体系

在当今社会，随着经济全球化和信息技术的快速发展，互联网已经深刻改变了人们的生活方式和思维模式，同时为文化传承和教育体系带来了全新的挑战与机遇。尤其在大学英语教学中，如何将中华优秀传统文化有机融入，使其在教育中发挥积极作用，是一个需要深思熟虑的课题。传统文化是一个民族的灵魂，它凝结着历史的智慧和人民的精神追求。在英语教学中，教师可以通过选取与中华文化有关的课文、主题，引导学生了解传统价值观念，如仁爱、和谐、忠诚等，从而塑造学生正确的世界观和价值观。在融入传统文化时，教师也要充分借助互联网的力量，创新教学方法。例如，教师可以利用在线论坛、社交媒体等平台，开展跨文化交流与互动，让学生通过与海外学生交流，更好地理解中西方文化的差异与共通之处，在提升学生英语沟通能力的同时，强化学生对中国优秀传统文化的认知。

互联网时代，信息交流更加便捷，但这也容易造成文化的碰撞和冲

突。在教学中，教师可以通过引导学生分析中西方文化的差异，培养他们的文化辨别能力和包容心态，使他们在跨文化交流中能够更好地应对各种挑战。在落实这一理念时，教师应摆正自身地位，成为学生的引路人和启发者，根据丰富的教学经验，将中华传统文化与英语教学巧妙结合。

八、发挥现代教育技术的优势

在当今社会，“互联网 +”的理念已经在各个领域展现出其巨大的影响力，教育领域也不例外。在信息化、数字化的时代背景下，大学教学亦需不断变革创新，将中华优秀传统文化融入“互联网 +”的教育理念中，以促进教学形式的进一步发展。“互联网 +”教育理念以其便捷、高效、多样的特点，为大学英语教学提供了全新的思路和工具。将中华传统文化与“互联网 +”相结合，可以在传统文化的传承上创造新的方式，并在英语教学中注入更多文化元素，增强学生的学习兴趣，提高学生参与度。教师应以崭新的教学手段、全新的教育模式，采取视觉和听觉共同的教育形式，创设出生动、形象、活泼、逼真的教学环境，转换死板的教育结构，用优秀的文化传播形式提高学生的学习效果。

九、把握中国优秀传统文化融入大学英语教学的切入点

在当今世界，一个国家国际地位的提升取决于经济和政治实力，同时与文化传播的广度和深度密切相关。中国作为一个拥有五千年悠久历史的文明古国，其深厚的中华优秀传统文化是塑造国家形象、扩大国际影响力的重要力量。在这样的背景下，大学英语教学肩负着重要的使命和责任，即通过跨文化交流的途径，将中国优秀传统文化传播到全球，进而为提高我国的国际地位做贡献。要实现这一目标，需要在全国范围内形成统一的发展共识，将传播中国文化的任务纳入教育体系中。大学

阶段是培养高素质人才的关键时期，因此，在英语教学过程中融入文化传播成为必然选择。除了传统的听、说、读、写、练等环节，教育者还应在大学教育中加入文化传播的元素，让学生在学习英语的同时，深入了解中国文化。教师在教学过程中应准确把握教材中的文化内容，创新教学方式和体系，帮助学生理解文化内涵。教学评价和考核也应强调学生对中国文化的运用和表达能力，从而激发学生进行文化传播的兴趣和热情。

第五章　中国优秀传统文化融入大学英语自主学习的策略

第一节　中国优秀传统文化融入大学英语自主学习的理论基础与依据

外语教育理论始终在发展。在国内外，语言学家、应用语言学家、教育学家和心理学家各自探索，力图揭示外语教育的规律，解析语言习得与教学的关系，有效推动了理论的深化，并孕育了许多有价值的现代语言教育理论成果，为新时代的外语教育提供了坚实的理论支持。在深入探索外语教育规律的过程中，多种理论涌现，为教育实践提供了重要指导。其中之一是语言习得理论，它强调通过创设环境让学生习得语言，为教师教学提供了新思路。文化生态学理论则从文化角度考察语言习得，强调语言与文化的紧密联系。教育生态学理论关注学习者在特定环境中的成长，对创造良好的学习环境具有重要意义。建构主义学习理论强调让学习者主动建构知识，与积极学习理论相呼应，促进了个体的自主学习。合作学习理论提倡合作与互动，丰富了课堂教学模式。多元智能理论强调个体在不同智能领域的发展，为因材施教提供了理论依据。数据驱动学习理论借助数据分析，优化教学过程，个性化指导学生学习。自主学习理论、基于学科内容的语言教学理论等，也在理论研究中有所体现。《大学英语教学指南》为教师提供了实践指南，为课程设计和教学提供了参考。有关理论的发展为语言教育提供了丰富的方法论，更为中国文化英语的学习和研究奠定了坚实的基础。特别是在互联网时代，有关理论可以与现代技术相结合，创造出更具创新性和实效性的教学模式。用在线互动、多媒体资源等方式，将中国优秀传统文化融入英语教学中，既能提升学生的语言能力，也能传播中华文化的价值观念。

一、文化生态学理论

初期的文化生态学研究主要由人类学家领衔，探讨人类文化与自然环境的紧密联系。然而，随着时间的推移，文化生态学的研究领域被逐渐拓展。20 世纪 90 年代以来，文化生态学不断发展壮大，吸引着来自不同学科背景的研究者。

文化生态学认为，每一种文化都类似于一个动态的生命体，不断演变，以各种方式交流互动，并形成了不同的文化群体、文化圈和文化链。每一个文化群体都是整个人类文化体系的有机组成部分，都在维护整体文化完整性方面发挥着独特的作用。由此可见，每一种文化都拥有独特的价值和特点，其与多种文化相互交融、共同演进，为人类文化的丰富性和多元性贡献着力量。文化生态学的理念也强调，多元文化在顺应自然环境和社会发展的前提下，既要维持各自的核心价值观，又要能够相互包容、和谐共生，鼓励人们以动态、和谐的视角看待文化，提倡保持语言和文化的多元性，同时促进不同语言和文化之间的融合与发展。在经济全球化的今天，文化生态学的观点与理念更具现实意义。不同国家和地区之间的文化交流变得更加频繁，文化多元性得到进一步彰显。在此背景之下，文化生态学的研究不仅为人们提供了对文化保护、传承和发展的深刻思考，还为跨文化交流提供了新的角度。

二、教育生态学理论

教育生态学最早起源于西方，研究探索教育环境与社会生态之间的相互关系。这一概念最早于1966年由英国学者埃里克·阿什比（Eric. Ashby）引入，他提出了"高等教育生态学"的概念，这标志着生态学的原理和方法开始被应用于高等教育领域的研究。教育生态学的研究关注教育环境、社会背景和个体发展之间的相互作用，探究教育系统内外部的因素如何影响学生的学习、发展和成长，教育生态学帮助人们理解了教育的社会根基和内在动力。这一领域的研究方法多样，常常涉及多个学科的交叉。教育生态学强调教育系统的多层次性，从教室到学校，再到更大范围的社区和社会，每一层都对个体的发展产生着影响。因此，教育生态学不仅关注个体的学习和成长，还关注教育机构和社会环境对教育的塑造作用。教育生态学的发展为教育改革和发展提供了新的视角，深入研究不同层面的教育环境和社会背景，让人们能够更好地把握教育的本质，为改善教育质量和效果提供指导。教育生态学也促进了教育的社会化，提倡将教育纳入社会和文化的背景之中，推动了教育与社会的有机融合。

教育生态学作为一门崭新的交叉学科，汇集了自然科学与社会科学的精华，充分融合了教育学、生态学、心理学、行为学、管理学、人类学、系统论等多个学科的理论和技术。教育生态学以生态学的原理和方法为基础，旨在深入研究教育与多重因素之间的相互关系，揭示教育活动的生态系统特征，进而为构建和谐的教学环境提供指导。教育生态学以其独特的视角，关注着教育与自然、社会、规范以及生理、心理等多重要素之间的互动关系。结合有关的分析与研究，学者们探索出构成整个教育生态系统的三大要素（人、教育活动以及环境）之间的紧密联系和互动模式，从而揭示了教育生态系统的基本规律。在教育生态学的理念中，教学活动本身即一个复杂的教学生态系统，而教师与学生则是这一系统的核心主体。除此之外，教学条件、自然因素、社会规范、社会需求等诸多因素则被视为构成这一生态系统的重要生态因子。这一理论强调在教育生态系统中，主体与因子需要不断地进行调整和适应，以实现整个系统的和谐运行和可持续发展。动态平衡的观念体现了教育生态学对教育环境的深刻洞察，以及对促进学生全面发展的关键意义。教育生态学的发展不仅丰富了教育领域的研究视角，还为教育改革和发展提供了有益的启示。教育生态学以跨学科的研究方法，帮助人们更好地理解教育现象的本质，深入探讨教育环境与个体发展之间的内在联系。教育生态学的理论也鼓励着人们以更加全面、系统的方式进行教育改革，创造更适应多元需求的教育模式。

2007 年中华人民共和国教育部高等教育司颁布了《大学英语课程教学要求》，2017 年颁布了修订后的《大学英语教学指南》，为大学英语教育明确了发展学生多方面能力的目标。这不仅是为了提高学生的英语应用能力，还是为了培养学生跨文化交际的意识和能力，强化其自主学习技能，使学生能够适应国家、社会、学校和个人发展的多方位需求。这些教学目标与教育生态学的观点息息相关，二者共同强调教师和学生作为主体的相互影响与互动，以及教学环境中物质和精神要素的共同作用。从教育生态学的角度来看，教师和学生之间的互动是教学过程中最为关键的要素之一。教师作为生态系统中的主体之一，其教学策略、态度和行为会直接影响到学生的学习体验和效果，而学生则通过对教师的反馈和参与来参与塑造教学环境的氛围。相互作用对进一步推动知识传递的影响，更在于对学生的影响和激励，它能引导他们形成积极的学习态度。另外，教学环境中的物质和精神要素相辅相成，共同影响着学生的学习效果。物质环境，如教室设施、教学资源等，为学生提供了学习的基本条件。而精神环境，包括教师的激励、鼓励，学生之间的合作交流等，为学习提供了积极的情感支持和认同感。两个环境因素相互交织，共同影响着学生的学习状态和心态。在教学环境中，忽视了任何一个生态因素，都可能会对其他因素的发挥产生制约，最终影响整体的学习效果。因此，大学英语教学旨在实现培养学生能力全面发展的目标，与教育生态学的视角一脉相承，有助于使学生逐步成为社会需要的优秀人才。

三、构建主义学习理论

建构主义（constructivism）理论最早由瑞士心理学家让·皮亚杰（Jean Piaget）提出，他对内在因素和外部环境的相互作用进行了深入研究，于1970年提出了“人的认知发展由图式、同化、顺应和平衡四个要素组成”的观点。皮亚杰认为学习者通过将新知识“同化”到已有的认知结构中，并通过“顺应”不断调整认知结构，从而赋予新知识以个人意义。换言之，学习者通过自己的认知建构来理解新知识，此过程中“同化”和“顺应”是关键环节。只有通过这两者的交互作用，学习者才能真正地建构出新知识的意义。随着时间的推移，建构主义理论在多位先驱学者的努力下不断发展和完善。同时，伴随着人们对认知心理学的持续批判和发展，建构主义理论逐渐壮大，成为20世纪90年代心理学领域中的重要理论流派。至今，在心理学、教育学以及外语教育教学等领域，建构主义理论仍然具有重要的理论指导作用。

在教育领域中，建构主义理论强调让学习者主动参与学习过程，通过个体认知建构来赋予知识以意义。与传统的教育模式有所不同，传统教育往往将知识灌输给学生，而建构主义认为学习者应该在互动、实践、探究中主动建构自己的知识体系。在外语教育中，建构主义的观点引导着教师更注重学生的学习过程，为学生创造各种交际和实际应用的情境，让学生在交流和实践中逐渐建构自己的语言能力和对文化的理解。建构主义理论还强调社会交往的重要性，列夫·维果茨基（Lev Vygotsky）提出了“区域性近发展区”概念，认为在与他人的互动中，学习者可以进一步发展自身的认知能力，这与外语教学中的合作学习方法相契合，认为学生之间的合作交流，可以促进语言和文化的建构过程。

建构主义作为一种新兴的学习理论，与先天论和语言学习机制不同，建构主义强调学习过程是学习者主动建构知识的过程，将学习视为建构内在心理表征的过程。构建主义学习理论强调学习的结果是认知结构的重新建构或改组，与传统的知识灌输模式相比，更注重学习者的主动参与和对意义建构能力的培养。根据建构主义理论，学习者的知识获取和技能形成并不仅仅依赖于教师的讲授，而是基于学习者已有的知识经验和技能，在特定的社会文化背景下，通过教师、学习伙伴等人的协助和多种学习资源进行多样化的意义建构。此种学习方式强调学习者在教师的引导下自主探究，以学习者为中心，以推动学习者深入理解知识并进行意义的建构。在建构主义的教育实践中，教师不再仅仅是知识的传授者，还是意义建构的总设计师、指导者、合作者和促进者。教师需要为学习者创造适宜的学习环境，提供多样化的学习资源，引导学习者通过多种方式来建构知识。教师的角色从单纯的传授知识转变为协助学习者发现问题、思考解决方案，并在意义建构过程中提供支持。建构主义理论也赋予了学习者更大的主动性和创造性，学生不再被动接受知识，而是积极参与学习，主动构建个人认知体系。学生与教师、同伴进行合作交流，能够更好地理解和应用所学知识，这不仅提高了学生学习的效果，还培养了学生的合作能力和自主学习能力。

四、积极学习理论

“积极学习”或称为主动学习，源自英国学者雷格·瑞文斯（Reg Revans）于 1982 年提出的“积极学习”（action learning）概念，旨在引导学生在学习过程中积极参与和思考。这一教学方法被定义为“引导学生做事情并就其正在做的事情进行思考的任何教学方法”，强调促进课堂积极学习的策略，包括学生参与的多样性，学生技能培养，高层次思维活动的引导，学生参与学习活动的过程以及学生学习态度和价值观的培养等方面。“积极学习”是引导学生参与学习过程中的教学方法，要求学生进行有意义的学习活动并对其进行思考。“积极学习”是一种学习方法，学生在学习过程中积极地或体验式沉浸地参与，其程度因个体而异，有不同层次。在积极学习中，学生除了被动地听取信息，还要积极地参与正在进行的学习活动。1946 年，“学习金字塔”（cone of learning）理论被提出，它以数字形式形象地展示了不同学习方式与学习者在两周后的学习内容平均留存率之间的关系。“学习金字塔”理论认为，学生在仅仅听取他人讲解时，学习内容的平均留存率相对较低，而他们在积极参与实际学习活动时，学习内容的留存率明显提高。

积极学习理论的应用范围广泛，涵盖了多种教学和学习方法，从游戏学习到技术驱动的学习，从活动导向的学习到小组合作活动，以及项目方法等。尽管这些方法在形式上存在差异，但它们都共同体现了积极学习的核心特征和价值。相比于传统的被动学习方式，积极学习强调学习者在学习过程中的主动性和参与性，这一理念是积极学习方法的基石。积极学习的核心理念在于将学习者置于学习的中心地位，而不仅仅将教师作为知识的传授者，每位学生都应积极参与学习，不仅要倾听，还要主动参与。学生需要在完成任务的同时，思考任务的目标和意义，而培养学生的思考能力有助于提升其高层次思维能力。大量的研究已经证明，积极学习作为一种策略，有助于激发学生的学习动机，提高他们的学习效果和学术表现。学习者通过积极参与，可以更好地掌握了学习内容。积极学习不仅仅将学生从被动的听众转变为主动的参与者，还通过质疑、探究等方式，深化他们对学习内容的理解。而且学生通过收集、分析相关数据来解决高层次的认知问题，还能提高自己的批判性思考能力、信息处理和人际交往能力。

五、合作学习理论

合作学习作为一种教学理论与策略，源于 20 世纪 70 年代的美国教育改革浪潮。该理论认为组织小组活动有助于促进学生之间的合作学习，并提倡让学生在合作过程中获得奖励或认可，从而改善课堂氛围、提高学术成绩。这一方法在培养非认知品质等方面也展现出了显著的实效，被认为是教育领域的一项重要且成功的创新。合作学习注重小组自主学习，强调集体合作的重要性。其核心在于培养学生之间的积极互赖感、促进性互动，强调个体与小组之间的责任共担，同时涉及个体与小组之间的人际技能和小组技能的培养，以及小组自我评估等五个关键因素。在英语为第二语言或外语的教学中，合作学习被广泛认可为促进学生认知和语言技能发展的有效方法，它以学习者为中心，鼓励小组学习，强调自我实践、个人责任、内在动机、主动性、创造性和合作意识。合作学习不仅仅关注学术性的目标，还注重合作技能和情感的培养，有助于激发学生的学习动机、心理适应能力以及提升自信心。合作学习通过互动和交流，激发学习者的学习兴趣，为学生增加了语言输入和输出的机会，从而增强了习得第二语言的效果。在合作学习中，学生的态度、自信心、自尊感以及学术成绩都会受到积极影响。小组合作的过程鼓励学生互相学习和支持，增强了他们对自己学习能力的信心。学生在互动中不仅能够分享自己的知识和观点，还能够从他人的经验中受益。小组成员之间的协作和合作促进了情感交流，创造了一种支持性的学习环境，进一步增强了学习的积极性。

六、多元智能理论

衡量一个人智力应该以解决问题的能力为标准，而不是仅仅依靠传统的智商指标。每个人都在不同程度上具备 9 种相对独立的智能，分别是语言智能、逻辑数学智能、空间智能、肢体运作智能、音乐智能、人际智能、内省智能、自然探索智能和存在智能。每种智能都有其独特的认知发展过程和符号系统，每个人都在这些智能领域有着自己的闪光点和优势。多元智能理论为人们重新界定了智力的概念，也为判断外语学习与智力之间的关系提供了更加清晰的视角。教师在教学过程中应当充分关注学生的多元智能，挖掘和发展他们在不同智能领域的潜能。将多元智能理论纳入教学，可以更好地满足不同学生的学习需求，并发挥个体在各个智能领域的优势。基于这种背景，教师需要树立正确的教学观和智力观，认识到学生的智能远比传统的标准化测试所能展现的要多。教师应当成为学生优势智能和潜能的发现者和挖掘者，结合个性化的教学方法和资源，帮助每个学生在他们擅长的领域崭露头角。教师还需要建立正确的学生观和多元化的教学评价观。单一的评价标准并不能准确地衡量每个学生的能力和潜力，教师应当采用灵活的评价方式，充分考虑到学生在不同智能领域的表现，以及他们在课堂活动中的积极参与和贡献，从而更准确地反映学生的综合能力和成长。

七、数据驱动学习理论

数据驱动学习（Data-Driven Learning，DDL）是一种新型的语言学习方法，它基于计算机多媒体和语料库技术，核心理念是让语言学习者根据语言资料进行自主学习。在数据驱动学习的模式下，学习者借助检索分析工具，充分利用语料库中丰富的真实语料，进行观察、分析、归纳和总结，进而发现语言现象，包括语法规则、语义表达和语用特征，从而实现一种“发现式或验证式学习”。数据驱动学习过程可以被分为三个主要阶段：首先，问题的提出，学习者要明确自己感兴趣或需要研究的语言问题；其次，材料的分类，学习者需要将检索到的语料材料按照一定的规则分类；最后，归纳总结，通过对分类后的语料进行深入研读和分析，学习者就能够揭示出某一具体语言结构在句法、语义和语用方面的规律。以上流程赋予了学习者在语言学习中更大的主动性和自主性。

相较于传统的教学模式，数据驱动语言学习模式具有明显的不同之处。在数据驱动语言学习中，学习者不是通过教师的传授而是通过检索语料库中的语言材料进行学习的。他们可以根据自身的语言水平、兴趣和需求，自主选择合适的语料进行研究。数据驱动学习省却了知识传递中的多个环节，让学习者直接参与到知识的发现和建构过程中，培养了他们独立思考和问题解决的能力。数据驱动语言学习的核心在于学习者的积极参与，他们通过实际操作，从大量的真实语料中抽取规律，从而建立起自己的语言意义与使用档案。在数据驱动语言学习中，学习者可以通过语料库接触到丰富的、真实的语言使用情境，从而更好地理解语言的应用和变化，掌握语法规则，并提升对语义和语用的理解。数据驱动学习能够让学习者深入了解语言的实际使用，培养他们的语感和语言洞察力。然而，数据驱动学习也并非一种适用于所有学习者和所有情境的通用方法，它要求学习者具备一定的自主学习能力和研究意愿，同时学习者需要具备一定的计算机和检索技能，数据驱动学习的有效性也取决于语料库的质量和学习者的实际操作能力。

八、自主学习理论

自主学习，也称为自主性学习或学习者自治，是随着认知心理学和人本主义学习理论的发展而兴起的一种现代学习理念。国外的自主学习研究可以追溯到古希腊时期，经历了几个重要阶段，从中可以看出其不断演变的历程。自主学习的思想在 20 世纪之前就已有人提出，主要强调学习者在学习过程中的积极参与和主动性。然而，正式的自主学习实践在 20 世纪初期才开始蓬勃发展，这是自主学习初步实验的阶段。在这一阶段，学者们开始在教育实践中尝试引入学习者主动参与的元素，探索如何让学习者更加独立地掌握知识和技能。随后，自主学习进入了一个系统研究的阶段，这一阶段从 20 世纪 60 年代持续至今。在这一阶段，不同的自主学习理论学派逐渐形成并崭露头角，包括操作主义学派、现象学学派、信息加工学派、社会认知学派、意志学派、言语自我指导学派以及建构主义学派。每个学派都有其独特的特点和理论基础，都在自主学习领域有深入的研究。自主学习理论学派均强调，学习不是被动发生在学生身上的，而是由学生主动引发的，并关注学习者的自主性和主动性，强调学习者在学习过程中的积极作用。在提出自主学习理论的同时，学者们也致力于开发相应的教学技术和方法，以让学习者更好地实现自主学习，诸多努力在教育实践中逐渐取得了成效。

将“自主学习（learner autonomy）”的概念引入语言教学领域始于“自主学习之父”亨利·霍尔克（Henri Holec）。自主学习并非仅指学生独自学习或无须教师，而是一种学习模式，指学习者在教师的引导下，在总体学习目标的指导下，根据自身条件和需求制定并完成具体学习目标。自主学习不仅是学习的一个过程，还是一种能力。学生在这个过程中积极主动地运用各种有效途径和资源获取信息和知识，自主进行学习并具备较强的判断力，识别学习的重点、难点和疑点，并且会自我调控学习的负担和进度，科学地选择学习内容，以达到最佳的学习效果。自主学习激发了学生内在的学习动机和潜能，促使学生更好地计划、控制和评估自己的学习能力和兴趣，从而培养他们的“终身学习能力”。自主学习的核心是学习者的主动参与和自我管理，学习者不再被动地接受教师的教导，而是在教师的指导下，根据自身的学习需求和目标，积极地寻找适合自己的学习方法和资源。自主学习模式培养了学生独立思考和解决问题的能力，让他们能够更好地适应不断变化的知识社会。在语言教学中，引入自主学习的理念可以提升学习者的学习效果和动机。让学生自主选择学习内容、制订学习计划和评估学习成果，可以激发学生的学习兴趣，提高学生参与度。自主学习让学生在语言学习过程中不仅关注知识的获取，还注重语言的实际运用和培养自身沟通能力。

第二节 大学英语自主学习模式应用的有效性分析

一、教学实践成功的基础是个性化教学方案

教师应制定个性化教学方案，包括一般要求、较高要求和更高要求三个级别的教学方案，充分考虑学生的英语水平差异，旨在激励学生根据个人实际情况追求更高的学习目标。教学中，教师不仅要布置不同要求的自主学习任务，还要对学生的课后自主学习活动进行监控与评估，确保每个学生都能在适合自己的学习水平上获得有效的学习支持。课程方案在教学内容的选择上进行了优化和创新，除了强化英语国家社会文化的内容，课程还增加了有关中国优秀文化的内容，如“中国烙印”“中国概况与自然景观”“中华美食”“民俗与节日”“中国历史古迹”等。这一举措有助于激发学生对本国文化的兴趣，培养他们的文化自信心，从而让他们更好地用英语表达自己文化方面的观点。课程方案积极运用现代学习理论，摒弃传统的单一教学模式。教师不再仅仅以讲授为主，而是结合多种教学手段和方法，充分利用现代计算机技术、互联网技术、大数据技术和语料库技术等。多元化的教学方式能够更好地满足学生对不同学习资源的需求，激发他们的学习兴趣，提高学习效果。课程方案关注学生的学习动机和自主学习能力的培养，引入现代科技手段，教师可以让更好地调动学生的学习兴趣，让他们在学习的全过程都能充分参与。课程注重培养学生的“产出”技能，强调实际运用语言的能力，并且鼓励学生参与课后的自主学习，提高他们自我管理学习的能力。课程方案突破了传统的教学评价方式，采用多元化的教学评价方法，可以更准确地了解学生的学习情况，有助于促进他们在不同方面的全面发展，使学生的各项能力都能得到有效的培养和提升。

二、教学实践成功的关键是师生角色调整

在自主学习过程中，许多学生表示曾通过邮件、QQ 留言、微信等方式与教师互动和交流，并从中获得了指导和帮助。许多学生认为，英语教师在课堂上对中国文化的导入和解读是至关重要的，这有助于让他们更好地理解和运用英语阐述中国文化。教师在大学英语课程中的角色不仅是知识传授者，还是文化传播者和学习引导者。教师创设适合学生水平的教学内容和方法，能够帮助学生掌握英语语言和中国文化的知识与技能，让他们更好地运用英语表达自己的文化观点。在教学过程中，教师应该担负起“中介者”的角色，帮助学生获得发展进步、学会学习、解决问题、适应多元文化情境和社会变化。教师还要充当学生的指导者、合作者、监控者和评价者，引导学生学会自我管理、自我监控和自我评估，培养他们独立思考和解决问题的能力。这一过程基于建构主义学习理论，该理论认为，学生是主动建构知识和信息的主体，而非被动的知识接受者。教师的角色与职责是引导学生主动参与英语语言和中国文化的学习和相关实践，培养他们的学习兴趣和自主学习能力。

三、教学实践成功的保障是多元化教学评价体系

教师评价有利于教师获取教学反馈信息、改进教学管理、提高教学质量，同时能促进非英语专业本科学生调整学习策略、改进学习方式、提升学习效率。

（一）多元化的评价目标

教学评价关注学生的知识和技能水平，并应强调对非知识技能目标的评价。特别是对非英语专业本科学生的英语课程，教师在评价时除了衡量他们的语言掌握程度，还需要考虑他们的非智力因素，包括学生的学习动机、自主学习能力、合作与交流能力以及跨文化意识等。评价非智力因素可以更全面地了解学生的学习情况和发展情况，为他们综合素

质的提升提供更准确的反馈和指导。因此，在教学评价中平衡考虑知识技能和非知识技能，将有助于促进学生的全面发展和提高。

（二）多元化的评价标准

教学评价的关键在于重视学生的个体差异和个性发展，不能简单地套用统一的标准来评价非英语专业本科学生。评价标准应当保证科学性、公平性和现实性，以确保评价的准确性和公正性。在制定评价标准时，教师应充分考虑学生的多元智力、年龄、学习动机、态度、学习风格，以及个性特征等各种参数。个体化评价方法能够更好地反映学生在学习中的表现和进步，使评价更加全面和准确。每个学生都是独特的，他们的学习需求和发展轨迹也会有所不同，因此在教学评价过程中，要重视学生的个性差异，充分考虑他们的特点和需求，以便更好地引导和促进他们的学习成长。

（三）多元化的评价主体

评价活动的主体不应仅限于单一角色，而应包括多元的参与者。除了任课教师，非英语专业本科学生本人以及同学们也应成为评价的主体。评价主体的多元化有助于激发非英语专业本科学生参与评价的积极性，更好地挖掘他们的潜能，从而促进他们的个性发展。多方参与评价能更全面地展现学生的优势和成长，也能让学生更有参与感和主动性。任课教师作为评价主体的一部分，可以提供专业指导和反馈，帮助学生了解自己的学习状态以及发展方向。而非英语专业本科学生本人，作为自己学习的直接参与者，可以通过自我评价认识到自己的优势和不足，进而制定更有效的学习策略。同学们之间的互相评价也能促进形成积极的竞争和协作氛围，从而互相学习进步。

（四）多元化的评价内容

对非英语专业本科学生的评价应该涵盖多方面，考核他们的语言文化素质和综合应用能力。评价的内容要具有多维性，从不同角度对学生的学习和发展进行全面考察。评价非英语专业本科学生需要关注他们的语言文化素质，包括对英语语言和中国文化的理解和运用能力。学生的英语表达建构能力和水平应该是评价的一个重要方面，包括听说读写译等方面的考核，以确保他们能够有效地运用英语进行交流和表达，同时能够将中国文化元素融入其中，达到“用英语讲好中国故事”的目标。评价应当考察非英语专业本科学生的综合应用能力，包括创新、探究、合作和实践等方面的能力。他们应具备分析和解决问题的能力，具备自主学习和合作学习的能力，能够在实际情境中运用所学知识和技能，而综合应用能力是非英语专业本科学生在面对复杂多变的现实环境时所必备的素质。在教学评价的内容方面，应该综合考虑多个维度。不仅要进行知识评价，即通过学业考试评估学生的语言基础和文化知识水平，还要进行能力评价，评估学生的听说读写译等方面的语言能力。学业内容，如作业、课外阅读、网络自主学习，也应纳入评价的范畴，以全面了解学生的学习情况。非学业内容，如学习兴趣、态度、自信心、学习习惯、学习策略、自主能力、合作精神等方面，也应被纳入评价，以综合考量学生的综合素质和能力发展。

（五）多元化的评价方式

在评价非英语专业本科学生时，应该从静态的成绩评价角度转向更加动态的角度，将注意力放在他们的学习过程和日常行为表现上。静态的成绩评价虽然能反映学生的知识水平，但往往无法深入了解他们的学习过程和努力程度。因此，动态评价是更加有效的方法。动态评价强调学生在学习过程中的表现，关注他们的学习态度、参与程度和自主学习能力，这种评价方式更具有针对性，能让学生及时调整教学策略，帮助学生更好地发展。在动态评价中，“形成性评价 + 终结性评价”是一种有效的组合。形成性评价关注学生的学习过程，帮助他们发现自己的学习问题并加以改进。终结性评价则总结学习的成果，确保学生能有效地掌握相应的知识和能力。采用“定性评价 + 定量评价”可以更全面地了解学生的表现，定性评价关注学生的学习态度、参与程度和合作能力等，而定量评价则从成绩等角度进行客观评估。引入“自我评价 + 他人评价”也能增强评价的多元性，学生对自己的学习过程和表现有独特的了解，因此自我评价能够反映他们的自我认知和反思能力。而他人评价又能够从外部角度客观地评价学生的表现，包括教师和同学的评价。将两种评价方式结合起来，可以更准确地了解学生的发展情况。

四、构建语言与文化知识的双重意义需靠学生主动合作完成

自主学习被认为是能够有效促进英语学习进展的学习方法，在自主学习的过程中，现代技术的运用为学生提供了丰富多样的学习环境，教学内容以图文声并茂的形式呈现，激发了对学生多种感官的综合刺激。此种学习方式能够让学生更加主动地调动已有的知识，结合解决问题、互动交流等方式进行学习，进一步强化了学生对所学内容的印象和理解。对互联网、自主体验中心以及社会渠道的利用，使学生能够与教师、同学等进行协作发现式学习，为他们的知识建构提供了更多的资源和途径。因此，自主学习在提高英语学习效果方面具有不容忽视的积极作用。将自主学习与集中面授相结合，可以深化学生对英语语言文化知识和中国文化知识的意义建构的理解。学习伙伴（教师 / 同学）的协作发现式学习方式，可以极大地增强学生的学习信心。与他人合作解决问题，能够让学生主动应用自己的知识和能力，从而改变自身的学习态度，让他们更加积极主动地投入学习。合作学习还能培养学生的勇气和胆量，促进他们口语表达和沟通能力的提高，这实际上是在实际应用中加强了对所学知识的记忆，为学生提供了更加真实和有意义的学习体验。

五、基于数据驱动的语料库为教学实践成功提供了技术支持

如今，结合美国当代英语语料库、美国布朗语料库、美国国家语料库、英国国家语料库、LOB 语料库、COBUILD 语料库、Longman 语料库等在线开放语料库，人们成功搭建了基于数据驱动语料库的中国文化

英语自主学习模式。在这种模式之下，学生不仅获得了接触海量真实语料的机会，还被激发了对英语语言和文化的浓厚兴趣和积极性，从而实现了对英语语言文化知识和中国文化知识的双重意义建构。在当代大学英语教学的过程中，学生通过使用各种在线开放语料库，如“中国汉英平行语料大世界”，能够直接接触到大量真实的语料，这加深了他们对英语语言和文化的兴趣。与传统的教材相比，这种学习方式更加贴近实际应用，能让学生感受到使用语言的真实情境。学生通过使用语料库，能更加自主地选择自己感兴趣的学习内容和方式，这激发了他们的学习热情和兴趣，同时改变了他们对学习英语文化的态度。基于数据驱动语料库的学习模式既新颖又有趣，让学生在学习中感到探索和创新的乐趣。除此之外，学生能够通过这种学习模式，更加深入地理解语法规则、语用特征、语义表达等语言现象。以“改革开放”为例，学生可以利用语料库检索关键词，在“中国汉英平行语料大世界”中找到相关语料，从中分析语境和语言现象，不仅能够记忆词汇，能够理解词汇在不同语境中的使用方式，丰富拓展了语言知识和文化视野。

第三节 中国优秀传统文化视角下的英语自主学习方法

一、基于中国优秀传统文化视角下的英语自主学习方式构建

《大学英语教学指南》明确地强调了信息化时代为外语教学带来的新机遇与资源丰富性，呼吁高校充分利用信息技术，创造多元的教学和学习环境，以推动学生主动学习、自主学习和个性化学习。在实际教学中，集中课堂面授教学活动固然重要，但如何更好地激发学生的学习兴趣、培养他们的自主学习能力同样不容忽视。实验结果表明，引入现代计算机技术和互联网技术，能够让学生在自主学习过程中体验到交互式的语

言学习环境，且根据自身需求选择适合的学习内容和方式，这能提高学生的学习效率，令学生逐渐习得自我管理和自我监控的方法，培养其更加积极主动的学习态度。在构建"基于数据驱动语料库的中国文化英语自主学习模式"时，构建者不仅应注重语言知识的习得，还关注对文化知识的建构，让学生在跨越语言和文化障碍时更加游刃有余。

（一）自主学习模式的构建

建构主义和数据驱动学习理论对现代教育具有一定的启示作用，运用现代计算机技术、互联网技术、大数据技术、云技术和语料库技术，教师能够创造出丰富多样的中国文化英语教学情景，有效地激发学生的学习兴趣和积极性，引导他们将新旧知识联系起来，实现对知识的更深层次理解和意义赋予。建构主义理论指出，学习者能够利用已有的认知结构和经验来理解新的知识，并将其融入自己的认知体系。在中国文化英语教学中，借助现代技术所创造的多媒体和网络学习环境，以及丰富的语料库学习资源，能够让学生更好地将所学的知识与实际应用情境联系起来，从而实现知识的内化和综合运用。斯蒂芬·克拉（Stephen Krashen）申的"输入假说模式"也为人们提供了有益的指导。"输入假说模式"强调，学习者只需要能够理解输入并获得足够的输入量，即"i+1"，就能自动进行知识的习得。自主学习中的多媒体、网络学习环境以及丰富的语料库资源，让学生能够接触到充足的真实、有意义的语言输入，这为他们的语言习得提供了更多的机会。语言输入不仅仅是信息的灌输，更是激活学生记忆系统中的知识、经验和概念的过程。此类理想的输入环境有助于学习者更加专注地理解学习内容，提高他们的语言习得效果。在此过程之中，现代计算机技术、互联网技术、大数据技术、云技术和语料库技术发挥了关键作用，提供了丰富多样的教学资源和学习工具，创造了互动性强、多模态的学习环境，让学生能够更加主动地探索和建构知识。语料库技术尤其重要，它不仅让学生接触到真实丰富的语言材料，还能够培养他们对语言背后文化内涵的理解。多元化的学习方式和资源获取途径有助于学生更加全面地发展，提高他们的综合应用能力。

非英语专业本科学生的中国文化英语学习，旨在帮助学生实现对英语语言文化知识和中国文化知识的深度理解和意义建构，此过程需要学生的积极参与和主动合作。在自主学习中，现代计算机技术、互联网技术、大数据技术和云技术，以及语料库技术创造出了丰富多样的学习环境，通过“人机交互”和“人际交互”的模式，为学生提供了交互式的语言文化学习平台，其中包括图像、文本、声音等多种形式，能有效调动学生的学习兴趣和主动性，让他们更加积极地参与到英语语言文化和中国文化知识的学习过程之中。在这种环境之中，学生有机会按照自己的需求和兴趣“按需筛选”各种教学信息资源和语言知识。此种超文本的学习方式允许学生根据自己的学习进程和目标，灵活选择学习内容和途径，使学习内容更加贴近个体需求。学生通过自主选择学习资源，积极参与学习活动，能够将所学知识运用到实际情境中，从而提高自己分析问题、解决问题和创新实践的能力。

自主学习的模式与课堂上的集中授课相结合，能够更好地满足非英语专业本科学生的学习需求。集中授课在一定程度上为学生提供了系统性的知识框架和指导，而自主学习则能让学生根据自己的兴趣和节奏，深入挖掘和理解知识的内涵。自主学习还能够培养学生的自主学习能力和信息筛选能力，让他们在面对复杂的学习情境时更加自信和独立。基于这样的认知和理解，可以看出，“多元化、多模态、多资源、大数据”的学习模式，正是适应了现代学生学习需求的学习方式。利用现代技术所创造的丰富学习环境，能够让学生在更加自主和灵活的情境中进行深度学习，实现知识的意义建构。推行这种模式，有助于提高学生的学习兴趣和动力，还能够培养他们的综合能力和创新思维，让他们更好地适应复杂多变的社会环境。

（二）自主学习模式的特点

1. 以“学习者”为中心

在探索中国文化英语自主学习过程中，非英语专业本科学生应该将自身在语言习得与文化知识学习过程中的作用充分发挥出来，主动参与，积极探索，成为英语语言文化和中国文化学习的参与者和意义构建者。“基于数据驱动语料库的中国文化英语自主学习模式”为此提供了丰富的学习资源，激发了学生在英语和文化知识学习方面的积极性。在自主学习过程中，学生不仅需要积极参与，还需要充分发挥自己的创新思维，成了意义建构的主要推动力，将新知识与已有知识相结合，深化自己的理解。自主学习模式赋予了学生更多的自由度，让他们能够根据自身需求和兴趣去探索，从而让他们更加深入地理解英语语言文化和中国文化的内涵。

“基于数据驱动语料库的中国文化英语自主学习模式”为学生提供了多样化的学习刺激，从图像到文本，从声音到图像，各种感官都得到了充分的利用。多模态的学习方式能够激发学生的学习兴趣，让他们更加专注地投入学习过程之中，这对非英语专业本科学生来说尤为重要，因为他们可能对英语语言文化和中国文化知识的学习有一定的抵触。多感官刺激能够消除这种抵触感，使学习更加生动有趣。这种自主学习模式在“人机交互”中也能得到体现，它也强调了“人际交互”的重要性。学生在学习过程中，可以与同学、教师进行合作，共同探讨和交流，从而拓展自身视野，从不同角度去理解和解读英语和中国文化。

2. 创设真实的情景

“学习总是与一定的社会文化背景（即情景）联系在一起的”，这一观点不仅揭示了学习的内在本质，还在“基于数据驱动语料库的中国文化英语自主学习模式”中得到了充分体现。基于这种模式，教学课件、自主学习资源、学习语料库等内容都紧密围绕大学英语课程教学内容和教学设计，创造了真实的学习“情景”，从而为非英语专业本科学生提供了更加丰富、有趣且具有思考价值的学习体验。

基于“情景”的学习模式具有极大的教育价值，它将学习材料置于真实的社会文化背景之中，让学生能够更好地理解知识的实际应用。大学英语教师运用多媒体教学课件，让课堂内容更加贴近实际情境，使学生能够在学习中感受到语言和文化的生动性，情景式学习激发了学生的好奇心，使他们能够更深入地思考和探究所学知识。基于情景的学习方式提升了学习的趣味性和参与度，让学生不再仅仅是被动的接受者，还是能够在互动的情境中主动探索的参与者，从而使学习变得更加生动有趣，鼓励学生通过多种感官去理解和吸收知识，让学习变得更加多元化和富有挑战性。

3. 协作发现式学习

“基于数据驱动语料库的中国文化英语自主学习模式”为非英语专业本科学生创造了一个富有真实感的学习情境，让他们在英语语言与中国文化的学习过程中通过协作发现式学习获得更为深入的体验和认识。在这个学习模式中，学生可以在各种资源的支持下，积极地参与到语料分析、讨论、总结的过程之中，从而实现对英语语言文化和中国文化的深刻理解与意义建构。在自主学习的过程中，学生可以运用已有的知识，借助现代技术工具，如现代计算机技术、互联网技术、大数据技术和云技术，以及自主体验中心、社会交流等途径，与老师和同学进行协作。协作发现式的学习方式鼓励学生在实践中探索，观察和分析语料中的语法规则、语用特征、语义表达等语言现象，逐渐建立起对语言和文化的深入理解，培养了学生的团队合作意识和交流能力，让他们从多个角度思考问题，形成独立的见解。协作发现式学习也强调了学习的自主性和深度，学生可以根据自身兴趣和需求，在丰富的资源库中选择适合自己的学习内容，展开深入的研究。

4. 信息资源共享的语言学习环境构建对其意义构建的作用

中国文化英语学习的核心任务在于“学”，而这一任务是通过与实际运用相结合的方式来完成的。应用语言学领域的先驱彼德·科德（Pit Corder）就曾强调过，有效的语言教学应当适应自然过程，促进学习，使教学内容和方法更贴近学生的需求和实际情境。“基于数据驱动语料库的中国文化英语自主学习模式”通过构建多元化的语言协作学习环境，让非英语专业本科学生能够借助各种资源和学习伙伴的帮助，在真实的语境中进行学习和实践。其中的学习伙伴就包括教师和同学，他们通过协作互助，为英语学习内容提供更多角度的观点和解释，深化学生对学习内容的理解。互联网、体验自主中心、文本/音像语料等，也能成为学生自主学习的有力工具，为他们提供多样性的学习途径和材料。现代计算机技术、互联网技术、大数据技术和云技术等的应用，能令学习更具趣味性和实用性，也使学生能够充分自主选择学习内容和方式。此模式中，社会互动也是非常重要的，英语角、英语村、英语沙龙等社会交流场所为学生提供了与母语人士交流的机会，鼓励他们在真实语境中应用所学的语言知识，提升交际能力。

5. 强调语言与文化学习的最终目的是“有意义”的意义构建

建构主义学习理论强调学习的核心目标是意义建构，而这一目标正是“基于数据驱动语料库的中国文化英语自主学习模式”所专注的，它为非英语专业本科学生精心创造了以主题单元式和文化知识链接式为特点的真实学习情境，这些情境中的与英语语言和中国文化紧密相连的任务，可使学生在学习中主动构建意义。应用这种学习模式，学生可以从多个角度、多个环境中获取信息，逐渐将已有知识和技能整合起来，将语言和文化进行紧密结合，达到深入理解的效果。学生在解决任务的过程中，需要运用已有的语言知识和文化背景，以实现对所学内容的理解和应用。这种学习模式的特点在于其所创造的“任务型”学习情境。学生不再只是进行传统的知识点学习，而是在完成实际任务的过程中，逐渐形成对语言和文化的综合认识。任务的设置涵盖了听、说、读、写、译等多个方面，让学生在多种语言运用场景中不断地建构意义。综合性的任务设置有助于学生将所学知识应用到实际生活中，提高语言交际的实际效果。这种模式的另一个突出的特点是，学习模式在构建情境中紧密结合了英语语言与中国文化。此种融合能够使学生更深入地理解语言背后的文化内涵，同时更好地应对跨文化交际。学生通过各种资源的整合，能够感受到语言与文化的紧密联系，从而实现更为深刻的"有意义"的意义建构。

（三）自主学习模式的实施步骤

1. 自主学习模式的培训

在大学英语课程的教学设计中，一个关键部分是新生入学时的第一堂课，也被称为"课程导论"。在这个环节中，受试对象被分成小组，每组由 4~6 人组成，并选出一个小组负责人，这可以为后续的自主学习活动奠定基础。随后，在"课程导论"中，教师对所有学生进行自主学习策略的培训，这是一个十分关键的环节。培训内容广泛，涉及对高校自主学习中心资源库的介绍，以及对国内外英语语料库的详细说明，如美国当代英语语料库、美国布朗语料库、美国国家语料库、英国国家语料库、LOB 语料库、COBUILD 语料库、Longman 语料库，以及绍兴文理学院开发的"中国汉英平行语料大世界"等。自主学习培训还应涵盖对数据驱动语料库学习方法的介绍，以及相关的语料库检索工具的使用方法，如 Concordance、AntConc、ParaConc 和 Wordsmith 等。

2. 学习情境与任务设置

学习往往是在特定情境和任务中展开的，通常由教师布置有关的情境和任务。在大学英语课程中，学习情境和任务的设置对教学效果的提高起到了重要的作用，它们涵盖了主题单元式的真实语言文化任务以及文化知识的链接，有助于构建一个丰富多样的学习环境。任务的形式多种多样，其中包括使用多媒体学习课件，旨在引导学生在真实的语言文化情境中进行学习。针对这些任务和问题，学习小组有多种途径来寻找解决办法，可以利用学习资源库或者运用各种在线语料库检索工具，如

Concordance、AntConc、ParaConc 和 Wordsmith 等，从中检索学习所需的信息。此类工具能够帮助学生有效地查找词汇、短语、固定句型等。通过观察这些信息在具体语境中的运用，学生还能更深入地了解其搭配、用法和频率等。

3. 评估与总结

评估与总结在自主学习模式中具有重要意义，教师和学生在这个阶段要共同努力，以确保学习成果得到充分的巩固。教师在这个过程中应当指导各学习小组对检索的内容进行系统的总结，让学生能够更深入地理解学习语料的语法规则、语用特征和语义表达等。学生结合教师的指导要能将理论知识与实际应用相结合，形成更加全面的知识体系。另外，学习小组也需要积极参与评估与总结的过程，他们将总结的报告提交给教师，不仅是对自己学习成果的呈现，还是对所学内容的回顾和反思。学生能够根据总结报告将零散的知识点整合成系统的知识，从而更好地将之应用于实际情境中。在评估与总结的环节中，教师应全面地审查学生提交的总结报告，包括对学生对学习内容的理解深度、语法规则和语义表达的运用水平等方面进行评估。教师的评价和反馈将帮助学生进一步完善自己的学习策略，提高学习效果。

二、中国优秀传统文化视角下中国文化元素的英语表达

（一）中国龙

中国的龙图腾崇拜源远流长，几乎跨越了整个人类历史。这种崇拜早在八千年前就开始萌芽，并在中国文化中扎根发展。中国龙被看作古代中国人对鱼、蛇、马、牛等生物以及云雾、雷电等自然现象的融合联想，在中国文化中，龙是一种神秘而崇高的存在。这个独特的图腾承载着丰富的文化内涵，与中华民族的多元融合过程紧密相连。中国龙的象征意义不仅仅停留在形态上的多元融合层次上，还更深层次地反映了中

华民族的精神特质。在中国人的意识中，龙代表着振奋腾飞的气象，其在传统文化中被赋予了独特的象征意义，寓意着改变、创新和希望，与中国古代的历史进程相契合，特别是在社会变革和文化融合的背景下，龙的形象成了一种鼓舞人心的象征，鼓励人们不断拼搏，超越自我，追求更高的目标。不仅如此，龙也代表着团结凝聚的精神。在中国古代，龙被视为皇权的象征，象征着国家的统一和稳定，在一定程度上影响了中国的政治体制和社会秩序。龙被赋予了带来吉祥和力量的寓意，作为国家的吉祥图腾，它是国家团结和社会和谐的象征，这种精神在古代的宫廷文化、礼仪制度以及社会伦理中都有所体现。从历史到文化，中国龙在中华民族的发展中不可或缺，它不仅是形态的多元融合，还是精神的象征。龙的形成还与中国古代多元文化交流、民族融合的时代潮流息息相关，其跨越了时间的洪流，传承着中华民族的智慧与传统。中国人民通过对龙图腾的崇拜，传承自己的文化根脉，传递了民族精神，并将其融入自己的生活方式和价值观念之中。

“中国龙”文化元素的英语表达如下。

Dragon totem worship in China has been around for the last 8,000 years. The ancients in China considered the dragon (or long) a fetish that combines animals including fish, snake, horse and ox with cloud, thunder, lightning and other natural celestial phenomena. The Chinese dragon was formed in accordance with the multicultural fusion process of the Chinese nation. To the Chinese, the dragon signifies innovation and cohesion.

（二）长城

中国的长城，作为人类历史上伟大的军事工程之一，是人类智慧与勤劳的结晶。踏上中国这片古老土地，如果没有一次长城之行，就像到了巴黎却未见埃菲尔铁塔，或者到了埃及却错过了金字塔一般。长城，是一座代表着历史、文化和勇气的世界奇迹。常言道：“不到长城非好汉。”这句话道出了长城在中国文化中的重要地位。长城不仅是一道雄伟的建筑，还是中华民族坚韧不拔、勇往直前的精深的象征。它见证了中国人无数次英勇的抵抗和拼搏，是中华民族历史长河中的一颗璀璨明珠。长城的存在激励着中国人不畏艰险，勇往直前，为国家的繁荣富强而努力拼搏。然而，长城最初并不是人们今天所熟知的那道雄伟的长城。在秦朝统一中国之前，长城只是一些分散的城墙，战国诸侯各自为战，没有将这些防御工事连为一体。直到秦始皇统一六国，人们才将这些分散的城墙连成了一道长城，以抵御北方游牧民族的侵袭。但更为壮观的长城建设活动则发生在明代，长城东起山海关，西至嘉峪关，这一伟大工程在明代达到了巅峰。明代的长城充分体现了中国古代工程技术的精湛，是人民勤劳与智慧的结晶。长城除了在历史上起军事防御作用外，还在文化传承和国家认同方面有举足轻重的作用。长城是中国历史的活化石，它记录了中华民族的兴衰和演变。而在现代，长城已经成为中国文化的象征之一，代表着坚韧不拔的民族精神和博大精深的中华文化。无数游客在登上长城的那一刻，都会被它的雄伟和壮丽震撼，感受到中华民族的历史底蕴和文化积淀。长城的美，不仅体现为其建筑的宏伟，还在于其蕴含的文化价值。它是中华民族勤劳智慧的结晶，是中国人民在历史长河中为了家园而努力的见证。每一块砖、每一寸土地，都承载着中华儿女的血汗和智慧。长城的存在提醒着人们，历史是活生生的，文化是源远流长的，每一名中国人都应该继承并传承这份历史和文化，让长城不仅成为中国的骄傲，还成为人们的责任和使命感的象征。

中国“长城”文化元素的英语表达如下。

The Great Wall is one of the wonders of the world created by human beings. If you come to China without climbing the Great Wall, it’s just like going to Paris without visiting the Eiffel Tower or going to Egypt without visiting the Pyramids. Men often say, "He who does not reach the Great Wall is not a true man". In fact, it began as independent walls for different states when it was first built, and did not become the "Great Wall" until the Qin Dynasty.However, the wall we see today, starting from Shanhai

Pass in the east to Jiayu Pass in the west, was mostly built during the Ming Dynasty.

（三）饺子

饺子这一中华美食，早已深入中国人的生活，它不仅代表着味觉的享受，还蕴含着中国人浓厚的文化情感。相传，饺子的起源与古代“医圣”张仲景有关，他用自己的智慧和医药知识，创造了这道美味佳肴。饺子的制作过程可以概括为三个主要步骤：擀皮、备馅、包馅水煮。饺子的皮要做得薄而韧，才能将馅料紧密地包裹在内，同时在煮的过程中不易破裂。备馅则是饺子制作的灵魂，各种食材的精心搭配和调味，决定了饺子的味道是否鲜美。包馅和水煮是整个制作过程的关键，包馅需要巧妙的手法和技巧，以确保每一个饺子都有适当的馅料。而在水煮的过程中，饺子在锅中飘浮，翻滚着被煮熟，散发出诱人的香气。饺子的特点在于皮薄馅嫩、味道鲜美、形状各异。无论是传统的鲜肉韭菜馅，还是创新的海鲜馅、水果馅，都能满足人们不同的口味需求。饺子的形状更是各具特色、包法百出，如金元宝、小生肖等，这都是中国人民智慧的结晶。

在民间有句俗语：“好吃不过饺子。”这句话凝聚着人们对饺子美味的共鸣。饺子既可以作为一道美食，也承载着人们的感情。中国人在各种场合都会包饺子，如接亲待客、逢年过节等，都少不了这道美食的身影。每当包饺子的时候，家人们围坐在一起，共同动手，这不仅是制作食物的过程，还是家庭情感的交流，是亲情的传递。饺子除了是家庭聚会的美味佳肴，也在中国文化中有深远的意义。中国人崇尚亲情，而“更岁交子”吃饺子则是中国农历除夕的传统，寓意着欢度除夕、辞旧迎新。这种传统习俗承载着人们对新年的美好期望和祝愿，也体现了中国人民对团结与和谐的追求。

中国“饺子”文化元素的英语表达如下。

Dumplings are one of the Chinese people’s favorite traditional dishes.

According to an ancient Chinese legend, dumplings were first made by the medical saint -Zhang Zhongjing. There are three steps involved in making dumplings: (1) make dumpling wrappers out of dumpling flour; (2) prepare the dumpling stuffing; (3) make dumplings and boil them. With thin and elastic dough skin, fresh and tender stuffing, delicious taste, and unique shapes, dumplings are worth eating hundreds of times. There's an old saying claims, "Nothing could be more delicious than dumplings". During the Spring Festival and other festivals, or when treating relatives and friends, Chinese people like to follow the auspicious custom of eating dumplings. To Chinese people who show high reverence for family love, having dumplings at the moment when the old year is replaced by the new is an essential part of bidding farewell to the old and ushering the in new.

（四）针灸

针灸疗法作为中医学的重要组成部分源远流长，承载着中国传统医学的深厚智慧，以其独特的治疗方式和理论体系，成为中华文化的瑰宝。在中医经络理论的指引下，针灸通过刺激人体经络系统，调和气血，实现阴阳平衡、脏腑和谐的目标。其蕴含的“内病外治”特点，使其在医疗领域具有独特的地位和作用。中医针灸的基本理念建立在经络系统的观念上，中医认为人体内的经络是一种脉络系统，贯穿全身，连接脏腑肢节。针灸疗法通过在特定的穴位上施加刺激，调节气血的流动，达到身体内外的平衡。在治疗内部疾病时，针灸以外部刺激手法为主，如针刺和艾灸等，这正体现了其“内病外治”的核心思想。

针灸的主要手法包括针刺和艾灸，针刺即将细长的针具插入特定的穴位，通过刺激经络，调整气血的流动。艾灸则是燃烧艾条，将其置于特定穴位上，温热刺激经络，以达到疏通经络、驱寒祛湿的效果。针灸不仅能够治疗疾病，还有助于保健养生，增强人体免疫力，改善机体的整体状态。针灸疗法作为中国传统医学的重要组成部分，深受中华民族的喜爱和推崇。随着时间的推移，针灸并没有被淘汰，反而在现代医学领域被重新认识和研究。在国内外众多临床实践中，针灸在治疗疼痛、神经系统疾病、消化系统问题等方面都取得了显著效果，受到了广泛认可。如今，越来越多的国际学者和医生开始研究和应用针灸，并将其融入当地的医疗体系中，为更多的患者提供治疗。正因针灸的独特优势和丰富疗效，它与中餐、功夫、中药等一同被海外人民誉为中国的“新四大国粹”。这个荣誉不仅是对中国传统医学的认可，还是对中国文化智慧的高度评价。针灸疗法还在传统医学的基础上，继续发展和创新，不断为人类健康事业做出贡献。

中国“针灸”文化元素的英语表达如下。

Acupuncture is an important part of traditional Chinese medicine (TCM). In accordance with the "main and collateral channels" theory in TCM, the purpose of acupuncture is to dredge the channel and regulate qi and blood, so as to keep the body’s yin and yang balanced and achieve reconciliation between the internal organs.It features in traditional Chinese medicine that "internal diseases are to be treated with external therapy". The main therapy of acupuncture involves using needles to pierce certain acupoints of the patient’s body, or adopting moxibustion to stimulate the patient’s acupoints so as to stimulate the channels and relieve pain. With its unique advantages, acupuncture has been handed down generation after generation and has now spread all over the world.Nowadays, acupuncture, along with Chinese food, kungfu (otherwise known as Chinese martial arts), and traditional Chinese medicine, has been internationally hailed as one of the "Four New National Treasures".

（五）中国功夫

中国功夫，又被称为中国武术，是一门集技击、搏斗和套路运动于一体的传统体育项目，其承载了丰富多彩的中华民族传统文化的深厚内涵。其独特的艺术体系不仅代表了中国人民的智慧，还体现了中国古代文化的精髓。中国功夫融汇了儒家、道家、释家等多元思想，形成了独具特色的核心理念，充分体现了中华民族对生命、宇宙、人性的深刻思考。中国武术的历史源远流长，可以追溯至古代社会，是一门实用的自卫技能，更是一种独特的身心修养方式。武术在发展中形成了众多不同的流派和拳种，其中包括徒手拳艺和器械功夫等多个领域，以刚柔并济、内外兼修为特点，展现了中国古代智者对人生、道德、精神的深刻思考。中国武术的核心思想与儒家的中和养气之说密切相关，儒家强调人与自然、人与人之间的和谐，而中国武术在锻炼身体的同时，同样注重内外的平衡，以达到身心的和谐。而且中国武术融合了道家的自然观念和释家的修身之道，强调通过修炼达到心灵的宁静与自由。

中国武术的发展也是一个与历史、地域和文化紧密相连的过程，每个流派和拳种都承载着不同的地域特色和文化背景。太极拳、形意拳、八卦掌等徒手拳艺以以柔化刚、以慢化快为特点，融入了哲学的智慧，强调以静制动。而刀枪剑戟、斧钺钩叉等器械功夫则展示了中国武术的多样性和创造性，并以其独特的技艺和套路吸引了无数学习者。中国武术不仅在国内受到广泛的重视和传承，还在国际上享有盛誉，其独特的魅力吸引了世界各地的人们前来学习和交流。中国武术不仅是一种身体技能，还是一种文化的传承，一种哲学的探索。人们学习武术能够培养品德、锤炼意志、修身养性，从而达到身体与精神的全面升华。

“中国功夫”文化元素的英语表达如下。

Chinese kungfu, or Chinese martial arts, carries traditional Chinese culture in abundance. It is a traditional Chinese sport which applies the art of attack and defense in combat and the motions engaged with a series of skills and tricks. The core idea of Chinese kungfu is derived from the Confucian theory of both "the mean and harmony" and "cultivating qi" (also known as nourishing one’s spirit) . Meanwhile, it also includes thoughts of Taoism and Buddhism. Chinese kungfu has a long history, with multi-various sects and many different boxing styles, and emphasizes coupling hardness with softness and internal and external training. It contains the ancient great thinkers' pondering of life and the universe. The skills in wielding the 18 kinds of weapons named by the later generations mainly involve the skills of bare-handed boxing, such as shadow boxing(Taijiquan), form and will boxing (Xingyiquan), eight trigram palm (Baguazhang), and the skills of kungfu weaponry, such as the skill of using swords, spears, two-edged swords and halberds, axes, tomahawks, hooks, prongs and so on.

（六）汉字

汉字，作为一种独特的文字体系，承载着中国人民几千年的智慧和文化传承。汉字的历史可追溯到原始人类用简单的图画来表达信息的时期，经过演变和发展，象形图画逐渐形成了具有音、形、义韵的复杂文字体系。汉字是中国文化宝库中的一颗明珠，见证了中华民族的智慧和文明。最早的中国文字，可以追溯到甲骨文，这是一种刻在龟甲和兽骨上的文字，被认为是汉字的萌芽和雏形。甲骨文的出现，标志着汉字进入了成熟的阶段，它是古代人们记录事物和信息的一种重要方式。从甲骨文到金文，再到隶书、楷书、草书、行书等，汉字不断演变和发展，展现出了多样的书写风格和形态。汉字的结构具有独特的美感，常言道“外圆内方”，这源自古人“天圆地方”的观念。汉字的造型兼顾圆润和稳重，体现了古代中国人对宇宙和自然的认识和理解。汉字包含了五种基本笔画，即横、竖、撇、捺、折，而基本笔画的组合和变化，构成了汉字丰富多样的形态。

汉字的独特之处在于，它不仅仅是文字，更蕴含了深刻的文化内涵。每一个汉字都承载着丰富的历史和意义，可以直接反映古代社会的风貌、人们的思想和价值观。人们通过阅读汉字可以一窥古代文明的精髓，体味传统文化的魅力。传承和学习汉字一直是中国人民的重要任务。在现代社会，尽管科技进步带来了数字化的阅读方式，汉字仍然保持着其独特的地位。汉字不仅在日常生活中扮演着沟通的角色，还在文化传承、教育、艺术等方面发挥着重要作用。在世界范围内，越来越多的人开始学习汉字，体验其中的艺术和哲学内涵。

“汉字”文化元素的英语表达如下。

Chinese characters were initially meant to be simple pictures used to help people remember things. After a long period of development, it finally became a unique character system that embodies phonetic sound, image, idea, and rhyme at the same time. The writing system, which was extremely advanced in ancient times, began with inscriptions on bones and tortoise shells, and these are regarded as the original forms of Chinese characters. Afterwards, Chinese characters went through numerous calligraphic styles: bronze inscriptions, official script, regular script, cursive script, running script, etc. Chinese characters are usually round outside and square inside, which is rooted in ancient Chinese beliefs of an orbicular sky and a rectangular Earth. The five basic strokes of Chinese characters are " 一 " (the horizontal stroke), " 丨 " (the vertical stroke) " 丿 " (the left-falling stroke), " 丶 " (the right-falling stroke), and " 乙 "(the turning stroke).

（七）筷子

中国人使用筷子就餐的方式在世界范围内独具特色，这一独树一帜的餐饮习惯已经有超过三千年的历史。筷子在中国的使用早在古代就有了记载，其独特的设计与多功能的特点使其成了中国人餐桌上的重要工具。筷子尽管看似简单，却蕴含着夹、拨、挑、扒、拌、撮、戳、撕等多种功能，十分实用。在古代，筷子被称为箸，它不仅仅是一种餐饮工具，更是一种文化象征。筷子在中国民间被视为吉祥之物，蕴含着深厚的文化内涵。在婚俗中，筷子被视为对生子的祝福，寓意着家庭幸福和繁荣。筷子作为一种生活用具，已融入人们的日常生活中，成了文化传承的一部分。

与西方使用刀叉和手抓食物的方式不同，中国人使用成双结对的筷子。这种方式在象征意义上有着深刻的内涵，传达了“和为贵”的价值观。筷子的使用体现了中国人重视和谐共处、合作共赢的思想，也反映了中华民族注重家庭团结和社会和谐的传统价值观。筷子所代表的美德不仅仅体现在其文化象征和实用性上，还表现在其环保特点上。与一次性塑料餐具相比，筷子的使用对环境的影响更小，更符合可持续发展的理念，体现了中国人尊重自然和倡导生态平衡的文化观念。在国际上，筷子作为中国的独特文化符号，备受瞩目和赞誉。许多西方人将筷子视为古老的东方文明的象征，对其设计和文化内涵表示钦佩。随着中国文化的传播和国际化，越来越多的人开始学习和尝试使用筷子，以感受其中蕴含的深厚历史和独特魅力。

中国“筷子”文化元素的英语表达如下。

The Chinese way of eating with chopsticks is unique in the world. The recorded history of chopsticks started more than three thousand years ago. Chopsticks were named zhu in ancient Chinese. They look deceptively simple to use, but possess multi-various functions, such as clamping,turning over, lifting up, raking, stirring, scooping, poking, tearing and so on. Chopsticks were taken as an auspicious mascot by ordinary people in ancient China.For example, the partial tone of chopsticks is often used by people as a metaphor at weddings to indicate a blessing or benediction for the couple to have a baby soon.Unlike using a knife and fork or one’s own hands, a pair of chopsticks also implies the meaning of "Harmony is what matters". Chopsticks are highly praised by westerners as a hallmark of ancient oriental civilization.

（八）印章

印章，又称图章，是中国古代历代官方和个人使用的重要印鉴，拥有不同的名称，如印信、朱记、合同、符、契等，而帝王所使用的印章在古代被称为玺、印、宝、章等。据史书记载，印章的历史可以追溯至战国时代，那一时期它已经开始被广泛使用。印章的制作过程是将篆书、隶书等不同字体和图像以阴阳形式雕刻出来，常见的形状包括圆形和方形。印章用以盖上朱红色的印记，除了在日常生活中被广泛应用，还被广泛用于书法、绘画的题识，逐渐演化为中国独特的一种艺术形式。印章的历史渊源可以追溯到古代，早在战国时期，印章已经成为一种重要的文化工具。在当时社会背景下，印章的使用为政府管理和个人交往提供了有效的手段。在封建社会中，印章也成为身份、权威和地位的象征。因此，印章在中国社会中有深厚的历史和文化背景。

印章的制作过程十分精细，往往需要经验丰富的工匠来进行雕刻。印章可以雕刻各种不同字体的文字和图像，这使印章的种类和用途更为多样。印章上的雕刻字体和图案，常常可以反映出使用者的身份、职务、家族背景等重要信息。印章的形状通常以圆形和方形为主，而制作材料也可以是石头、木头、金属等。印章的应用领域非常广泛，除了作为官方文件的盖章工具，它还被广泛用于书画作品的题跋和鉴定。在文化和艺术领域，印章成为一种独特的身份认证方式，也为作品赋予了额外的历史价值。印章的使用还在一定程度上推动了中国书法、篆刻等艺术的发展，形成了一种独特的艺术传统。随着时代的变迁，虽然现代科技的发展逐渐改变了人们的生活方式，但印章在中国社会中仍然保持着重要的地位。在许多正式场合，仍然需要使用印章来盖章确认文件的合法性。印章的文化价值也受到了更多人的重视，越来越多的人开始关注和学习印章的制作和使用，这使这一古老的传统在当代得以传承和发展。

中国“印章”文化元素的英语表达如下。

A seal can also be defined as a stamp. Both the Chinese official and private seals of various dynasties have different titles, such as stamp, zhu note, contract, fu, lease and others. The seals used by the emperors of ancient China were called xi, yin, bao, etc.According to historical records, seals were widely used during the Warring States Period (475 BC–221 BC). The making of a seal is to engrave fonts, such as seal character and official script and so on; or images in the form of intaglio and embossment into the seal, basically shaped as round or square.Covered with a vermilion overlay, the Chinese seal is not only used in daily life, but also used to represent signatures on paintings and calligraphies.It is gradually becoming one of the China's unique artworks.

（九）天干地支

天干地支，作为中国传统历法中用来计算和命名年份的方式，承载着悠久的历史和深厚的文化内涵。天干地支是一种特殊的纪年方法，由十个天干和十二个地支组成。这十个天干分别是甲、乙、丙、丁、戊、己、庚、辛、壬、癸，而十二个地支依次为子、丑、寅、卯、辰、巳、午、未、申、酉、戌、亥。这一纪年法既记录了时间的流逝，又传承了古人的智慧和文化。天干地支的起源可以追溯到古代，古人通过观测月亮的圆缺变化，发现一个月的周期大致是 29.5 天，而 12 个月的总和近似为一年，两个朔望月的时间约为 60 天。因此古人将十天干和十二地支的组合方式应用到年份的计算中，创造出了一套独特的年号系统，以十天干和十二地支的排列顺序来标记不同的年份，每 60 年为一个轮回，这就是干支纪年法，一直延续至今。

干支纪年法在中国的历史长河中不仅仅是一种时间计算的方法，更是中国古代文化的重要部分。在古代，人们用干支纪年法来命名年份，并记录重要事件的发生。每一个天干和地支都有着独特的象征意义，与人们的生活、自然现象、历史事件等紧密相连。例如，天干地支的排列顺序中蕴含着人们对阴阳五行等哲学思想的理解，反映了古代人们对宇宙的观察和思考。在今天，干支纪年法依然被广泛使用，并在中国的春节、节气、传统节日等重要时刻发挥着重要作用。人们在过春节时，会相互问候“过年好”，其中的“年”就是指干支纪年法中的年份。而每年的生肖属相，也是由十二地支中的一个来决定的，生肖也成了人们对自己的一种独特称谓。干支纪年法的应用已经渗透到人们的日常生活之中，成为中国文化的重要一部分。

“天干地支”文化元素的英语表达如下。

The Chinese era is the symbol that the Chinese calendar uses for recording and naming years. The ten Heavenly Stems are: jia, yi, bing, ding, wu, ji, geng, xin, ren, gui. The twelve Earthly Branches are: zi, chou, yin, mou, chen, si, wu, wei, shen, you, xu, hai. After observing the lunar month, the ancients found that the moon always waxes and waxes roughly 12 times a year, and two lunar months account for about 60 days, so the order of the ten Heavenly Stems and the order of the twelve Earthly Branches are properly matched in turn. In terms of recording date, 60 years is considered to be a full time cycle. The Chinese era chronology was first invented in ancient times and is still in use now.

（十）京剧

京剧，作为地道的中国国粹，被誉为“东方歌剧”，它融汇了中国古老戏剧的精髓，尤其是南方的“徽班”，因此在 19 世纪末形成并成为中国最重要的戏曲剧种之一。这一充满历史底蕴的艺术形式，既是一种表演艺术，也是一种文化传承，深受中国人民的喜爱和推崇。京剧的起源可以追溯到中国多种古老的地方戏剧，其中以南方的“徽班”为代表。通过吸取不同地域戏剧的精华，京剧逐渐形成了自己独特的表演风格和艺术特点。这一剧种凝聚了中国丰富的戏曲传统，也凸显了中国人民对艺术的热爱和追求。正因如此，京剧被人们赋予了“东方歌剧”的美誉，代表了中国文化卓越的艺术水平。

京剧是一种综合性的表演艺术，融合了唱、念、做、打、舞等多种元素，艺术家将这些元素有机地结合在一起，通过程式化的表演手段，将故事情节娓娓道来，塑造出栩栩如生的人物形象。在京剧的表演中，唱腔的高亢悠扬，念白的铿锵有力，动作的精准流畅，武打的刚柔相济，舞蹈的舒展优美，都呈现出京剧独特的美感和情感表达。京剧以其精湛的表演技巧和深刻的艺术内涵，引领观众进入一个充满戏剧性和情感的世界。在京剧中，角色分为生、旦、净、丑四大行当，每个行当都有着独特的表演特点和角色类型。生行代表了男性角色，多以刚毅、英勇的形象示人；旦行则是女性角色，通过婉约、婀娜的表演展现女性的柔美和坚韧；净行则是男性角色中的花脸，强调技巧性的表演，多为武打、杂耍等；丑行则是喜剧角色，通过夸张滑稽的表演引观众发笑。这四大行当构成了京剧丰富多彩的舞台画面，也展示了中国人对人性、情感和社会角色的思考。

“京剧”文化元素的英语表达如下。

Praised as "Oriental Opera", Beijing Opera is a genuine national quintessence of China. It originated from many kinds of ancient local operas, especially huiban in southern China.At the end of the 19th century, Beijing Opera evolved and took shape, becoming the greatest kind of opera in China.Beijing Opera is a blend of performing arts-song, speech, performance, acrobatic fighting and dance.Beijing Opera portrays and narrates plots and characters through stylized acting. The main types of roles in Beijing Opera are sheng (male), dan (young female), jing (painted face, male) and chou (clown, male or female).

（十一）道教

道教作为中国土生土长的宗教，源远流长，承载着深厚的哲学思想和文化底蕴，其创始人是春秋末期的思想家、哲学家老子。道教以老子所著的《道德经》为主要经典，深刻阐述了道教的核心理念和价值观。在中国的宗教体系中，道教独具一格，以其独特的信仰体系和修行方式，影响着亿万中国人的思想和生活。《道德经》是道教最重要的经典之一，被誉为“道教圣典”，承载着老子的智慧和他对世界的深刻洞察。其中的名言“道可道，非常道。名可名，非常名。无名天地之始；有名万物之母。故常无，欲以观其妙；常有，欲以观其徼”，道出了老子对道的理解。这段话意味深远，意指万物的无名初始和有名的形成，反映了老子对宇宙规律的独特见解。这句至理名言也是道教精神的象征，引导人们去观察自然、探索生命的奥秘。

道教强调“重人贵生”，这一理念凸显了道教对人性的尊重和对生命的崇高敬意。在道教的思想体系中，人被视为宇宙的一部分，与自然融为一体，具有与万物共通的道。道教主张清静无为，提倡安于现状，追求内心的宁静与平和。这种修身养性的理念，强调个体的内在平衡，以使人们更好地适应外在的环境，实现身心的和谐。道教作为一种宗教信仰，既有其独特的宗教仪式和祭祀活动，也贯穿于中国人的日常生活中。在道教寺庙中，信徒们会举行祭拜、燃香、烧纸等仪式，以示对神明的敬意并祈福。道教也影响着人们的行为准则和处世态度，引导着他们以宽容、柔和的心态面对生活中的起伏与挑战。道教不仅在中国国内有影响力，还被传播到了世界各地，其深邃的哲学思想和人文精神在跨文化的交流中获得了各国人们的认可和尊重。作为中国古老的宗教之一，道教也是文化传承的重要载体，它通过自身独特的价值观和信仰体系，传递着中国人对生命、自然和宇宙的思考。

“道教”文化元素的英语表达如下。

Taoism first originated in China. The founder of ’Taoism is Laozi, a philosopher and thinker who lived in the late Spring and Autumn Period (770BC−476 BC). Tao Te Ching whose authorship has been attributed to Laozi, is considered to be the main Taoist classic. Taoism advocates the value of a human being’s life, recommends the discarding of all desires and worries from one’s mind, and encourages the cultivation of moral character and the nourishment of human nature. The following is an example of Laozi’s golden saying: "The way that can be told of is not an unvarying way; the names that can be named are not unvarying names. It was from the nameless that Heaven and Earth sprang: the named is but the mother that rears the ten thousand creatures, each after its kind.Truly, only he that rids himself forever of desire can see the secret essences; He that has never rid himself of desire can see only the outcomes."

（十二）中国成语

中国成语是汉语中的瑰宝，承载着深厚的文化底蕴和智慧精华，是汉语言中一类富有创意和表达力的独特元素。这些多由四个汉字组成的固定词组或短语，传承了古代智者的智慧，凝结了民间智慧和历史典故，是汉语言文化中的闪亮明珠。“成语”中的“成”字源自约定俗成，意指这些词组经过了长时间的使用和积淀，已然成为固定的表达方式。与一般的词语相比，成语在汉语语法中拥有相当的地位和功能，具备独特的表达和传达效果。短短的四个字中，蕴含了丰富的意义和文化内涵，往往能够准确、简洁地表达出一种抽象的概念或富有启发性的思想。

成语有多种来源，主要包括民间谚语、古代文学作品、诗歌、寓言、典故和名言警句等，它充分展示了中国文化的多元性和丰富性。成语不仅是一种语言表达方式，还是历史、文化、哲学的结晶。例如，“自强不息”描述了坚韧不拔的精神，源于历史上的人物事迹；“青出于蓝”揭示了后人可以超越前辈的智慧，来自荀子的寓言故事；“厚积薄发”强调了积累和耐心，取材自古代典故。成语的使用不仅体现了语言的美感，还传递了中国人民智慧的精髓。它们凝练而深刻，透过表面的文字，传递出深刻的思想和价值观。成语既可以被用于日常生活，也常见于文学作品、演讲、文章等语境，为表达增色。人们在交流中运用成语，不仅能够传递出一个普遍的概念，还能够引发人们的共鸣，让语言变得更加生动、生活化。作为语言和文化的结合体，成语在传承文化、弘扬精神方面有重要价值，是一种流传于民间的智慧之宝，体现了古代智者的思想，折射出当时社会的价值观。无论是作为家长对子女的教育，还是作为老师在教学中的引导，成语都能体现出文化的连续性和积淀性。而如今，在信息爆炸的时代，成语仍然保持着其独特的魅力，是语言文化的瑰宝。

“中国成语”文化元素的英语表达如下。

Chinese idioms refer to comprehensive and integrated fixed phrases and expressions. Idioms are established and accepted by constant usage and common practice. An idiom is a language unit that is larger than a word, but has the same grammatical function as a word. Most Chinese idioms consist of four characters, such as zi qiang bu xi (make unremitting efforts to improve oneself), qing chu yu lan(bluer than indigo) and hou ji bo fa (success comes with time and effort). Idioms are extracted from folk proverbs, ancient works of literature, poems, fables, allusions, and well-known sayings. Idioms are a part of the Chinese language that are concise and have great vitality.

（十三）中国丝绸

中国是丝绸的故乡，自古以来就以独特的丝绸文化而闻名于世。丝绸不仅是一种珍贵的纺织品，还是承载着中华民族深厚文化底蕴的象征。古代中国人民，用聪明才智开发出栽桑、养蚕、缫丝、织绸等丝绸产业技术。在古老的商周时期，丝绸生产技术就已经达到了相当高的水平。中国人用桑树养蚕、提取蚕丝、织造丝绸的一系列精湛工艺，创造出这种独特的纺织品，为世界增添了美妙的丝绸艺术。历史上，西汉时期的张骞通西域开启了中外交流贸易的新纪元。他的远行将中原与波斯湾、地中海紧密联系在一起，架起了中西文化交流的桥梁。从此以后，中国的丝绸商路开始辐射到世界各地，以其卓越的品质和精美的花色征服了全球。无论是远在地中海的古罗马，还是波斯的萨珊王朝，都对中国丝绸赞叹不已，为之倾倒。中国丝绸不仅成为贸易的枢纽，还传播了中国的文化和风采。

丝绸之美不仅在于其柔软、光滑的质感，还在于其背后蕴含的丰富文化内涵。中国人将丝绸视为华美、尊贵、典雅的象征。丝绸的加工和制作需要精湛的技艺，凝结了中国古代工匠的智慧和努力，丝绸的花纹、色彩常常寄托着中国人对美好生活的向往。丝绸之路的兴盛不仅带来了商品的交换，还传递了东方文明，将中华文化传播到世界各地。在中国文化中，丝绸不仅仅是一种纺织品，更是中华民族的骄傲。丝绸代表了中国古代智慧的结晶，是中国人对自然的探索、对工艺的创新、对美的追求的结晶。丝绸之路的繁荣，不仅连接了东西方，还建立了不同文化、不同民族之间的友好交往。丝绸从中国走向世界，不仅为世界带来了美丽的纺织品，还将中华文化的精髓传递到了世界各地。

“中国丝绸”文化元素的英语表达如下。

China is the home of silk.Mulberry planting, sericulture, silk reeling and thickening are all great inventions of the ancient Chinese.As early as the Shang and Zhou Dynasties (1600 BC—256 BC), the Chinese people’s silk-weaving techniques had reached an extremely high level. During the Western Han Dynasty (206 BC-25 AD) , Zhang Qian, an outstanding diplomat , travelled around central Asia and connected China with the Persian Gulf and the Mediterranean, opening up a new era of Sino—foreign trade , exchange and communication.From then on, China’s silk became well known for its extraordinary quality, exquisite design and color, and abundant culture connotations.Hitherto, Chinese silk has been accepted as a symbol of Chinese culture and the emissary of oriental civilization.

（十四）中国园林

中国园林是一项独特的环境艺术，建造时人们将人工营造的山水、植物、建筑等元素与自然地貌有机地融合在一起。作为中华古代建筑艺术的瑰宝，中国园林以其精湛的设计和丰富的内涵，展现了中国人对自然美的崇敬与追求。中国古典园林的建造原则可以概括为“妙极自然，宛自天开”，这体现了对自然的模仿与创造的完美结合。在中国的古典园林中，人工的山水、池塘、假山、花木，以及建筑物，都仿佛是在自然状态下自然而生的。游赏其中，人们仿佛置身于天地之间，领略到“假自然之景，创山水真趣”的园林意境。可见，中国园林既展现了人类对自然美的向往，也表达了中国人对宇宙万物之美的深刻体验。

在世界的园林体系中，中国园林具有悠久的历史和独特的魅力。其源远流长，承载了中华民族深厚的文化传统。古代中国的园林艺术不仅是一种美的追求，还是一种哲学思考的体现。通过模仿自然山水，人们试图在有限的空间中创造出无限的美。这种意境的营造，不仅展示了人类与自然的和谐共生，还体现了人类对宇宙和生命的思索与尊崇。在中国园林发展的历史长河中，诞生了许多著名的古典园林，如苏州的拙政园、留园，北京的颐和园，它们都蕴含了丰富的文化内涵，既是一种建筑艺术，也是一种精神的追求。拙政园以其精巧的构造和细致的布局，展现了江南园林的典型特征。颐和园则以其恢宏的气势和富丽的建筑，呈现了中国封建帝王的豪华与壮丽。中国园林不仅是建筑艺术的代表，还是中国文化的象征，代表了古代中国人民对美好生活的追求和创造。

“中国园林”文化元素的英语表达如下。

The Chinese classical garden is a precious treasure of our ancient Chinese architecture. It is a kind of environment art,which systematically combines artificial mountains and rivers，plants and buildings with the natural landscape. The construction standard of a Chinese classical garden is "artificial as it is，the garden must look ingenious and natural." When you go sightseeing in a Chinese classical garden, you should be able to appreciate its artistic concept which "makes use of the natural landscape to create the real fun of mountains and rivers for viewers". Of the world’s three major garden systems, the Chinese classical garden is hailed as one of the origins of the world’s garden due to its long history and abundant connotations.

（十五）笔墨纸砚

在中国古代的文人书房中，有一套宝贵的工具，被誉为“文房四宝”，分别是笔、墨、纸、砚。这组工具不仅用于书写，还是文人雅士表达思想、抒发情感的重要媒介。用笔墨纸砚书写、绘画的传统可以追溯到五千年前，这一传统见证了中国文化的璀璨与延续。在古代中国，笔的制作经历了多个阶段。秦朝时，人们已经开始用不同硬度的毛和竹管制作毛笔。而汉代，人工制墨取代了天然墨，为书写提供了更多的选择。随着纸张的出现，简牍锦帛逐渐退出历史舞台，纸张成为主要的书写材料。砚台作为书写工具的配套，也随着笔墨纸的使用而不断发展壮大。

“文房四宝”这一概念在宋朝以后逐渐确立，特指湖笔、徽墨、宣纸、端砚。湖笔以湖南为产地，以其细腻的笔触和出色的书写效果，成为文人雅士的最爱。徽墨产自安徽，以其墨色浓郁、质地坚韧而受到推崇。宣纸以宣城为产地，质地柔韧、吸墨性好，成为书写、绘画的理想选择。而端砚则作为研磨墨汁的工具，不仅有实用价值，还富有艺术价值，是文人书房中不可缺少的装饰之物。“文房四宝”不仅是实用工具，还是中国文化的象征，见证了中国古代文人的智慧和创造力，也承载着人们对美好生活和艺术追求的向往。古代文人通过这种实用工具，抒发情感、表达思想，完成心灵世界与外界的交流，此种书写和绘画的传统持续至今，成为中华文化中不可或缺的一部分。

中国“笔墨纸砚”文化元素的英语表达如下。

The writing brush, ink stick, ink stone, and paper were requisite treasures in the study of the scholars of ancient China, and they are often referred to as the "Four Treasures of the Study".The writing brush and ink stick have been used by the Chinese to write and paint since 5,000 years ago. In the Qin Dynasty (221 BC−206 BC), people already used feathers of different hardness and bamboo trunks to make brushes. During the Han

Dynasty (206 BC−220 AD), man−made ink was used instead of natural ink. After paper was invented by the Chinese, bamboo slips, wooden tablets, brocade and silk, which originally functioned as writing surfaces, gradually faded out. The ink stone was first developed with the use of writing brushes and ink. After the Song Dynasty (960 AD−1279AD), the "Four Treasures of the Study" particularly referred to hubi, the writing brush produced in Huzhou, Zhejiang province; huimo, the ink stick produced in Huizhou, Anhui province; xuan paper,a kind of paper produced in Xuanzhou, Anhui province; and duanyan, the ink stone made in Zhaoqing, Guangdong province (Zhaoqing was earlier called Duanzhou). Indeed, the "Four' Treasures of the Study" have written the whole Chinese civilization, as it is.

（十六）十二生肖

中国的十二生肖，作为一项古老的文化传统，根据阴历计算，并与中国的春节日期紧密相连。每年的春节都会有一个不同的生肖代表，这十二种动物分别是鼠、牛、虎、兔、龙、蛇、马、羊、猴、鸡、狗、猪。生肖在中国文化中承载着丰富的意义，被认为与个人的性格、命运以及生活息息相关。与西方的星座类似，很多人相信属相会影响他们的性格和命运。属相的特点被传承了几千年，深深地融入了中国人的生活。属鼠的人天生具有快速掌握新知识和技能的能力，富有创造力和洞察力。属牛的人则被认为是勤奋、稳重的，是值得信赖的朋友和合作伙伴。虎年出生的人有着很强的领导能力和决断力，常常扮演领导者的角色。兔年的人往往温和宽容，善于体察他人的情感，是很好的倾听者。十二生肖之一的龙，与西方文化中的传统不同，代表着勇敢和野心。在中国文化中，龙是祥瑞和权力的象征，被赋予了高贵和崇高的地位。蛇虽然在很多文化中被视为负面形象，但在十二生肖中，蛇象征着智慧与神秘，属蛇的人往往深思熟虑，富有洞察力，同时有一定的神秘感。属马的人被认为充满活力，富有冒险精神，热衷于追求新的事物。属羊的人通常温和、善良，喜欢和谐的环境，是人们的良好伴侣。猴年出生的人具有聪明和机智，擅长变通的特点，常常富有创意。鸡年的人精力充沛、守时，同时注重细节，善于观察和分析。而属狗的人通常忠诚、友善，是值得信赖的朋友和伙伴。生肖在中国人的日常生活中扮演着重要的角色，不仅影响个人的性格、命运，还影响到人们的生活决策。无论是过年时的庆祝，还是日常交往中的沟通，人们都会在一定程度上参照属相来预测和理解他人的行为和特点。

“十二生肖”文化元素的英语表达如下。

The Chinese zodiac are based on the Chinese lunar calendar. Chinese New Year’s Day changes every year in the Western calendar. There are 12 zodiac signs represented by animals, and every year there is a different one. After twelve years, the cycle repeats itself. The 12 animal signs are: Rat, Ox, Tiger, Rabbit, Dragon, Snake, Horse, Sheep, Monkey, Rooster, Dog, and Pig. Similar to Western horoscopes, many people believe the Chinese animal signs decide what your character will be like and can influence your decisions. Rats are quick learners; oxen are reliable and diligent; tigers are natural born leaders and rabbits tend to be quiet and alert. Dogs are loyal friends, and horses and pigs are great to be around. Dragon is also one of the animal signs. Unlike in Western culture, this fictional creature stands for bravery and ambition. Though snakes are given many negative traits in many parts of the world, as one of the 12 zodiac signs, it represents intelligence and mystery.Rooster are considered to be energetic, punctual, observant, determined, and hardworking.

三、中国优秀传统文化视角下的英语自主学习方法实施

（一）根据所学课文展开模拟写作

从中国优秀传统文化的视角来看，如何在英语自主学习中有效地运

用这些传统文化元素，以提升英语写作能力，是一个具有深刻意义的课题。在这一过程中，一项重要的实施方法是模拟写作，它可以帮助学生更好地理解和应用所学课文。中国的优秀传统文化蕴含着丰富的思想、情感和价值观，这些元素可以为英语写作提供有益的启示和素材。例如，在古代文人墨客的作品中，常常表现出崇尚自然、追求和谐的精神，学生可以运用这一价值观，在英语写作中展现对环境保护、社会和谐等主题的思考。模拟写作可以引导学生在写作过程中融入中国传统文化的精髓，使作文更具深度和内涵。

模拟写作是一种循序渐进的实践方法，教师可以选择一篇经典的中国古代文学作品，如诗词、寓言故事等，作为模拟写作的材料。学生可以阅读这些作品，理解其中所表达的情感和思想。教师提供一些相关的英语词汇和句型，帮助学生将中文思维转化为英语表达。例如，学生可以运用类比、比喻等修辞手法，将中国古代诗词中的意象转译为英语，以展示自己对文化内涵的理解。接下来，学生可以根据模拟写作的材料，展开自己的创作。例如，以中国古代诗词中的山水景色为背景，学生可以尝试用英语描绘出类似的自然风光，同时表达出自己的情感和思考，这有助于学生提升英语写作技巧，还能够培养他们的文化自信和跨文化交际能力。

（二）结合校本课程学习中国优秀传统文化

从中国优秀传统文化的视角来看，如何在英语自主学习中结合校本课程，以更好地传承和弘扬这些传统文化元素，也是一项重要而富有创意的任务。在这一过程中，教师应采用多种教学方法，让学生更深刻地理解和应用中国的优秀传统文化，这不仅有利于提升英语学习的效果，还能够培养学生的跨文化意识和综合素养。校本课程的理念强调了满足不同学生需求的多样性，以及将课程内容与实际生活和社会联系起来的重要性。在开设英语校本课程时，教师可以选择将中国优秀传统文化作为一项重要教学内容，以选修课的形式，引导学生深入了解中国的传统文化，使其在学习英语的同时提高对中国文化的了解过程。

针对不同的学习需求，校本课程可以采用多种教学模式。例如，讲座模式可以用于介绍中国优秀传统文化的基本概念和历史背景，帮助学生建立起对传统文化的整体认知；技能学习模式可以针对具体的传统文化元素，如中国书法、茶道等，培养学生的实际操作能力；活动型模式可以组织学生参与各种文化体验活动，如传统节日庆祝、文化展览等，让学生亲身感受传统文化的魅力；自学型模式可以引导学生自主选择感兴趣的文化主题进行深入研究，培养他们的自主学习能力。

（三）增加课外阅读，吸收文化养分

从中国优秀传统文化的角度出发，将英语自主学习方法与课外阅读相结合，是一种富有创意和启发性的策略。在这一过程中，学习者不仅可以提升英语语言能力，还能够深入了解和吸收中国传统文化的养分，实现跨文化的交流与融合。阅读在语言学习中具有重要作用，人们可以借鉴母语学习的经验，通过广泛的阅读来提高英语水平。阅读不仅是被动接收信息的过程，还是主动思考和理解的过程。在阅读的过程中，学习者需要将自己的知识、经验和主观能动性与文章内容有机地结合起来，以创造性的思维来填补信息空白，从而实现对信息的深刻理解和消化，强化这种思维也有助于培养学习者的逻辑思维和批判性思维能力。阅读不仅能够提升学生的语言能力，还可以拓宽学生的视野。学生可以通过阅读丰富多样的材料，接触到不同领域的知识，了解不同国家和文化的背景和特点。尤其是在跨文化交际中，了解对方国家的文化和习惯对有效沟通非常重要。中国优秀传统文化是重要的文化遗产，学生阅读相关材料，可以更深入地了解其中蕴含的价值观、思维方式、习俗等，从而更好地理解中国文化的内涵。在教学过程中，教师可以鼓励学生进行课外阅读，从多个渠道获取丰富的素材。不仅可以借助图书馆、书店，还可以利用互联网、电视、报纸和杂志等多种资源，提供生动、实用、与时俱进的信息，帮助学生更好地了解中国传统文化及其现代发展情况，

引导学生在阅读过程中积极思考和交流，进而提高他们的语感和表达能力。

在当今时代，经济全球化和跨文化交流的趋势使了解不同国家的历史和文化变得更加重要。近年来，越来越多的外国人开始接触中国的历史和文化，他们以第三者的视角描述中国的人与事，从而让人们重新审视自己的国家和文化。通过有关作品，人们可以从新的角度认识中国，感受中国优秀传统文化的魅力。在英语学习中，增加课外阅读量是一种有效的学习方法。阅读不仅能够提升语言能力，还可以深入了解文化内涵。例如，作家比尔·波特（Bill Porter）在《空谷幽兰》中追寻中国隐士的足迹，林西莉的《汉字王国》详细解读汉字的背后故事，马修·波利（Matthew Polly）的《少林很忙》生动地描绘了少林寺的修行生活，这些作品都让人们从新的角度认识中国的文化。这些书籍用通俗易懂的语言写就，适合高中以上的英语学习者阅读，同时有中文版本供参考。

在网络时代，官方网站，如中国文化网，提供了丰富的关于中国传统文化的英语表达，同时还有许多与网民互动的活动，帮助学生更好地了解中国特色的词汇和文化内涵。网络上有丰富、全面的英语教育资源，学生可以找到趣味性强、知识性强和时事性强的阅读材料。教师可以引导学生在网络上获取知识和信息，培养他们自主学习的能力。另外，电视节目也是了解中国文化的好途径。CCTV-9 和 CCTV-10 的节目如“Travelogue”和“Culture Express”都是不错的选择，这些节目通过生动的画面和精彩的讲解，向外国人展示了中国的历史和文化。英语报纸和杂志如《21 世纪报》和《英语世界》也是内容丰富的阅读资源，可以帮助学生了解时事和文化内容。

第六章　当代大学英语课程教育中渗透中国优秀传统文化的对策

第一节　中国优秀传统文化与大学英语词汇和语法教学的有效融合

一、中国优秀传统文化与大学英语词汇教学的融合

词汇是构成语言的重要基础，是语言系统赖以生存的基础要素，英语学习的关键在于词汇。词汇受文化的影响十分显著，在不同的语言中，同一个词语可能有着不同的含义，这为学生学习词汇造成了一定的影响。为了使学生能够灵活掌握词汇知识，并准确应用词汇进行跨文化交际，有效掌握并传播中国优秀传统文化，教师需要将中国优秀传统文化与大学英语词汇教学有效融合。

（一）大学英语词汇教学的内容及目标

1. 大学英语词汇教学的内容

英语词汇教学的内容基本上包含以下几点。

（1）词汇的意义

在英语词汇教学中，词汇的意义是学生首先要掌握的内容。然而，由于汉语和英语之间的差异，一些词汇的内涵和外延在这两种语言中并不完全相同。词汇的意义往往与语境密切相关，不同的语境可能导致词汇的含义产生差异。因此，教师在词汇教学中需要采取不同的方法，帮助学生理解不同语境下词汇的不同含义，从而帮助学生有效掌握这些词汇。汉语与英语在文化、历史和语法结构等方面存在差异，因此很多词汇在两种语言中的意义可能有微妙的差别。教师应该引导学生比较不同语言中的用法和语境，帮助他们理解词汇的多义性和含义变化。另一个重要的教学方法是引导学生根据上下文推测词汇的意义，在现实交际中，人们经常根据上下文来理解陌生词汇的含义，这也是提高语言交流能力的关键。教师可以选择一些有挑战性的语境，要求学生根据句子的结构和前后文推测词汇的意义，提升对词汇的掌握能力，培养学生从语境中获取信息的能力。同一词语在不同语境中的不同含义示例，如图 6-1 所示。

a treacherous friend　背信弃义的朋友
a treacherous stone　石头不稳

a sharp push　猛地一推
a sharp knife　锋利的小刀

work on a novel　写小说
work on the house　建（修 / 粉刷）房子
work on a branch of a tree　削树枝

get rid of the rubbish　清理垃圾
get rid of the old TV set　处理旧电视机
get rid of the uninvited visitor　将不速之客赶走

图 6-1　同一词语在不同语境中的不同含义示例

结合上述例子可以看出，在不同的语境之中，同一个词语有着不同的含义。因此，教师在大学英语词汇教学的过程中应在这方面给予学生专门指导，让学生了解并掌握词汇在不同语境之中的具体含义。

（2）词汇的用法

在英语词汇教学领域中，教师的任务不仅仅是让学生理解词汇的基本意义，还包括培养学生熟练掌握词汇的实际用法，这涉及词汇的搭配、短语、习语、风格以及语境等方面。将词汇真正融入日常交流中，不仅需要掌握其意义，还需要了解何时何地如何使用，这样才能让语言表达更加地道、生动。词汇的搭配在英语学习中具有重要作用，也是英语词汇教学的关键内容之一。在具体语境中，词汇的搭配常常是固定的，与特定的词汇相伴而生。以动词为例，像“allow”“permit”“consider”“suggest”等，它们在后面通常不能直接接不定式，而应该接动名词。这种搭配规则在实际应用中是必须遵循的，有助于学生准确地运用这些动词。另外，一些词汇已固定为习语或者短语，它们的含义往往不能从字面上理解。这时，教师的任务就是帮助学生理解和记忆这些固定表达，如“break a leg”意为“祝好运”，虽然字面上并非此意。而有些词汇在不同风格和语境下的用法也会产生差异。例如，“hot”这个词，在书面语中通常表示“热”，但在口语中可以用来形容一个人的魅力，“That is a hot guy.”这种例子就揭示了词汇的多样性和变化性，也能使学生明白在不同情境下词汇会产生不同的效果。

（3）词汇的信息

词汇的信息是英语词汇教学中比较重要的内容，具体包括词性、词缀、词的拼写与发音等，构词法也属于词汇信息的范畴。关于英语词缀，人们将前缀分成了九大类，共 54 个，将后缀分成了四大类，共 51 个，所以这部分也是英语词汇教学中的主要内容。

英语的前缀具体包括以下几种，如图 6-2 所示。

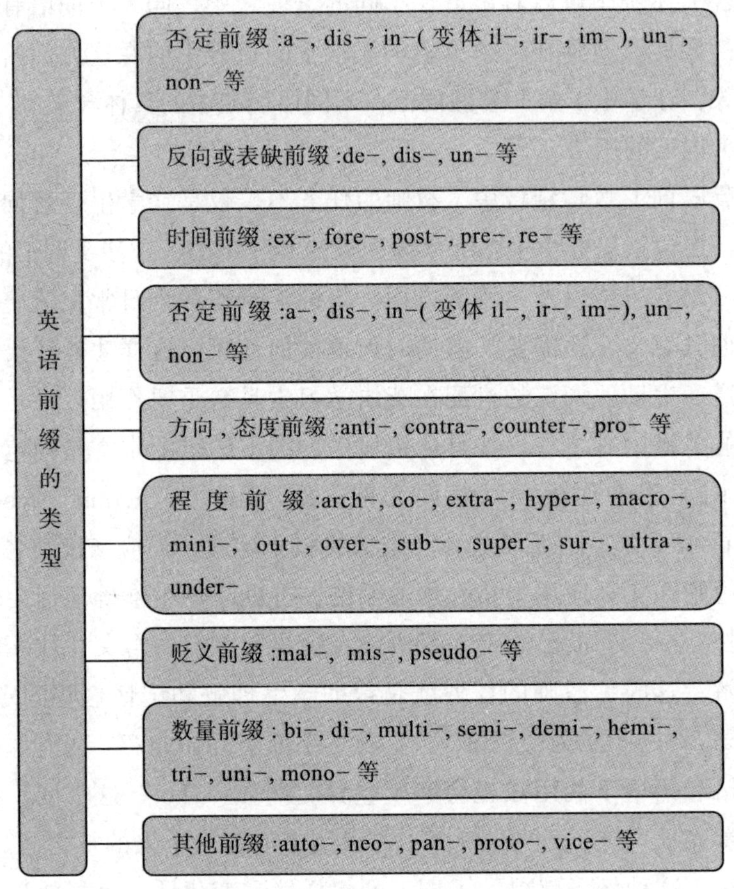

图 6–2　英语前缀的类型

英语后缀具体包含以下几种，如图 6–3 所示。

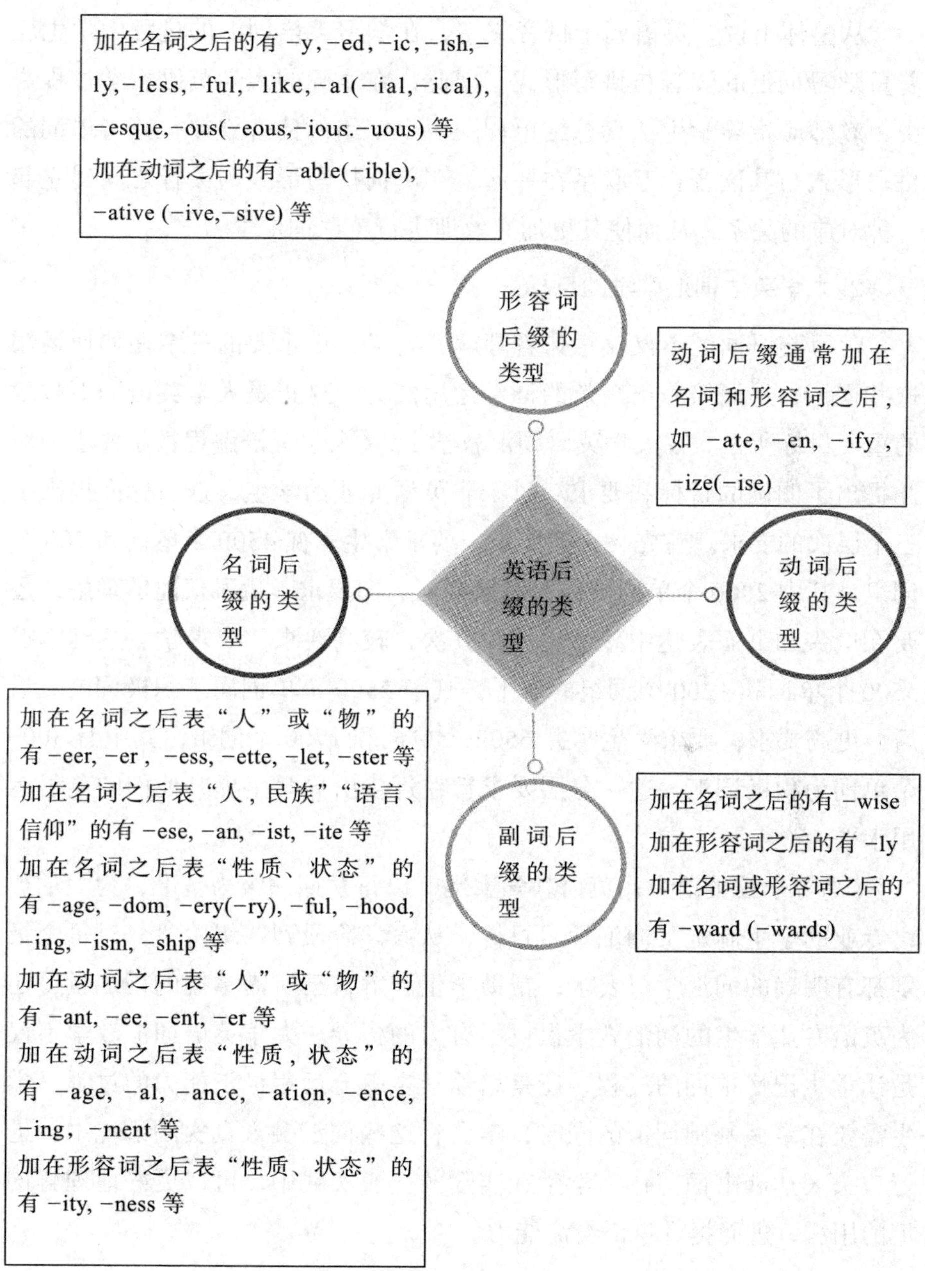
加在名词之后的有 -y, -ed, -ic, -ish, -ly, -less, -ful, -like, -al(-ial, -ical), -esque, -ous(-eous, -ious. -uous) 等
加在动词之后的有 -able(-ible), -ative (-ive, -sive) 等
形容词后缀的类型
动词后缀通常加在名词和形容词之后，如 -ate, -en, -ify, -ize(-ise)
名词后缀的类型
英语后缀的类型
动词后缀的类型
加在名词之后表“人”或“物”的有 -eer, -er, -ess, -ette, -let, -ster 等
加在名词之后表“人，民族”“语言、信仰”的有 -ese, -an, -ist, -ite 等
加在名词之后表“性质、状态”的有 -age, -dom, -ery(-ry), -ful, -hood, -ing, -ism, -ship 等
加在动词之后表“人”或“物”的有 -ant, -ee, -ent, -er 等
加在动词之后表“性质，状态”的有 -age, -al, -ance, -ation, -ence, -ing, -ment 等
加在形容词之后表“性质、状态”的有 -ity, -ness 等
副词后缀的类型
加在名词之后的有 -wise
加在形容词之后的有 -ly
加在名词或形容词之后的有 -ward (-wards)

图 6-3　英语后缀的类型

从整体上说，英语属于拼音文字，在学习英语词汇的过程中学生应着重学习词汇的读音与拼写形式。因此，在实际的大学英语教学过程之中，教师应指导学生认真总结单词中每个字组的读音规律，并将单词的拼写形式与其读音相互联系在一起，在单词拼写形式与读音之间建立起一种对应的关系，从而使其更加有效地进行英语词汇学习。

2. 大学英语词汇教学的目标

学习英语词汇不仅仅意味着理解其含义，更重要的是掌握如何运用这些词汇，从而培养出高效的词汇运用能力，这正是大学英语词汇教学的重要目标所在。在大学英语词汇教学中，《大学英语课程教学要求》对此提出了明确的目标和要求。对于非英语专业的学生，这一标准提出了三个层次的要求。首先，一般要求，要求学生掌握 4500 个单词和 700 个词组，其中 2000 个单词被称为积极词汇，即要求学生不仅能够理解，还要在口头和书面表达中熟练运用。其次，较高要求，要求学生达到掌握 5500 个单词和 1200 个词组的水平，其中 2500 个单词属于积极词汇。最后，更高要求，要求学生掌握 6500 个单词和 1700 个词组，其中有 3000 个单词为积极词汇。这一分层要求旨在逐步引导学生提升他们的英语运用水平。

《高等学校英语专业英语教学大纲》以每学期一级为基准，为大学英语专业的学生制定了词汇学习目标，从入学阶段到八级阶段，对每个级别都有明确的词汇学习要求，帮助学生了解自己所需掌握的词汇量，还为英语专业学生的词汇教学提供了有力的指导。大学英语词汇教学不仅是让学生记忆单词的过程，还是培养学生综合运用词汇能力的过程。学生需要在掌握基础词汇的同时，学会将这些词汇融入真实的语境中，进行口头表达和书面写作。学生在实际的交流实践中，可以更好地理解词汇的用法，进而提升英语交流能力。

（二）大学英语词汇教学的原则与方法

1. 大学英语词汇教学的原则

为了更加有效地组织词汇教学活动，推动大学英语词汇教学的进步，提升学生英语词汇能力，教师应在实际教学的过程中遵循几项科学原则。

（1）目标分类原则

大学英语词汇教学是一个有针对性的过程，应当根据学生的学习特点和具体需求来制定学习目标。在这个过程中，词汇的分类和学习方法是关键，能够帮助学生更加高效地掌握和运用英语词汇。大学英语词汇学习目标可以根据学习的目的和用途进行分类。过目词汇作为学生表达过程中的辅助词汇，不需要学生过于深入的掌握，学生只需对其有大致的了解即可。识别词汇则是在阅读过程中帮助理解语境的词汇，学生可以通过上下文等方式理解其意义。对于这类词汇，了解其语义即可，不必深入掌握其属性和用法。而最为重要的是运用词汇，这些词汇在实际交流中使用频率较高。然而，不同专业、不同行业的语言使用重点存在差异，因此运用的词汇也会有所变化。

大学英语教学并不要求学生掌握所有的词汇，教师应根据词汇教学的目标和学生的专业背景，有选择地引导学生进行词汇学习。在这个过程中，教师需要以学生为中心，根据他们的学习需求，分类设计词汇教学内容，从而提高学生的学习兴趣，也使词汇教学更加精准和有效。在大学英语词汇教学中，教师可以通过多样的教学方法，如课堂互动、案例分析、游戏活动等，引导学生主动参与，从而更好地理解词汇的分类和运用方法，而且，丰富的教材资源和课外阅读也能够帮助学生加深对不同领域词汇的了解和掌握。

（2）循序渐进原则

在大学英语词汇教学中，循序渐进原则是一项必不可少的指导原则，它强调词汇教学应该在数量和质量之间找到平衡，认为教师应通过逐步加深学习内容实现有效的教学效果。在循序渐进原则的指引下，词汇教学并非只关注于数量，更应注重质量。纯粹追求词汇数量的增长是不够的，提高学习效果同样需要重视词汇的使用熟练程度。因此，在词汇学习中，数量与质量是紧密相连的，越丰富的词汇量意味着词汇之间联系和系统性越强，这也能学生更自然地巩固词汇。循序渐进的思想表现在教学的深度和广度的逐步推进，以确保学生在词汇学习过程中始终处于适宜的学习状态。逐层加深的方法意味着词汇教学不能一蹴而就，由于学生不可能一下子掌握所有词汇的语义，也无法一次性掌握全部知识点，因此，词汇的教学应该由浅入深地进行。循序渐进的方式允许学生在逐步掌握基础的同时，逐渐深入了解词汇的更多内涵和用法，从而建立起坚实的词汇学习基础。正因如此，词汇教学需要避免急于求成。教师需要引导学生深入理解每一个单词的意义和用法，同时以循序渐进的方式逐步推进教学。教师将词汇的学习融入具体的语境和实际应用中，能够帮助学生更好地理解和运用词汇，进而提高学生的学习效率，也为他们在实际交流中更灵活地使用词汇打下坚实基础。

（3）兴趣激发原则

众所周知，兴趣在学生学习的过程中有着启发作用。在大学英语词汇学习中，兴趣同样具有重要影响。学生是否对英语词汇学习感兴趣，将直接影响到他们的学习动力和学习效果。因此，在词汇教学中，激发学生的学习兴趣是一项关键任务。对于学生来说，如果对词汇学习感兴趣，那么他们就能获得持续的动力，全情投入，积极地学习并保持长期坚持下去，甚至在课余时间也会自发地去练习和提升自己的词汇水平，此种自发性的学习意愿使他们在不自觉的情况下不断提升词汇能力。相反，如果学生对词汇学习失去兴趣，学习动力就会减弱，学习效果也会受到明显影响。兴趣的缺失往往导致学生学习态度消极，难以集中精力学习词汇，从而使其感觉词汇学习枯燥乏味。因此，在大学英语词汇课堂中，教师应当有意识地激发学生的学习兴趣。教师使用和组织多样的教学方法和活动可以激起学生的好奇心，从而增强他们对词汇学习的兴趣。例如，教师可以利用有趣的故事、实际例子或者引人入胜的话题来引导学生，让学生感受到词汇的实际运用方法。教师还可以结合学生的兴趣爱好，设计适合他们的课堂活动，让学习变得更加生动有趣。引导学生主动参与词汇学习也是培养兴趣的一种方式，教师可以鼓励学生分享自己的学习心得、发现有趣的词汇用法，甚至可以设置一些小型竞赛或游戏，以此激发学生的学习动力，令学生感受到学习的乐趣和成就感，进而帮助他们建立积极的学习态度，更加有效地提升词汇能力。

（4）词汇呈现原则

教授学生学习英语词汇知识时，教师的首要任务是进行词汇呈现。词汇呈现指让学生初次接触词汇的过程，可以影响学生的学习兴趣，并为后续的词汇学习打下基础。因此，在进行词汇呈现时，教师应当遵循一系列的原则，确保呈现的情境性、趣味性和直观性。呈现词汇时应当注重情境性，将词汇置于特定的情境中，这有助于学生理解词汇的意义以及其在实际语境中的运用方法。情境化的呈现能使学生更好地理解词汇的背后含义，而不仅仅是死记硬背。趣味性的呈现方式也不可忽视，教师可以巧妙运用各种教学手段，如故事、笑话、游戏等，吸引学生的关注并激发他们的好奇心。词汇呈现还应具备直观性，教师可以运用实物、道具等直观的方式来展示词汇，让学生能够直观地感受到词汇的意义。词汇呈现不仅影响学生对词汇的理解和记忆，还能够为后续的词汇学习奠定基础。因此，教师在词汇教学中应当灵活运用不同的呈现方式，根据学生的学习情况和教学条件进行选择。每位学生的学习方式和偏好都不相同，教师可以根据具体情况调整呈现策略，以确保最佳呈现效果。

（5）回顾拓展原则

遗忘是学生在词汇学习中普遍面临的难题，尤其是在他们每天都在接触新词汇的情况下。如果不经常进行复习和巩固，旧词汇很容易从记忆中消失。因此，在词汇教学中，回顾拓展原则是一项至关重要的策略，它能够将新旧词汇有机地结合起来，让学生在学习新词汇的同时，巩固旧词汇，实现知识的持续积累。在实施回顾拓展原则时，教师需要充分利用已经教授过的词汇来引入新的词汇，将学生已有的词汇知识与新的词汇内容相连接，为学生提供更好的学习体验。词汇回顾的目的是更好地拓展学生的词汇知识，教师应该在巩固已学词汇的基础上，逐步引入更多的相关词汇，拓展学生的词汇量，这有助于巩固词汇，还能够提升学生的语言运用能力。例如，通过引导学生从“happy”（快乐的）逐渐学习到“joyful”（充满喜悦的）等类似的词汇，这样教师就可以使学生逐步拓展情感词汇的范围，从而丰富他们的表达。教师在实施回顾拓展原则时，也可以借助多样的教学资源，如课外阅读、相关语境的展示等，以更好地吸引学生的兴趣，提升他们对词汇的关注度和理解度。

（6）联系文化原则

词汇学习的终极目标在于运用词汇知识进行跨文化交际，这一目标的实现与词汇与文化之间的紧密联系密不可分，因此，在大学英语词汇教学的开展过程中，教师必须坚持联系文化的原则。在教授词汇的过程中，无论是涉及词义还是结构，都应该与语言背后的文化内涵相联系。对语言背后的文化进行深度理解，能使学习者更深刻地理解词汇的内涵，也能够使他们掌握词汇演变的规律，从而更加全面、有效地运用词汇。在词汇教学中，联系文化原则要求学生将词汇与背后的文化内涵紧密结合起来。例如，词汇“news”实际上由“north”（北）、“east”（东）、“west”（西）和“south”（南）每个词的首字母构成。学生了解这一点后，就能够更容易理解“news”的含义是“新闻”：新闻是来自四面八方的消息。联系文化的方式使学生对词汇的含义有更深层次的认识，并能帮助他们更加自然地运用词汇，真实地融入英语的交际环境中。除了词语本身的含义，词汇也与文化的价值观、社会背景等紧密相连。教师在教授词汇时可以适当地引入与词汇相关的文化背景知识，以便学生更好地理解和运用词汇。例如，教授“polite”（有礼貌的）时，教学内容可以涉及不同文化背景下的礼仪习惯，以帮助学生理解该词汇的使用场景。

（7）词汇运用原则

学习词汇的最终目的在于学以致用，因此，在大学英语词汇教学中，教师必须始终遵循词汇运用原则，在传授词汇知识的同时，提高学生在实际语境中使用词汇的能力。在这一原则的指导下，教师需要注重培养学生的词汇运用能力，让他们灵活运用所学词汇，更自信地参与语言交际。词汇运用活动的设计应与学生的特点相契合，教师应根据学生的语言水平、兴趣爱好、学科需求等因素，设计也丰富多样的词汇运用活动。在词汇教学过程中教师需要培养学生的词汇联想能力，可以通过联想游戏、词汇板书、情景演示等方式，帮助学生将新学词汇与已掌握的词汇相连接，形成更加丰富的联想网络。如此一来，学生就可以在实际运用中更快地调用词汇，提高语言表达的流利度。词汇教学，练习环节必不可少，同时要保证练习的质量。教师可以设计有针对性的词汇练习，包括填空、造句、翻译等不同类型的练习，以帮助学生巩固对词汇的掌握。关键在于确保练习具有足够的挑战性，能够真正提升学生的词汇应用水平。

2. 大学英语词汇教学的方法

（1）词汇记忆法

记忆词汇对丰富学生的词汇量，提高其他英语技能具有十分重要的意义，是学生学习英语的基础。因此，在大学英语教学的过程中帮助学生记忆词汇也是教师的重要任务之一。具体来讲，教师可以采用以下几种方式引导学生记忆词汇。

其一，归类记忆。归类记忆是英语词汇学习中一项效果显著的方法，按照一定的规则和特点将词汇进行分类，可以帮助学生更加有条理地学习和记忆词汇，提高学习效率，还能强化进词汇之间的联系，让学生更好地理解和运用所学词汇。按词根、词缀归类是一种常用的归类记忆方法，在英语中，许多词汇都由词根、前缀和后缀组成，因此，教师可以通过引导学生掌握构词法，将具有相同词根、前缀或后缀的词汇归类在一起。例如，以 -en 为后缀的词汇通常表示“使有、变得有”的含义，如 blacken（变黑，诽谤）、broaden（变宽，使扩大）、brighten（使明亮）、strengthen（加强）。按题材归类也是一种有益的记忆方法，在日常交际中，不同的话题会被频繁涉及，而每个话题都可能有一些常用的词汇。教师可以将同一话题下的高频词汇进行归类，这样能够让学生更加有针对性地掌握相关词汇。例如，对于“环境保护”这一话题，教师可以将相关词汇如 pollution（污染）、recycle（回收）、sustainability（可持续性）等归类在一起，让学生在学习和运用这些词汇时能够更加有条理地理解和记忆。

其二，阅读记忆。阅读记忆是一种有效的词汇学习方法，能够帮助学生在实际语境中理解和记忆单词的含义，从而提高其词汇的运用能力。教师在教学中可以借助阅读材料，引导学生通过上下文语境来更好地掌握词汇。阅读记忆方法主要包括两种：精读和泛读。在精读中，学生会更加仔细地阅读文本，关注每个词汇在句子中的具体用法和含义。在教学中，教师可以选取难度适当的阅读材料，让学生从中找出并理解新的词汇，在上下文中直接感知单词的含义，使学生更加准确地掌握词汇的用法和语义。与精读相对应的是泛读，泛读侧重于整体理解文本，不必过于深入地分析每个单词。学生可以通过泛读，抓住文本的主要内容，从中获取大致的语境信息。在教学中，教师可以引导学生快速浏览一篇文章，了解大意，并在此基础上逐步添加新的词汇，这有助于学生从整体上感知语言的运用方式，同时能够令其在阅读过程中不断积累新的词汇。阅读记忆方法的优势在于能够将词汇置于实际语境中，使学生更好地理解词汇的用法和含义。学生还能够通过阅读接触不同领域和话题的词汇，丰富自己的词汇库。教师在教学中应该根据学生的实际情况，选择合适的阅读材料和方法。对于新词汇，教师可以通过解释、示例等方式让学生掌握；对于旧词汇，教师可以通过阅读训练加深记忆。教师还可以设计一些与阅读相关的练习，让学生在实际运用中更好地巩固所学词汇。

其三，联想记忆。联想记忆是一种有益的记忆方法，指将某个中心词与与之相关的其他词汇联系起来的记忆方法，它有助于记忆单词，还能够培养学生的发散思维能力。在词汇教学中，教师可以尝试利用联想记忆策略帮助学生更好地掌握单词。联想记忆方法的基本原理是通过构建词汇之间的联系，使学生在记忆时能够更加深入地理解单词的含义和用法。举例来说，学生可以由单词“meal”联想到与之相关的词汇，如“breakfast”（早餐）、“lunch”（午餐）、“dinner”（晚餐）等。联想记忆不仅是一种记忆方法，还是培养学生发散思维的有效途径。通过将一个词语与多个相关词汇联系起来，学生能够培养自己从一个中心词展开的思维能力，进而拓展对语言和概念的理解，这对学生的语言表达和创新思考都具有积极作用。在具体的词汇教学中，教师可以根据学生的兴趣和经验，设计一些有趣的联想。例如，对于“旅行”这个词，学生可以联想到“飞机”(plane)、“火车”(train)、“目的地”（destination）等相关词汇，从而形成一个更加完整的词汇网络。

（2）语块教学法

语块教学法对词汇的记忆有积极的促进作用，这一点在以下几个方面表现得尤为明显。语块教学法强调将词汇置于特定的语境中，从而使词汇的意义记忆更为牢固和准确，与孤立地学习单个词汇相比，这种学习包含词汇的完整语块的方式，能够让学生更好地理解词汇在不同语境下的使用方式，进而形成更为深刻的记忆。语块的构成成分常受语义搭配和语法结构的限制，这使学生在需要使用词汇时能够从记忆库中将其迅速提取。相比于单个词汇，语块中的词汇组合更具有内在的联系，学生可以通过一个整体来理解和运用，而不必进行烦琐的拆分和分析。语块的内部结构通常会根据上下文的需要进行微调，但这种微调是有规律可循的，能使学生在使用语块时较少犯错，也因为他们能够根据已有的模式来调整语块的结构，所以不必担心混淆或错误。

语块教学法在英语词汇教学中对学生正确选取词汇有明显的帮助，其影响主要体现在几个方面。词汇语块往往按照一定的规则组成，这使在进行以语块为单位的记忆时，不需要特意关注语法结构，学生学习词汇语块，就能够更自然地领会词汇的语法应用，避免因为单纯关注语法而死记硬背。语块教学法能够帮助学生抵御母语干扰，从而确保英语词汇运用的准确性。在实际的语言运用中，人们经常需要在多个可选的词汇之间做出选择，只有其中的一部分是合适的。学生如果掌握了大量的词汇语块，就能够更好地了解词汇的搭配方法和使用情境，从而在不同的语境中做出更准确的词汇选择。每个词汇语块都带有其特定的语用功能，并以一定的语义场的形式存储在大脑中，学生学习语块可以获得词语本身的意义，并且能更好地理解其在不同交际场景中的适用性，这有助于提升学生的语用能力，让他们能够更准确、得体地进行语言交际。

语块教学法对学生树立词汇语块的学习意识具有积极的影响。英语词汇数量庞大，学生在学习时常常感到无从下手。如果不能有效地记忆单词，那么学生在口头交流和写作中就会遇到词汇匮乏的问题，进而影响他们的学习信心。语块教学法可以使学生逐渐树立词汇语块的学习意识，将这些词汇语块储存在他们的记忆中，能够使他们在各种语境中游刃有余地运用。学生通过学习词汇语块，还可以更好地体会词汇在实际语言交流中的运用词汇，会逐渐认识到，不同的词汇在不同的情境下可能会以一种固定的形式组合成为一个完整的语块，而不再只看到孤立的单词，这有助于激发学生对词汇学习的兴趣，增强他们持续学习的动力。语块教学法还能够帮助学生培养更宽广的语言视野，让学生逐渐认识到词汇之间的关联性，从而更好地理解词汇的语义和用法，令学生在日常交流中更加自如地表达自己的想法和意图。

英语词汇教学的有效性和效率对学生的语言学习有潜移默化的影响，在此背景之下，语块教学法作为一种新的教学方法，逐渐受到了人们的广泛关注和应用。以语块为基本单位，强调在教学过程中培养学生直接运用词汇语块的能力，可以使他们在实际语言交流中更加流利、自如。在英语词汇教学中，采用语块教学法能够取得明显的效果。

一是转移教学重心。在传统的英语教学中，语法教学常常占据了教学的重要部分，而词汇教学则显得相对次要。然而，语言的流利性主要取决于词汇运用的熟练程度，而不仅仅是语法。因此，在采用语块教学法时，教师需要将教学的重心从语法转向词汇，引导学生大量吸收和运用语块，让学生更加自然地表达自己的思想，提升他们的语言交际能力。

二是寻找语块。在课堂教学中，教师可以引导学生寻找和辨认课文中的语块。结合分组讨论的方式，引导学生一起探讨课文中出现的语块，并将讨论结果写在黑板上。合作学习的方式能够提高学生的积极性，进而帮助他们更好地理解和记忆词汇语块。教师还可以对学生找出的语块进行分类和解释，帮助学生更好地理解语块的含义和用法。

三是进行语块产出训练。寻找和理解语块只是第一步，更重要的是在实际交际中运用这些语块。因此，在课程设计中，教师应该安排相关的练习，让学生进行语块的产出训练。例如，教师可以设计与课文内容相关的对话情境，要求学生运用课文中学到的语块进行对话。此类训练能够帮助学生更好地掌握语块，使其变成他们语言表达的自然组成部分。

（3）任务型教学法

任务型教学法在当代教育领域中展现出强大的活力与影响力，此种以学生为中心、强调实际应用的教学方法不仅在一般的课堂教学中具有显著效果，还在大学英语词汇教学中展现出了巨大的潜力与优势。任务型教学法的本质目的是培养学生的综合语言能力，尤其是在词汇学习方面，为教师提供了有创造性的方式来激发学生的学习兴趣和积极性，这也使词汇学习变得更加有趣、实用。将任务型教学法融入大学英语词汇教学，首要原则是以学生为主体。教师要充分理解学生的学习需求和背景，从而设计具有实际意义和可操作性的任务，贴近学生的生活实际，让他们能够将词汇运用到真实情境中，从而达到更好的记忆效果。保证情景的真实性是任务型教学的核心，教师需要为学生创设出各种真实的情境，让学生在实际应用中感受词汇的重要性和实用性。另一个重要原则是阶梯形任务链，任务应当分为不同的难度级别，形成一个逐步升级的任务链，让学生在完成一个任务后能够逐级挑战更复杂的任务，满足不同层次学生的需求，避免学生因任务难度过高而感到挫折，也能激发他们在任务完成后的成就感。在任务中设计一些合作性活动，也可以培养学生的团队协作和交流能力。“在做中学”是任务型词汇教学中的一个关键原则，传统的单词背诵常常缺乏实际运用练习，而任务型教学强调实际情景中的词汇运用，让学生在实际任务中逐渐体会到词汇的用法，将抽象的词汇知识与具体情境相结合，使学生能够更加深刻地理解和掌握知识。任务型教学法的关键在于激发学生的学习兴趣和动机，教师需要创造性地设计各种有趣的任务，让学生在任务完成过程中获得成就感。正向的反馈会让学生更加积极地投入词汇学习中，而不再感到枯燥和乏味。任务型教学法还可以激发学生的思维，让他们在任务解决的过程中提高分析问题、解决问题的能力，从而培养他们成为更加独立和自主的学习者。

具体而言，大学英语词汇教学的任务设计包括了以下几个步骤。

课前准备：教学前的准备是课程成功的关键，在课程开始前，教师需要根据教学目标选择与课堂内容相关的主题，并设计一个引人入胜的切入点，以激发学生的兴趣。为了顺利实施接下来的任务，教师可以充分利用影音设备，通过跟读、复读和大声朗读等方式帮助学生初步掌握所提供生词的发音、形态和含义。学生可以通过这些方式在视听感觉与词汇之间建立联系，从而在听到或使用这些词汇时迅速做出反应。

任务准备：当学生对所学的单词有了一定的了解后，接下来，教师需要为他们分配和布置相应的任务。在进行任务设计时，务必注重科学性、实际性、灵活性，确保任务以学生为中心，能为他们的日常生活提供有益的服务，并应重视实践性与实际效果。任务的设计应该多样化，根据教学目标和内容的不同，可以采用不同形式的任务，甚至将两种或多种任务形式结合起来。教师还可以引导学生自编对话，以奇思妙想来记忆单词，或者表演自己编写的故事，从而加深对词汇的理解和记忆。词形联想、找出规律，复述课文，每日几题来巩固词汇等方法也都是可以考虑的。在进行任务分配时，教师可以根据任务的不同性质将学生分成几个小组，以营造互动和竞争氛围，激发学生的积极性，并培养他们的团队合作精神。而在任务进行阶段，教师应当确保学生能充分理解任务的要求和规则，以保证任务的顺利实施。任务型教学法不仅能够增加课堂的趣味性，还能够将词汇的学习融入真实的语境中，使学生在实际的语言交流中更自信、流利地运用所学的词汇。任务活动有助于学生巩固词汇，还能够培养其解决问题和合作的能力，提升他们的综合语言素养。

任务实施：在任务实施阶段，学生将已有的知识体系与教师布置的任务相融合，充分展现出他们的主观能动性。学生应积极投入思考，与同伴进行交流，不断完善旧的知识体系，同时建立起新的知识系统，从而真正实现从被动学习到主动学习的转变。任务实施阶段的实践证明，动手动脑是学生学习的最佳方式，能够激发他们的学习兴趣和积极性。在任务实施过程中，教师的角色也发生了明显的转变，不再仅仅是传统的知识传授者，教师变成了任务的组织者和活动的监督者。教师的主要任务是鼓励和引导学生顺利完成任务，同时在必要的时候提供必要的帮助，这使教师能够更好地引导学生主动参与，同时保障任务的顺利进行。在整个任务实施的过程中，学生能够切实感受到自己是学习的主人。他们不再只是被动地接受知识，而是积极地参与讨论、思考和合作。主动参与能使学生更加深入地理解和应用所学的知识，从而提高他们的学习的积极性和主动性。

任务结束与评价：在任务活动结束之后，教师应组织学生进行互评与互测，这样能使学生及时发展问题，并检验学生的任务完成效果。针对学生出现的错误，教师应及时指出，并引导学生进行更正，给予学生有针对性的且以鼓励为主的评价，进而有效加深学生对英语词汇的理解与记忆程度。

教学反思：大学英语词汇教学中实施任务型教学法的时候，教师应注意以下几方面的内容。第一，教师应将激发学生学习主动性为出发点。教师设计的任务应尽可能贴近事实，符合学生现实生活，具有一定的现实意义，让学生做到“有话可说”，积极参与学习任务。游戏方式在大学英语词汇教学中是一种能有效激发学生学习主动性与积极性的方式之一，竞赛游戏更是用小组成员内部的合作与小组之间的竞争代替了枯燥乏味的单词听写，使枯燥的英语词汇学习更具趣味性，让学生能够在充满学习乐趣的氛围之中轻松记住应掌握的英语词汇。第二，教师应面向全体学生，尽可能使每一位学生都能够体验成功。任务型教学不仅需要充分考虑到学生之间的个体差异，还要最大程度上促进每一位学生的协调发展，并且，教师应充分考虑学习任务活动的难易程度。过易，则无法达到对学生进行全面训练的目的；过难，则容易导致学生的积极性与自信心受挫。对此，任务型教学的核心是要求教师结合学生综合水平差异，灵活设计不同层次的任务，力求让每一位学生都能得到综合发展、成长，进而帮助学生在学习的过程中感受成功的快乐，进一步产生更加持久的学习热情。第三，教师应及时为学生提供帮助。在任务型教学活动之中，教师是学生有效完成任务的指导者与帮助者，教师应在布置完任务之后，尽快融入学生之中，帮助学生们解决在完成任务过程中所出现的问题。在单词建构阶段，一些学生可能存在着发音问题或者无法理解要学习的单词在书本中的用法的问题，此时，教师应及时为其提供帮助，以免学生的学习积极性受到打击或不良影响。第四，教师应及时对课堂教学进行总结。在课堂教学的过程中，教师应及时总结教学情况，包括对学生学习成果展示的评价以及对学生所学单词用法的补充等。对于学生学习成果展示的评价应有针对性，并且教师应善于发现学生的闪光点，及时给予学生表扬。任务型词汇教学的进行不能单纯依靠学生执行任务，还需要教师在学生完成任务活动之后进行适当补充，并且归纳、总结教学的内容，以帮助学生抓住学习要点与难点。

（三）中国优秀传统文化在大学英语词汇教学的融合途径

1. 课外词汇的积累

通常而言，语言教学与文化教学的途径大多为课程教学，课堂教学基本需要提前设计与组织。但是语言教学与文化教学所涉及的内容相对来说较为广泛，进行这方面的教学需要长期的实践与应用，并非一蹴而就的，且需要教师与学生的共同努力。学生在课堂上的学习时间与空间往往是有限的，教学结构比较单一，因此学生掌握知识的难度相对较大。因此，在实施课堂教学活动的过程之中，教师需要不断进行课外补充与完善。许多教师在实践教学的过程中都发现，课堂难以真正满足学生的实际需求，因此需要第二课堂、自主学习的同步发展。从理论的视角进行分析可知，这种想法是切实可行的，教师只要适当增加课堂教学活动，就能够达到事半功倍的教学效果。

在语言中，词汇占据着举足轻重的地位，且是文化载荷量较大的部分，有关的调查数据显示，学生普遍认为影响英语表达能力的主要因素之一就是词汇量。近年来，英语考试中出现了大量的文化类谚语，可见，教育者对文化考察方面较为关注。根据文化语言学，人们可以将词汇文化分成五大类：在另一种语言中未能出现相似的词汇，如中国春节；能够体会社会历史背景的词汇，如对松树精神的理解；成语与俗语，它们是包含着社会历史文化内涵较为丰富的词汇；谚语与警句，它们包含了某些道理；礼貌用语。

基于此，教师教授大学英语词汇时，可以采取三项基本措施。归纳整理中国文化有关的英文单词，结合课文中所提及的中国文化词汇进行适当的补充，拓展教学内容，从而增强学生语言表达的能力。可以专用教材为范本，要求学生整理出中国饮食中的主食、二十四节气等，以及传统节日中涉及的主要习俗的相关词汇，如春联、剪纸、猜灯谜等。定期在墙报上展示单词及其相关故事，教师要求结合美国之音栏目中对中西方文化词汇的阐述，在对比的基础之上，通过不同形式进行展示。教师要求学生两人分工合作，通过互联网形式引导学生对比中西方动物相关词汇的差异，包括龙与狗、老鼠与猫等，以及中西方趣味成语、谚语系列。每周一期，定期组织，通过讲述故事，讲述中西方文化的共同内核。当前，城市中的标志、标语、景点介绍以及菜单中都有英语出现，教师可以引导学生收集生活中的英语，再在课堂上进行讨论或者点评。每日在英语角中完成成语英译，整理与中国成语相似的英语谚语，根据用词区别分析中西方文化之间存在的差异性，也能让学生全面感受到中国文化导入的趣味性。例如，“水中捞月”与“fish in the air”，“画蛇添足”与“gild the lily”，“一箭双雕”与“kill two birds with one stone”等。如表 6–1 所示。

表 6–1　风景名胜分类的词汇案例

风景名胜（Scenic spots）			
万里长城	the Great Wall	珠穆朗玛峰	Mount Qomolangma
颐和园	the Summer Palace	三峡	Three Gorges
兵马俑	Terracotta Army	九寨沟	Jiuzhaigou
布达拉宫	Potala Palace	黄果树瀑布	Huangguoshu waterfall
天坛	Temple of Heaven	黄山	Mount Huangshan

2. 感受与体验式教学

感受与体验式教学是一系列特别设计的教学活动，可为课堂中的语言与文化交流提供真实场景。在此环境之中，语言学习者能产生身临其境般的感觉，大幅度提升自身学习兴趣。其中，角色扮演活动能让学生置身于真实的文化场景之中，此类活动同样适用于中国文化学习，学生在掌握了一定的文化知识之后，就能在真实的场景中将其准确应用在交流对象上。

3. 发现式教学

中国优秀传统文化源远流长博大精深，单纯依靠课堂讲授是远远不足以领略的，教师应积极鼓励、引导学生发现中国优秀传统文化的独特魅力，让学生大胆使用英文将有中国优秀传统文化的内容展示出来。在发现式教学方式之中，一方面，教师可以为学生提供一些真实的文化案例，要求学生总结并发现其内在价值、信仰以及文化。另一方面，教师可以引导学生在真实的文化环境之中积极发现问题，鼓励学生用英文进行表达。

4. 合作式教学

教师在大学英语课堂教学的过程中通过合作方式引导学生进行学习时，应成为学生的搭档，这同样适用于中国优秀传统文化教学。在合作方式教学中，学生能够将自身的优势发挥出来，教师也能够在教授学生文化知识的同时，与学生共同享受学习与探讨的过程，这种方式既能够使课堂氛围更加活跃、温馨，又能让学生受益匪浅。

从整体视角来看，大学师生在英语词汇，教与学中应有同时学习中国优秀传统文化的意识，并结合实际情况，在教学中巧妙融合中国优秀传统文化，将中国优秀传统文化的学习贯穿于整个英语词汇教学的始终。

二、中国优秀传统文化与大学英语语法教学的融合

语法是语言使用规律的综合，利用语法，词汇可以组成短语、短句、简单句等多种表达形式。语言学习无时无刻不受语法规则的影响与支配，语法学习在语言学习中至关重要。但是中西方在文化背景等方面有一定的差异，在语言组织、语言使用的过程之中也存在不同风格特点，因此其语言形成的语法规律不尽相同，掌握英汉语法方面的差异以及中国优秀传统文化特点，能使学生的语法学习更加高效。因此，教师在实施大学英语语法教学活动的时候，应巧妙融合中国优秀传统文化，提升学生应用语法知识进行跨文化交际的水平。

（一）大学英语语法教学的内容与目标

1. 大学英语语法教学的内容

与英语教学中的其他方面相比较，语法教学中涉及的知识点相对较为零散，可将其归纳成词汇、句法、章法以及功能四部分。

（1）词汇

“词汇”部分涉及单词的意义和用法，还包括词根、词缀的学习，以及如何通过有关元素来扩展词汇量。词汇教学强调的是如何有效地记忆

和运用新词，使学生能够在实际交流中灵活使用。词汇的掌握更重要的是理解每个单词的多种含义，以及它们在不同上下文中的用法。学生通过对比分析，可以更好地把握词义的细微差别，利于提高语言表达的准确性和丰富性。词汇教学还涉及到短语和固定搭配的学习，掌握短语和搭配能够帮助学生更自然、流畅地使用英语，避免直译带来的生硬和不自然。学生通过大量的阅读和实践，可以逐渐积累这类实用的表达方式。词汇学习的另一个重点是词性转换的规则，有助于扩大词汇量，也能够提高语法运用的灵活性。学习如何将一个词从一种词性转换为另一种词性，可以更加深刻地理解和掌握语言的多样性和变化性。

（2）词法与句法

初级阶段的英语语法教学内容主要包括了词法与句法两个部分。可以将词法进一步分为构词法与词类。构词法主要讨论不同的词缀、词的转化、派生、合成等方面的内容，词类可以进一步分成静态词与动态词，而静态词并非绝对不变的。例如，形容词有着比较级与最高级的变化，名词就有着格数、性等的变化。动态词主要包括了动词以及直接与动词有关的语态、时态、分词等。教师可以将句法分成三大部分，即句子成分、句子分类、标点符号。句子成分指单词、词组或者短语，根据其在句子中起到的功能及其作用，主要分为几大类型，分别是主语、谓语、宾语、定语、状语、同位语、独立成分。人们可以根据不同的分类标准，将句子分成不同的类型。按照句子的目的，可以将句子分成陈述句、疑问句、祈使句、感叹句；按照句子的结构，可以将句子分成简单句、复合句、并列句。主句、从句、省略句等也均是与句子有一定关联的内容，句法学习的内容还包括标点符号，词组的分类、功能以及不规则动词也属于句法的学习内容。英语初阶段语法教学内容如图 6–4 所示。

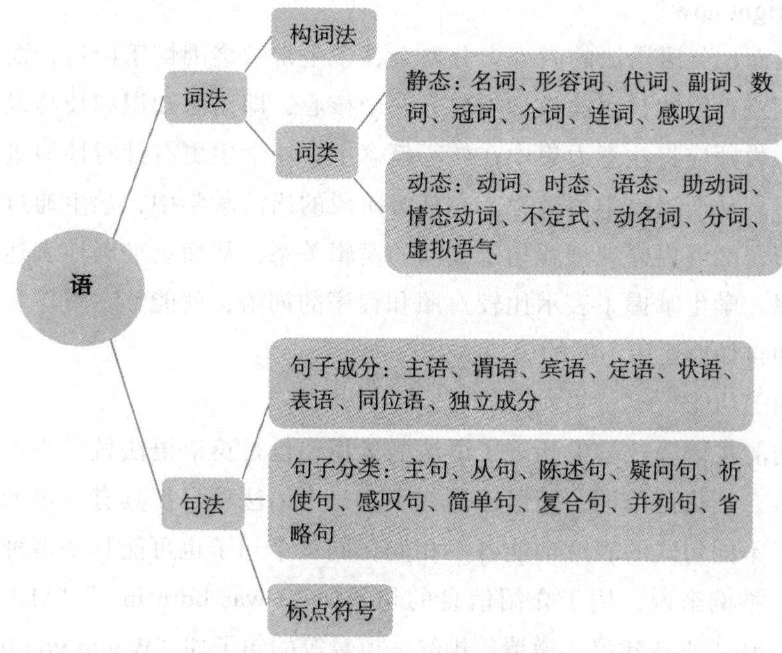

图 6–4　英语初级阶段语法教学的内容

（3）章法

在高级阶段的语法教学中，章法是主要的教学内容。学生在掌握了词法和句法之后，已经建立了一定的语法基础，因此接下来的重点就是进行章法的学习。章法涵盖了句子之间的逻辑关系以及篇章的结构逻辑等内容，一些表示比较对照关系的词语，如“by contrast”“by comparison”“unlike”，还有表示程序的词语，如“first”“second”“then”“finally”等，均属于章法的学习内容，章法的学习对于构建清晰的语言表达和理解能力至关重要。举例来说，要判断下面两组句子的可接受程度，就需要应用章法的知识。

"This is 5632462. We are not at home right now. Please leave a message after the beep."

"Please leave a message after the beep. This is 5632462. We are not at home right now."

然而，英语语法的内容十分繁杂，学生常常会因忙于应付，而导致学习困难。因此，语法教学需要有一个核心，即语法知识和技巧发展的基石，教师应将注意力集中在核心概念上，使学生更有针对性地进行语法学习，从而提高学习效率。在高级阶段的语法教学中，学生通过章法的学习，能够更好地理解句子之间的逻辑关系，从而更准确地表达自己的意思。学生掌握了表示比较对照和程序的词语，就能够在写作和交流中更加自如地运用不同的表达方式。

（4）功能

功能在语法教学中涵盖了语法的运用，也是英语语法教学不可或缺的内容。不论是单词、短语还是句子，每个语法项目都具有一定的表意功能。不同句式的表意功能各不相同，同一个句子也可能具备多种表意功能。举例来说，用于介绍信息的句子如“I was born in...”“My name is...”，用于表达建议、邀请、拒绝、道歉等的句子如“Would you like to go to the cinema with me on Saturday？”“I’m busy today. I have a lot of papers to go through.”，它们所传达的意义各有不同。

语法的功能还能通过句子所隐含的言外之意体现出来。例如，一个简单的对话：

Wife: That’s the phone.

Husband: I’m in the bathroom.

Wife: OK.

以上对话中，“That’s the phone.”与“That’s a pencil/bag.”表面上表达的意思不同，然而，实际上这句话传达了深层次的言外之意，即“妻子请求丈夫接电话”。而丈夫的回答“I’m in the bathroom.”不仅仅是在告诉妻子自己在洗浴，更是一种拒绝的表达，同时他还在表达着一种期望，即让妻子接电话，这一例子清晰地展示了语法在言外之意的传递方面的重要作用。因此，语法体系所涉及的不仅仅是词法、句法结构等知识性内容，也涵盖了语法的功能用法，范围十分广泛。在实际的英语语法教学中，教师应当根据教学目标和学生的具体情况，逐步传授语法内容。教师可以通过循序渐进的方式，帮助学生理解不同句式的表意功能，以及句子背后的言外之意，结合实际案例的解析，让学生更加深入地理解语法在实际交流中的运用，从而在语言运用中更加自信和准确。

2. 大学英语语法教学的目标

英语语法教学的主要目标是丰富学生的语法知识，提升他们的语法能力，以便学生能够有效地进行跨文化交际。为了达到这个目标，《高等学校英语专业英语教学大纲》提出了一系列具体要求和目标，以确保学生在语法方面得到全面的培养。英语语法教学的入学要求涵盖了词类的识别能力，名词的可数性和复数形式的区分，以及对代词、介词、连词、形容词和副词等类词的基本用法的掌握，从而为学生构建英语句子打下坚实的基础。动词的种类、时态、语态以及不定式和分词的基本用法也被要求掌握，学生需要了解基本句型和构词法，以便准确地表达自己的思想。在进入二级要求阶段，学生需要掌握主谓一致关系、各种从句的用法，包括表语从句、宾语从句、定语从句和状语从句等。学生还需要理解并正确使用直接引语和间接引语，以及动词不定式和分词的用法，各种时态、主动语态和被动语态也应熟练掌握。进入四级要求阶段，学生需要更深入地理解和应用语法知识，包括掌握主语从句、同位语从句、倒装句以及各种条件句的构造和用法，并应初步掌握句子之间和段落之间的衔接手段，以确保表达的连贯性和流畅性。六级要求阶段进一步强调了学生对句子之间和段落之间衔接手段的掌握，包括对照应、省略、替代等手段的熟练运用，以确保文章整体的连贯性和一致性。同时学生需要更深入地理解这些手段的运用方式，以应对更复杂的语言交际情境。八级要求阶段，要求学生具备高水平的语法应用能力。学生需要熟练地掌握句子和段落之间的衔接手段，灵活地运用各种衔接手段，以达到连贯地表达思想的效果，学生的语言表达应能在不同情境下保持连贯性和流畅性。

（二）大学英语语法教学的原则与方式

1. 大学英语语法教学的原则

（1）循序渐进原则

人们对事物的认知通常需要一个逐步深入的过程，并在从浅显到复杂，从简单到复杂的过程中逐渐巩固和扩展自己的知识。语法学习也不例外，需要经历一个逐步深入的阶段，以更加稳固地掌握语法知识。为了遵循这个认知规律，教师在语法教学中需要坚持循序渐进的原则，即用从简单到复杂，从一般到特殊的顺序来进行教学。在教学过程中，教师需要反复进行循环教学，这里的循环并不是简单的重复，而是在具体情况下有针对性地进行变化的重复，使学生可以在“认识—理解—掌握—运用”的过程中更好地掌握语法知识。教师可以通过多次解释、示范、练习，引导学生逐步领悟语法规则的内涵和应用。循序渐进的教学方法有助于确保学生建立稳固的语法基础，从基础的语法知识出发，逐步引导学生理解更复杂的语法结构和规则，渐进教学方式能帮助学生逐步形成完整的语法体系，从而使其更自信地将语法知识应用于实际交流中。循环往复的教学策略也有助于加深学生对语法知识的理解和记忆，让学生在不同情境下灵活地运用所学的语法规则，从而增强其对语法知识的掌握程度。

（2）以学生为中心原则

当谈及现代教育理念时，就不可避免地提到以学生为中心的教学方法，而这种教学法是在把教育过程定位于满足学生需求的基础上展开的。语法教学作为英语教学中的重要组成部分，同样需要遵循以学生为中心的原则。学习并不仅仅是知识的被动接收，而更是学生参与各类学习活动的过程。在此过程中，外部输入的语言固然重要的，但学生在社交互动中对语言输入的处理、转换和内部构建才是更为重要。由此可见，在英语学习中，学生才是真正的主导者。在这个新的教学框架下，教师的角色也发生了转变，教师不再仅仅是知识的传授者，而应该为学生提供更多的语言运用锻炼机会。教师更多地作为引导者，鼓励学生主动参与，积极探索，而非进行单纯的知识灌输。尊重学生的主体地位是教师的首要任务，教师应倡导学生主动参与，培养他们的学习兴趣和动机。随着教育理念的转变，课堂氛围也会发生变化。课堂不再是单一的知识传递场所，而是一个活跃的互动平台。教师需要设计各类具有实际意义的语言运用活动，从而引导学生在实际情境中运用所学语法知识。这不仅有助于学生巩固知识，还能提升其语言表达能力。对教师而言，理解并运用以学生为中心的教学方法至关重要，他们需要抛弃传统的单方面灌输方式，转而倾听学生的声音，了解他们的需求。只有这样，教师才能够更好地适应不断变化的教育环境，为学生创设积极的学习体验。

（3）交际原则

大学英语语法教学的最终目标在于培养学生的实际交际能力，让他们能够将所学的语法知识运用到实际交流中。实现这一目标需要教师在教学中贯彻交际原则，确保学生能够真正地将语法知识转化为实际运用语言的能力。在实施交际原则时，教师可以从两个方面着手。其一，引导学生培养阅读习惯，并提倡阅读的多样性和广泛性。阅读是培养学生实际运用语法能力的有效途径，学生通过阅读可以深刻体验语法在实际言语中的生动活力，也能够亲身感受到语法在语言表达中的具体作用。教师可以推荐适合学生水平的阅读材料，包括文章、小说、新闻、博客等，让学生在阅读中不仅能够加深语法的理解，还能够学会如何运用语法知识来表达自己的想法和观点。其二，教师可以通过模拟情景进行实际交际的模拟。在语法操练的基础上，创造性地设计真实或半真实的交际情境。教师可以利用实物、图片、动作、表演等多种教学资源，营造出具体的交际环境。例如，角色扮演可以使学生在模拟的情境中运用所学语法知识进行交流，从而更加深刻地理解语法在实际交际中的应用方式。教师还能利用电子设备引入多媒体资源，为学生创造更加真实的语言环境，加强语法技能的培养。

（4）真实原则

在大学英语的语法教学中，真实原则和交际原则是相辅相成的。语言学习是为了实际交际，而实际交际的场景都是真实存在的。因此，语法教学应该具备真实性，确保学生在语言运用中能够实际应用语法知识，真实性教学能够让学生在日常交流中更加自如地应用语法知识，从而有效提高学生学习的效率和兴趣。落实真实原则的教学，需要将语法知识嵌入真实的交际情境中。教师可以引入实际生活中的对话、场景和情景，让学生在这些真实的语境中感受语法的运用。学生通过模拟真实情境可以更好地理解语法在实际交际中的作用，从而加深对语法规则的理解。例如，教师可以设计角色扮演活动，让学生在模拟的交际场景中运用所学的语法知识，从而更加直观地体会语法在实际交流中的重要性。真实性教学还能够帮助学生了解语法在不同语境下的变化，语法规则在不同情境中可能会发生微妙的变化，学生借助真实性教学可以更好地理解这些变化，从而在实际交际中将之运用得更加准确。教师可以引导学生分析真实的语言运用案例，分析其中的语法特点，从而提高学生对语法变化的敏感性。真实性教学过程给学生将语法知识与实际交际紧密结合的机会，使语法不再是孤立的知识点，而是真实交际中不可或缺的一部分，这能激发学生的学习兴趣，让他们更加主动地参与到语言运用中。

（5）系统原则

系统原则要求在教学过程中，教师不仅应让学生单纯地记忆某一语法项目，还应使他们理解这一项目与其他语法之间的关系，包括相互的联系、区别以及如何在实际交际中灵活应用。例如，在教授时态时，教师可以引导学生注意不同时态之间的转换，以及如何根据不同情境选择合适的时态。这样一来，学生可以建立起一个有机的语法体系，更好地理解和运用语法知识。系统原则的运用还可以帮助学生更深入地理解语法的逻辑关系。语法规则之间常常存在着内在的逻辑联系，要理解才能真正掌握，而不仅仅是单纯的记忆。例如，掌握名词的单复数形式不仅仅是为了记住规则，更重要的是理解名词与数量关系的表达方式。系统原则能使学生更好地理解逻辑联系，从而减少记忆负担，提高记忆效率。

（6）精讲多练原则

大学英语教学在语法方面应当秉持精讲多练的原则，英语语法规则本身颇为烦琐，因此在教学中，语法的讲解必须精炼、准确，避免冗长的叙述。讲解过程中教师要着重把握核心要点，运用生动形象的方法，使所传达的知识能被学生更好地吸收，引导学生从简单的“理解语法”迈向“熟练运用语法”的阶段。精讲之后，为了巩固所学，大量的练习是不可或缺的。练习的方式应当丰富多样，如英汉互译、错误改正以及实际应用写作等，以确保学生能够多角度地熟练掌握所学的语法知识。对教学实例的选择应当紧密结合学生的现实生活和工作情境，具有鲜明的时代特点。避免使用陈旧的例子，而应选取那些能够引发学生积极思考的例子，从而激发他们主动学习的热情。精讲多练的教学方法能提高学生对语法知识的掌握程度，也能培养学生的语言运用能力，结合丰富的练习和实际案例的引用，学生能够更深入地理解和运用所学的语法规则。精讲多练原则也能够激发学生的学习兴趣，让他们更积极地参与到教学活动中来。

（7）情景性原则

情景性原则旨在培养学生的语法运用能力。在具体教学过程中，教师需要积极搜集与学生感兴趣的话题相关的素材，并将其融入情景中，以生动的语言呈现给学生，从而使学习更具有趣味性和实用性。教师可以运用丰富的教具和方法，将学习与实际情境相结合，让学生切实地感受语法的运用方式。在教学中，教师可以借助各种方式来设计情境。例如，利用学生熟悉的话题，或者运用时事、新闻等进行编排。情景性原则要求教师为学生提供丰富多样的材料，让他们在练习语法时能够接触到真实的情景，从而更好地锻炼他们的语法运用能力。教师可以选取当前的热门话题，如环保，然后设计相应的情境，让学生在情境中进行对话或写作练习，从而巩固所学的语法知识。情景性原则能使学生更好地将所学的语法规则应用到实际交际中，要求教师引导学生在真实的情境中进行语法练习，从而培养他们更自然地运用语法的能力。应用情景性原则能够增加学生的学习兴趣，使他们积极参与教学活动。学生参与情景演练、真实对话等活动，能够更加深入地理解和运用语法知识，从而提高自己的语言表达能力。

（8）文化关联原则

文化与语言之间有紧密联系是人所共知的事实，因此文化与语法之间也存在着紧密的关系。在大学英语语法教学过程中，教师需要意识到文化因素对学生学习的影响，并有意识地将语法知识与西方文化联系起来，以帮助学生更好地理解和记忆语法知识。在教学中融入文化元素，能够让学生更深刻地领会语法在实际语境中的运用方式。对文化关联原则的应用也能使学生更好地理解语言背后的文化内涵，语法规则往往与不同文化背景下的交际需要密切相关，教师可以借此机会引导学生深入思考不同文化背景下的语法运用。例如，通过比较不同国家的礼貌用语，教师可以帮助学生理解语法与文化之间的联系。

2. 大学英语语法教学的方法

（1）语境教学法

融入具体语境进行语法教学被证明是一种高效的教学方法，学生在实际语境中体验、领悟、总结并运用语法规则，不仅能使他们将所学知识应用于实际，还有助于提升他们的交际能力。语境教学方法填补了传统语法教学中外部语境创设的不足，为学生提供了更加有意义的学习体验。教学实践中，有多种方式可以通过创造具体语境来有效地进行语法教学。

多媒体的特点在于能将图像、文字、声音和影像相融合，可以为语法规则的学习和教学提供具体的语言使用和交际情境。多媒体可以将语法规则以更立体、有趣的方式呈现，从而使本来可能枯燥的知识变得生动起来。因此，教师在语法教学中可以善用多媒体来创造有意义的语境，让学生在与以英语为母语的人进行交际时，能够灵活应用所学的语法知识。教师可以运用多媒体展示各种真实情境，如日常对话、社交场合、工作环境等，从而将语法规则练习融入真实的交际情景中。例如，教师可以播放一个英语母语者的日常对话，引导学生注意其中的语法结构和用法。多媒体还可以通过图像、声音和影像等方式，将语法规则具体地呈现出来。教师可以使用动画、幻灯片等工具，将语法概念以视觉化的方式展示给学生。例如，通过动画展示名词的单复数形式变化，教师可以帮助学生更好地理解并记忆这些规则。在多媒体的辅助下，学生可以更加具体地感受到语法规则在实际应用中的意义，这有助于激发学生的兴趣，提高他们的学习积极性。因此，教师可以灵活运用多媒体工具，为学生创造丰富多样的语境，让他们能够更加自如地在真实交际中运用所学的语法知识。

英语学习常常在特定的环境和时刻中进行，而这些场景实际上都蕴含着丰富的情境语境。教师应当善于发现并充分利用这些现实场景，将语法规则与实际情境相结合，从而使学习更加生动有趣。以祈使句这一语法项目的讲解为例，祈使句主要用于表达命令、请求、劝告等情感，因此在教学中，教师可以巧妙地运用现实场景来进行情景教学。在具体的语法教学中，教师可以利用课堂中的师生关系和同学之间的互动来设计情景语境。例如，模拟教师对学生的命令，或者学生之间的请求、劝告，将祈使句的使用场景融入教学。

借助语篇来设计语境是一种高效的语法教学方法，语篇可以为语法规则提供更完整的上下文环境，帮助学生更好地理解、比较和总结语法知识。在语法教学中，一些常见的语法知识点，如冠词的使用、时态、主谓一致关系以及非限定性动词的应用，通常需要置于特定的语境中进行讲解。这样一来，学生能够更充分地领会这些语法知识所蕴含的意义。以时态教学为例，传统的方法通常是通过句子来讲解各种时态，而时态的区别往往体现在句中出现的标志词上，如“just now”“often”等。然而，这种句子级别的教学有其局限性，很难让学生在实际交际中全面准确地运用不同的时态。教师引入语篇来教授时态，可以帮助学生更好地理解不同时态的用法和意义。在实际的语篇中，学生能够更好地把握时态在不同情境下的应用，这使他们的英语学习可以更加贴近实际交际需求。借助语篇来设计语境也对教师提出了更高的要求，教师需要仔细选择和设计适合的语篇，确保语篇中能恰当地融入所要讲解的语法知识。这就需要教师在备课时充分思考，找到与学习内容相关的真实语境，以便在教学过程中帮助学生更好地理解语法知识。

（2）互动教学法

互动式教学以社会互动论、人本主义为基础，又被称为“互动教学法”或者“互动合作学习法”。互动教学法能够有效改变学生被动接受知识的状态，且能够有效激发学生学习的积极性，提升学生实际运用能力，这种教学方式分成以下几种类型。

师生互动，这类互动教学可以鼓励学生积极参与，还能够加深学生对语法知识的理解和运用。在现代的语法教学中，师生互动是一个强有力的工具，可以有效地引导学生习得语法。师生关系在课堂上的具体表现即师生互动，也就是教师和学生使用目标语言进行有意义交流的活动。教师在互动式教学中不再是单纯的知识传授者，而是课堂活动的参与者和设计者。教师需要注重培养学生的自主性和独立性，以互动式的教学方法帮助学生在语言实践中习得语法知识。师生互动主要体现在“问”与“答”的环节上，特别是在“问”的环节中。优质的问题能够更好地激发学生的参与意识和思维，促使他们更深入地思考。教师可以通过提问方式引导学生思考、分析和总结语法知识，从而让学生更透彻地理解语法项目。教师与学生通过简单的问答互动，能导入并进一步学习虚拟语气的规则，此环节能使学生更好地归纳总结语法知识，将语法项目内化为自己的知识。

生生互动，这是一种合作学习的形式。语法教学中应用生生互动指的是学生在实际交际中完成预设的学习任务，生生互动不仅能将枯燥的语法项目融入有趣的语境中，还能够提供更多的语言交际实践机会，培养学生的交际能力和语言运用能力。师生互动是课堂教学的一种重要手段，而生生互动则更加突出地强调了学生在教学过程中的主体地位。生生互动能使学生在实际交际中灵活运用语法知识，从而更深入地理解和掌握语法规则。现代教学理念强调学生的积极参与和自主学习，生生互动正是体现这一理念的重要方式。生生互动的方式能使学生在学习语法知识的同时，在互动中相互协作，共同解决问题，展示自己的思维和对知识的理解。

（3）任务型教学法

任务型教学法融汇了交际教学法的理念与研究成果，以任务为核心，强调学生的主动参与。巧妙设计的任务能使学生在实践中运用所学语法知识，从而真正实现语法在实际交际中的应用。任务型教学方法注重学生的参与度，通过让学生在完成任务的过程中进行探究，发现问题并解决问题，提升他们的学习能力。任务型教学法还能够激发学生的合作意识，许多任务需要学生在小组内合作完成，这将鼓励学生分享彼此的想法、交流观点，并共同解决问题。任务型教学法不仅使学生能在语法方面取得进步，还能够提高学生团队合作的能力，对学生的现实生活同样具有重要价值。当学生通过任务成功地应用了所学的语法知识，他们会体会到成就感和满足感，从而更有动力继续深入学习。这种正向反馈能够增强学生的自信心，提升他们的学习动力。在英语教学中实施任务型教学法具体包含了以下几个步骤。

任务前阶段。任务型教学的前阶段是任务的准备和导入，教师在这一阶段需要为学生搭建一个明确的任务背景，为他们理解任务提供充足的信息。任务前的准备工作涵盖了多个方面。教师需要引入任务的主题以及预期的学习目标，这可以通过使用图片、视频，或者简短的故事等方式来呈现。例如，教师可以展示一组图片，让学生从中猜测即将进行的任务主题，这样能够引起学生的兴趣，激发他们思考。教师在任务前阶段要预测可能出现的问题，并提前准备应对策略，避免学生在任务进行中因为困惑而中断思维流程。例如，在进行听力任务时，教师可以预测一些生词，事先提供一些解释或者提示，使学生在听取录音时能够更顺利地理解内容。进一步地，在任务前的准备中，教师可以为学生创造一个知识和语言的框架，以便他们能更好地完成任务。例如，教师要求学生在文章中使用一般将来时的话，可以在任务前的准备中设计一些相关的时间状语或关键词，或者组织学生以“My Dream”等为题目写一篇英语文章，使学生在写作时就能更有针对性地应用语法。

任务中阶段。任务型教学的中阶段是任务的实施和完成，在这个阶段，学生应运用所学知识和技能完成任务。学生将任务的内容融入实际的交际活动中，积极参与合作，从而提高自己的语言运用能力和解决问题的能力。任务中的实施阶段可以分为三个环节，每个环节都有着特定的任务和目标。首先，执行任务。教师可以组织学生以结对或小组形式进行合作，完成任务。学生需要运用已学知识和语法，进行信息的整理和表达。例如，在完成关于“My Dream”的写作任务中，学生可以结合自己的梦想，用所学的语法规则来描述和阐述。其次，策划。学生在完成任务后，可以进行书面材料的草拟或口头表达内容的预演，这有助于学生进一步梳理自己的思路，构建更准确、连贯的表达。在这个环节中，教师可以为学生提供反馈和建议，帮助他们完善任务成果。最后，报告。学生将完成的任务成果向全班汇报。学生可以在汇报过程之中分享自己的想法、观点和表达，同时倾听他人的意见和建议。教师可以对学生的汇报内容进行点评，指出其亮点和可改进之处，让学生在实际交流中不断提升。

语言点阶段。语言点阶段旨在通过分析和练习帮助学生深入理解语法规则，并通过实际操作巩固所学内容。在语言点阶段的分析部分，教师并不是简单地进行传统的语法分析，而是根据课文或任务的情境，设置一些与语法点相关的任务。例如，在教授一般将来时时，教师可以设计一些句子或对话，要求学生判断句子的时态是否正确，或者填写合适的动词形式来完成对话。这样，学生能更好地运用所学的语法知识，加深对语法点的理解，语感也能得到培养。练习也有助于提高学生的学习兴趣和自信心，让他们在轻松愉快的氛围中进行语法知识的巩固。

（三）中国优秀传统文化与大学英语语法教学的融合途径

大学英语语法教学中，教师除了需要教授学生英语语法知识，还应适当地将中国优秀传统文化渗透其中，从而有效激发学生兴趣，丰富学生的文化知识，强化学生的语法水平。

1. 分析英汉语法区别，融合文化对比

由于生活环境、历史文化以及思维方式的差异，不同文化背景下的人在语言组织方面会有独特的习惯，这使语法在不同语言中表现出多样性，甚至句子结构也会受到文化因素的影响而呈现出差异。语法作为语言交流的基石，其重要性不言而喻。没有准确的语法，句子将无法被正确构建，沟通也将变得困难。然而，仅仅掌握语法而对文化一无所知同样会妨碍有效的语言交流。因此，语法和文化之间有一种相辅相成的关系，人们学习语法可以提升语法运用的能力，从而更好地交流。而如果把自己的母语思维方式用于构建其他语言的句子，就往往会导致大量的语法问题。接下来以英汉语法差异为例。

（1）构建方式的区别

以形显义是英语句法的一个显著特点。为了充分表达句意，有时需要将句子中的词语、短语、分句或从句进行连接。英语常常使用各种语法手段，如关联词、引导词等，从意义和结构两个方面来实现句子的完整性。例如：“And he knew how ashamed he would have been if she had known his mother and the kind of place in which he was born, and the kind of people among whom he was born.”，译为“他有这样的母亲，出生在这样的地方，出生在这样的人中间，要是这些都让她知道的话，他知道该有多丢人”。在这个例子中，句子包含宾语从句、条件状语从句以及两个定语从句。尽管句子结构相对复杂，但其中的逻辑关系却非常清晰，这正是英语形合的典型特点。形合在英语语法中具有重要作用，它能够使句子更具表达力和逻辑性。通过使用连接词和引导词，人们能够将不同的句子成分连接起来，形成更为复杂和丰富的句子结构，在句子中实现逻辑关系的传递，还为修辞和表达带来更多的变化。在形合中，也需要注意逻辑的准确性和句子的流畅性。不当的连接可能导致句子结构混乱，逻辑不清，甚至造成歧义。因此，在运用形合时，需要充分理解各种从属关系，并确保句子的结构和意义都得到准确传达。

与英语中的以形显义形成鲜明对比的是，汉语往往呈现出形散神聚的特征。具体而言，顺序标志词、逻辑关系词等明显的连接形式在汉语中较少出现，句子的含义常常通过动词来表示，而且读者往往需要进行积极思考才能将句子的内在逻辑关系梳理清楚。例如："盼望着，盼望着，东风来了，春天的脚步近了。一切都像刚睡醒的样子，欣欣然张开了眼。山朗润起来了，水涨起来了，太阳的脸红起来了。"（朱自清《春》）在这个例子中，句子过渡自然，主题集中，几乎没有使用连词，充分体现了汉语意合的特点。在汉语中，句子间的关联往往不需要通过明显的连接词实现，而是通过上下文中的意义关系建立。这种特点使汉语句子更加简洁、生动，同时为读者留下了更多的思考空间。汉语意合的特点在表达方式上呈现出一种独特的魅力，句子之间的逻辑关系不需要过多的修辞手法来凸显，而是通过意义的衔接和内在的逻辑推理来实现，在表达时更加灵活，能够更准确地传达情感、信息和思想。然而，汉语的形散神聚特点也对读者提出了较高的要求，读者需要通过积极思考，从上下文中获取信息，梳理出句子间的逻辑关系，这对培养读者的综合分析能力和逻辑思维能力有着积极的促进作用。

（2）重心位置的区别

句子的长度在英汉两种语言中都是具有一定伸缩性的，然而无论句子长短，它们都有一个突出的重心，即主要观点或重要信息，通常包括结果、结论、事实或假设等内容。但要特别强调的是，由于英汉两个民族具有截然不同的价值观念和思维方式，因此在句子中，重心的位置在汉语和英语中常常存在着显著的差异。

英语句子的表达方式常常奉行"开门见山"的原则，这与其直线型思维方式有关。在英语中，思想、情感、态度以及意见等内容往往会直接放在句子的开头部分，句子通常具有前重心的结构，即关键信息往往置于句子的前半部分。当需要对逻辑思维进行表达时，英语通常会将结论、判断等关键内容置于句子的开头，而将事实、前提、条件等次要内容放在句子的后半部分，使句子的逻辑结构更加清晰明了。在同时存在表态与叙事的情况下，英语常常将表态部分视为重要信息，将叙事部分视为次要信息。因此，在句子中，表态部分常常出现在前面，而叙事部分则常常被后置。当需要叙事的时候，英语句子会将事件本身放在前面，而将事件的背景等次要信息放在后面。如果句子需要描述近期发生的事件，人们通常也会将这一信息前置，而将过去发生的事情放在句子的后半部分。此种句子结构的特点不仅与英语语言本身相关，还与英语所代表的文化背景密切相关。英语的直接、简明表达风格反映了西方文化中强调效率、清晰以及直截了当的行为方式。因此，要在英语句子中准确地表达自己的思想，不仅需要熟悉语法规则，还需要理解背后的文化内涵。

汉语句子常常采取后重心的结构，即将句子中的重要信息放在句末进行表达。这一特点在很大程度上与中国人的螺旋形思维方式有关，因此在表述时，常以逻辑顺序或时间顺序为线索进行。当需要进行逻辑思维的表达时，汉语通常会将事实、前提、条件等信息放在句子的开头部分，而将结论、判断等重要内容放在句末部分，这有利于在表达过程中逐步引导读者或听者理解逻辑关系。在同时存在表态与叙事的情况下，汉语常常将叙事部分视为关键信息，而将表态部分视为次要信息。因此，在句子中，叙事部分往往会出现在前面，而表态部分则较常被放在句末。当需要进行叙事时，汉语句子通常会将事件的背景等次要信息放在前面，将事件本身放在句末。如果句子描述的是过去发生的事情，通常会将这些信息前置，而将最近发生的事件后置。例如，句子“lt is very kind of you to help me so much！”。在这个句子中，英语句子将叙事部分（to help me so much）放在表态部分（lt is very kind of you）的后面。然而，相对应的汉语句子“你帮我这么多，真是太好了！”却完全相反，它颠倒了叙事部分与表态部分的顺序。后重心结构在汉语中不仅体现了思维方式对语言的影响，还反映了汉语语言的特点。后重心句子结构的设计能够让句子的信息逐渐展开，帮助听者或读者更好地理解整个句子的内在逻辑关系。理解并灵活运用汉语句子的后重心结构，有助于准确表达意思，并使汉语交流更加自然流畅。

（3）语态的区别

在英语的句式中，被动语态是一种常见的语法结构，其使用具有一定的特点。被动语态常用于无法确定动作实施者的情况，以简洁明了的方式表达句子的含义。例如，句子“You’re wanted on the phone.”直接传达了接电话的要求，而并未涉及具体的呼叫人；被动语态能够在表达时委婉语气，使措辞更得体。例如，“Visitors are requested to wear formal clothes.”表达了“请来宾穿正装”的含义，通过被动语态的运用，显得更为礼貌和正式。被动语态在实现上下文衔接与连贯方面也发挥着重要作用。例如，“Mike’s idea is shaped by, and shapes, his sister’s idea.”句中的被动语态既凸显了“Mike’s idea”受到影响，又能够表达其对“his sister’s idea”的影响，使句子在结构上更加紧凑和清晰。当行为实施者无须指明或不为人所知时，被动语态也是一种常见的运用方式。例如，“All the girls are asked to form a line.”这个句子中，被动语态将“ask”一词的动作实施者省略了，而仅关注了“girls”所需执行的动作。被动语态在突出动作的对象成为谈话中心话题时也能派上用场。例如，“The task has been finished.”这句话强调了“task”已经完成的状态，而并未涉及谁完成了这个动作。

受到不同文化的影响，英汉两种语言在语法结构和表达方式上呈现出明显的差异，这反映了思维方式的不同，也影响了语法教学和语言交际。汉语在表达被动含义时，常通过特定的词汇来标记。例如，“受”“被”“让”“挨”“遭”“给”“加以”“为……所”等带有明确被动标记的形式，这充分体现了汉语的“事在人为”的思维，注重个体的主动参与。另外，无形式标记的被动式在主谓关系上带有被动含义，与英语的被动语态相对应。例如，“那种说法证明是不对的。”这句话中，并没有明确的被动标记，但语境和句子结构都暗示了动作的执行者。无主句是汉语中一种常见的句型，与英语的语法结构有所不同。汉语的无主句在形式上没有明确的主语，但在不同语境下也可以表达出清晰、完整的语义。例如，“一致通过了决议”，这种结构简洁明了，通过上下文可以明确理解动作的主体是谁。

在汉语中，表达思想和行为时常注重明确指出执行者，这体现了人称表达法的重要性。在无法确定人称的情况下，汉语会采用“大家”“别人”“有人”“人们”等泛指的词语，以确保句子的逻辑完整。英语中也有类似的表达方式，但在具体用词上可能存在差异。语法上的差异不仅在语言教学中需要被深刻理解，还在跨文化交际中扮演着重要角色。在大学英语词汇教学中，教师应当关注学生的语法学习，还要将语法知识与文化背景相结合，让学生了解语法背后的文化思维。培养学生的跨文化交际能力，让学生能够更好地理解不同语言和文化的差异，从而在实际交流中避免误解和歧义。

2. 开展文化实践活动

文化实践能够帮助学生更好地理解和应用语法知识，并深入了解其背后的文化内涵。为此，教师应积极组织学生参观博物馆、展览会，甚至组织实地访问和调查等活动，从而让学生亲身感受中国的文化魅力。引导学生参与文化实践活动，能使其有机会融入真实的文化环境中，感受和体验汉语文化的方方面面。这有助于加深学生对语法知识的理解，还能让他们更深入地了解到中国文化的独特之处。在博物馆、展览会等场所，学生可以亲眼看到中国传统艺术、手工艺品、历史文物等，从而对中国文化有更具体的感性认识。文化实践的重要之处在于能够激发学生的主观能动性，在实地环境中，学生能够自主观察、研究和总结，从而更好地理解文化现象。自主性的学习方式能够打破传统的课堂教学模式，让学生更积极地参与进来，形成自己的思考和见解。在教师的互动和引导下，学生能够自主地提炼学习的重点，更深入地掌握和运用所学的知识。文化实践在提升学生的语法水平方面有着显著作用，尤其对于缺乏实际经验、理性认识的学生而言，文化实践能够让他们将书本知识与实际情境相结合。直接的感知教学方式让学生能够在实际运用中逐渐理解和掌握语法规则，从而更加熟练和准确地运用之。

第二节　中国优秀传统文化在大学英语听力与口语教学中的渗透

一、中国优秀传统文化在大学英语听力教学中的渗透

听是语言交流中至关重要的一项技能，也是语言学习的重要组成部分。在英语学习的四项基本技能中，听力不仅在实际交际中发挥重要作用，还为其他技能的提高提供了基础和支持。然而，结合实际教学情况来看，我国学生普遍存在听力水平较低的情况，这可能与学习能力、教学环境以及学生的积极性等因素有关。因此，为了激发学生的学习积极性，教师可以在听力教学中融入中国优秀传统文化，从而提升学生的学习兴趣，同时丰富他们的汉语文化知识。

（一）大学英语听力教学的内容与目标

1. 大学英语听力教学的内容

教学内容是大学英语听力教学的基础，更是学生学习的重点以及教师开展教学活动的基础，大学英语听力教学主要包括以下几方面内容。

（1）听力知识

听力技能在语言学习中涵盖了多个方面的知识，包括语音、语用、策略和文化等，它们相互交织，共同构成了学生提高听力水平所需要的

素养。语音知识指掌握对英语的发音规则、重读模式、连读规律以及语调变化的是，帮助学生更准确地听辨语音信号，从而提升他们的语音识别能力。例如，在教学中开展有针对性的训练，可以让学生更好地辨认出不同的音素，理解句子的语音节奏和韵律，适应英语的语音节奏与语流，从而更好地理解听力材料。语用知识是听力教学不可或缺的一部分，言谈交际中的话题和含义常常牵涉复杂的语用现象，理解这些现象需要学生具备一定的语用知识。教师应引导学生了解言谈交际的背景、语境、暗示和含义，这可以帮助他们更好地理解听力材料中的隐含信息，从而提高听力的效果。策略知识指的是学生在听力过程中需要灵活运用不同的听力策略，根据不同的情境和任务选择合适的方法。教师可以教学生如何预测内容、推断信息、注意关键词汇等策略，让他们能够更有效地解决听力难题，提高听力的准确性和流畅度。文化知识在跨文化交际中具有重要意义，因此，在听力教学中融入对文化背景的介绍和解读，能够帮助学生更好地理解听力材料中可能存在的隐含文化信息，避免因文化差异造成理解困难。教师向学生介绍与听力材料相关的习惯、礼仪、传统，可以拓展学生的文化视野，让他们在跨文化交际中更具自信。

（2）听力技能

听力技能不仅是语言沟通的基础，还是其他语言技能的支撑和提升的基础。因此，听力教学在大学英语教学中具有重要地位，教师需要向学生传授各种听力技巧，以帮助他们更好地理解和应用所听到的内容。在英语听力理解方面，学生需要准确地辨别不同的音位，识别出语音中重要的部分，如重读音节和语调变化。教师实施有针对性的语音训练，能使学生逐渐提高辨音的准确性，从而更好地应对不同语音变化带来的听力难题。听力材料通常是以真实的语境为基础的，其中包含丰富的交际信息。学生需要具备辨别话题、交际者意图、话语关系等方面的能力，以更准确地把握听力材料的含义。结合有针对性的练习和案例分析，学生在不同交际背景下的信息辨别能力就能得到稳步提升。学生需要在听取一段语言后，准确捕捉到其主要观点和核心内容。教师可以通过播放各种类型的听力材料，如短文、对话、演讲等，培养学生的大意理解能力，以多次的听力实践，帮助学生提高从片段中抓住关键信息的能力。细节把控能力同样重要，因为在实际交际中，细节信息常常是传递准确信息和理解上下文的关键。学生需要通过不断的练习，提高捕捉细节信息的能力，从而更好地理解听力材料中的细微之处。交际者在交流时往往是有意识地传递特定信息的，学生需要通过推理判断能力，了解对方的意图和隐含信息。教师应巧妙引导学生分析语境和推理说话人的动机，以帮助他们更准确地理解听力材料，避免错误的解读。当学生在听力中遇到不熟悉的词汇时，他们需要能够通过上下文和已有的语境信息猜测词义。教师可以通过课堂练习和训练，培养学生运用上下文线索推测词义的能力，提高他们听的流畅度。预测能力的提高则有助于学生在听力过程中更好地跟随内容的发展，学生需要通过已有的信息和语境，预测后续内容的走向和可能的发展。教师可以通过提问和分析，培养学生对听力内容的预测能力，使他们能够更准确地理解听力材料。在完成听力任务时，记笔记可以帮助学生快速记录关键信息，以便后续的整理和复述。教师可以教授学生如何快速记录关键词汇、句子结构、主旨等信息，以及如何将这些信息整合到听力理解中，通过反复练习，推动提高学生记笔记的效率和准确性，使其成为完成听力任务的有力助手。

（3）听力理解

听力理解是培养学生综合语言能力的关键一环，培养学生的听力理解能力，可以提高他们对句子和语篇的理解能力，让他们逐步从表面的字面理解转向深层的对隐含意义的把握，并能够将所学知识应用于实际交流。在听力理解教学中，有四个主要环节，分别是辨认、转换、重组、评价与应用，通过这一过程，学生的听力技能和语言能力将得到全面提升。辨认是听力理解的基础，也是其前提。在这个阶段，学生需要通过对语音、信息以及意图的辨认来理解听力材料。这需要学生掌握一定的词汇和语法知识，同时还需要他们发展交际能力和文化意识。语音辨认相对较简单，而意图辨认则需要学生综合考虑语音和信息，同时还要根据交际情境和文化背景进行判断。教师可以采用乱序训练法，让学生将打乱顺序的听力材料重新排序，锻炼他们的辨认能力。在听力理解中，转换是将所听材料内容转换为图表的能力，这需要学生识别听力材料中的关键信息，然后将其转化为图表或图像，以更好地理解和记忆。这不仅需要语音和信息辨认的基础，还需要学生进行信息的分析和整合。转换阶段是对学生能力的挑战，这需要他们运用已有知识对听力材料进行转化，锻炼逻辑思维能力。重组与再现阶段，需要学生将所听材料的信息进行重新组织，并以口头或书面方式再现出来，这要求学生具备较好的口头和书面表达能力，能够用自己的话语将听到的信息重新表达出来。教师可以通过口头或书面作业，让学生对听到的内容进行归纳总结，锻炼他们的语言表达能力。评价与应用阶段需要学生对所听材料进行评价，并将所学知识应用于实际交际中。评价涉及对听力材料内容的分析和判断，学生需要理解说话人的意图，判断信息的可靠性和合理性。应用则要求学生能够将所听内容与自己的经验和知识进行联系，进行实际的交际应用。教师可以通过听力讨论和交际练习，培养学生在不同情境下运用听力技巧的能力，从而让他们更好地应对实际交流中的挑战。

（4）语感

英语语言学习强调培养良好的语感，即对英语的直观感知能力。拥有良好的语感能使学生在语法知识不够充足的情况下，依然迅速准确地做出判断。在大学英语听力教学中，教师有必要有意识地培养学生的语感，反复进行听力训练，引导学生逐渐熟悉英语的语音、语调、节奏等特点，从而让他们能够更准确地捕捉听力材料中的信息。良好的语感也能帮助学生更好地理解并感受到英语表达中的情感和意图，从而提高听力理解的效果。引入多样化的听力材料，如对话、新闻、演讲等，可以培养学生对不同语境下语言表达的敏感性和准确性。结合有针对性的语感培养，学生将能够更自信地应对英语听力挑战，更流利地进行跨文化交流。

2. 大学英语听力教学的目标

英语听力教学的主要目标是强化学生听力水平，使学生借助听力完成现实生活之中的各种任务，培养学生在现实生活中灵活进行交流的能力。针对大学英语听力教学的目标，《大学英语课程教学要求》做出了详细说明，具体分为三个层次。

（1）一般要求

能理解英语授课内容。

能听懂日常英语对话和一般性讲座。

能听懂较慢语速的英语广播和电视节目，掌握主旨和要点。

能灵活运用基本听力技巧。

（2）较高要求

能理解英语对话和演讲内容。

能基本理解内容较长、题材较熟悉的英语广播和电视节目，把握主旨、要点及相关细节。

能基本听懂以英语授课的专业课程。

（3）更高要求

能基本理解英语国家的广播电视节目，抓住核心内容和要点。

能听懂英语国家人士正常语速的对话。

能理解以英语授课的专业课程和英语演讲。

（二）大学英语听力教学的原则与方法

开展大学英语听力教学应遵循一定原则，这样整体教学才能取得最佳效果。具体来说，大学英语听力教学中可以遵循以下几项原则。

1. 大学英语听力教学的原则

（1）循序渐进原则

学习任何学科都需要一个逐步深入的过程，英语听力也不例外。循序渐进的方法意味着英语听力教学应该从简单到复杂、从易到难地展开。在选择听力材料时，考虑材料的难度阶梯性是很重要的，要确保材料的难度逐步升级。初始阶段，教师应选择发音清晰、语速较慢的材料，并保证材料内容的真实性和多样性，如新闻、故事、社会热点等，以激发学生对听力学习的兴趣。随着听力教学的深入，教师可以逐步增加材料的难度，以满足学生的求知欲望，提高他们的听力水平。教师应适当调整难度，并关注材料的内容丰富性和实用性，可以选择涵盖不同主题的材料，如学术讲座、专业讨论、文化节目等，这有助于培养学生多方面的听力技能。在整个听力教学过程中，逐步增加挑战可以帮助学生建立坚实的听力基础。随着难度的逐步提升，学生可以逐渐适应不同的语速、口音和语言表达方式，这种渐进的方法有助于提高学生的听力理解能力，培养他们的自信心，让他们能够更好地应对真实的英语听力环境。

（2）激发兴趣原则

兴趣是保证学生高效进行英语听力学习的基础。事实上，我国学生在听力方面面临的挑战颇多，这往往与教学方式的乏味以及学生兴趣不足等因素有关。在展开英语听力教学之前，了解学生的兴趣至关重要。教师需要了解学生对听力材料和活动的偏好，从而根据实际情况采取相应的教学方法，以激发学生的学习兴趣，进而培养他们的听力能力。

（3）选材真实原则

英语听力课堂的目标不在于仅仅让学生应对听力考试，更是要培养学生真正的听力能力，让他们能够有效地在跨文化交际中使用英语语言。因此，在选择听力材料时，真实性是至关重要的。例如，教师可以精心挑选一段完整的广播节目或者一段来自英语电影的片段供学生进行听力练习。真实的材料能够让学生接触到地道的英语表达，深刻体验英语语言的特点与文化内涵，培养他们的英语语感，进而有效提升听力水平。在材料选择方面，适度的难度是关键。材料既不能过于简单，也不能过于难。过于简单的材料会让学生产生轻视听力训练的心态，阻碍其听力水平的提升。而过于复杂的材料则可能给学生带来挫败感和心理负担，影响学习效果。因此，教师需要在材料的选择上找到一个平衡，确保材料既能够挑战学生的听力能力，又不至于让他们感到过于沮丧。

（4）分析性与综合性相结合原则

分析性听力训练要求学生在听的过程中养成仔细聆听的习惯，学生需要努力捕捉材料中的每一个词语、短语，甚至句子，理解其含义并进行记忆。细致入微的分析训练有助于学生逐步提高听力的准确性和流利度。然而，单纯追求细节分析可能让学生忽略材料的整体意图，因此综合性听力练习同样重要。综合性听力训练可以帮助学生发展更高层次的听力能力，在听整个材料的过程中，学生需要将注意力集中在材料的主旨、情感和整体结构上。这有助于学生更好地理解材料的整体意义，抓住作者的观点和核心信息。综合性听力训练对于提高学生在实际听力交流中的适应能力非常重要，因为真实的交流往往是整体信息的传递。教师在听力教学中应综合考虑分析性听力和综合性听力的训练。先从细节分析开始，然后逐渐过渡到整体把握。例如，教师可以首先进行分析性听力练习，然后在此基础上进行综合性听力练习，让学生在更复杂的听力任务中更好地运用所学。结合使用这两种听力训练方法，能使学生全面提高他们的听力技能，让他们不仅能够准确把握细节，还能够理解和应用材料的整体信息，为他们在实际交流中更自信、更流利地使用英语奠定基础。

（5）分散训练与集中训练相结合原则

分散训练是将听力训练融入各种语言教学中，使学生在不经意间提高听力的专项训练。以词汇教学为例，学生在学习新词汇时，应当注意其发音、含义和用法，同时尝试听懂这些词汇在真实句子中的应用方法。在教学过程中，使用地道的英语可以帮助学生培养直观感知英语语音和表达的能力，在学生的日常语言教学中自然地强化听力训练，可以使学生不断适应真实语言环境，从而提高其听力技能水平。而集中训练是在分散训练的基础上，有针对性地进行专门的听力强化训练。通常教师每周会专门分配 1 至 2 个课时，重点对学生在听力中遇到的问题进行强化训练。例如，针对学生在特定难点上的理解偏差，集中训练可以通过精心设计的听力材料和练习，帮助学生克服困难，加强对这些问题的认识。

针对性强化训练可以有效地提高学生的听力技能，消除他们在特定难点上的困惑。分散训练和集中训练的结合，使学生在各种语言教学中都能够体会英语的表达特点。分散训练通过融入语言教学，让学生自然地接触英语的语音和语境。而集中训练则通过有针对性的强化训练，解决学生在听力中的具体问题，使他们能够更有自信和能力地应对听力挑战。两种方法的结合不仅能够全面提高学生的听力能力，还能够增强他们在实际交流中的听力适应能力，让他们更好地与使用英语语言的人互动。

（6）与说、读、写相结合原则

英语的四项基本技能，听、说、读、写，相辅相成，相互促进，构成了全面掌握英语的基础。在英语听力教学中，将这四项技能结合起来进行教学，能够更加有效地提高学生的语言能力和跨文化交际能力。听力和口语是密不可分的，因为交流中听和说相互依存。教学中教师可以利用听力材料布置口语任务，从而培养学生的口语表达能力。朗读、模仿、复述听力材料，学生可以积累语言素材，同时培养良好的语感。对优秀文本的背诵也可以进一步提高学生的记忆力和听力理解能力。听力和阅读的结合能够强化学生的语感，帮助他们将单词的发音、形态和意义统一起来，降低判断错误的概率。边听边读，能够让学生深入理解文章，提高语言反应速度，减少汉语思维对英语的干扰。听力和写作结合的一种有效方式是听写练习，学生可以将听到的对话或内容改写成短文，这不仅培养了学生的语言能力，还提高了他们的分析、理解和归纳能力，有助于提高学生的语言敏感性，还能在潜移默化中提高他们的听力水平。

2. 大学英语听力教学的方法

（1）体裁教学法

体裁教学法作为一种重要的听力教学方法，能够帮助学生更好地理解和应用听力材料，具体步骤分为体裁分析、小组讨论、独立分析和模仿使用。在第一阶段，体裁分析是核心环节。教师需要对所选听力材料进行详细分析，涵盖文化和语言两个方面。由于中西文化的差异，教师在教学中需要引导学生了解与听力材料相关的社会、历史、风俗等方面的背景知识。在语言方面，教师要分析体裁的图式结构，让学生了解该类文章的特点，以便更好地进行教学。在小组讨论阶段，学生被分为小组，播放同一题材的听力材料，鼓励学生在小组内讨论材料的结构、语言特点等，这可以增加学生的参与度，激发他们的思考和学习兴趣，进而更好地理解语篇。独立分析是进一步加强学生思考的步骤。在小组讨论后，教师可以播放一篇典型的范文，要求学生独立进行分析，对语篇的文化和语言两方面进行深入思考。其重要性在于改变教师垄断的教学局面，让学生有充足的时间进行独立思考。通过模仿使用，教师可以根据交际目的选择适当的模式，让学生用英语进行有效的交流。通过自主分析和独立思考，学生能够在实际运用中牢固掌握所学题材的特征，做到学以致用。然而，在实际的大学英语听力教学中，教师需要根据具体情况灵活运用上述步骤，以获得最佳的教学效果。体裁教学法的运用经实践证明，通过对文章体裁的分析，包括语境、文化背景、结构和语言特点，学生能够更全面地理解文章，有效地提高听力水平，这也能激发学生的创造性思维，培养学生的综合语言能力。

（2）听力技能训练法

尽管听觉信息在听力理解中起主导作用，但视觉信息同样能对理解起到积极作用。例如，英语电视节目的画面和字幕可以辅助观众理解内容。新闻节目常常在播报新闻时展示关键词，这些关键词有助于观众理解新闻内容。在教学中，教师应鼓励学生充分利用视觉信息，将听觉与视觉信息结合，提升听力理解的效果。学生可以将所学的语言知识、生活常识以及与主题相关的背景知识应用于听力理解，这能使其更好地理解听力材料中的内容，尤其是在遇到生词或陌生词汇时。将已有知识与听力内容结合，可以让学生更快地理解并抓住核心信息。

听前预测指在开始进行听力任务之前，先对每个小题的选项进行通读和分析，此种做法有利于学生在听的过程中更加有针对性地收集信息，提高其听力任务的完成效率。学生对选项进行通读，可以在听力材料中迅速捕捉到与这些选项相关的关键词或关键信息。这有助于他们在听的过程中聚焦于特定信息，避免对整段听力内容盲目听取。例如：

A. In the dormitory　　B. In the classroom

C. In the restaurant　　D. In the library

在上述听力题中，通过通读选项，学生可以预测到将会听到关于地点的信息，从而在听取对话时更加关注这方面的信息。通读选项还可以帮助学生提前掌握一些特别的信息，有些听力任务涉及人名、数字等特定信息，通过通读选项，学生可以在听的过程中准确地捕捉这类信息。这种策略有助于避免学生在听力过程中错过重要信息，从而助其更好地完成听力任务。

对于英语听力理解而言，注意所提问题是一个至关重要的环节。明确问题的内容和要求可以帮助学生更好地集中注意力，准确地捕捉关键信息，从而更有针对性地完成听力任务。在听力训练中，只有在明确了问题的关键词后，学生才能在听取材料时有目的地寻找与问题相关的信息。对问题的理解还能帮助学生筛选出信息中的干扰项，学生明确问题的要求，能够将注意力更有针对性地集中在与问题相关的信息上，避免被材料中的干扰信息迷惑。注意所提问题还可以帮助学生在听力过程中更好地判断信息的重要性，学生可以通过问题的要求来判断哪些信息是需要重点关注的，从而更加有目的地进行信息收集和整理，从而提高听力任务的完成效率，减少信息的遗漏。

（3）互动教学法

互动教学法在英语听力教学中是一种高效的方法，能够激发学生的积极性，促使他们更主动地参与学习过程，从而提升其听力理解能力。互动教学法的核心在于将传统的单向听和理解转化为学生与听力材料内容之间的双向交流，从而使学习变得更加生动和实际。互动教学法有两种不同的应用方式。一种是听人说话时的互动，要求说话人在进行表达时不断与听话人进行交流，要求说话人通过提问等方式与听话人互动，以确保听话人能够真正理解说话人的意思。这实际上是一个语言意义的谈判，有助于消除理解上的歧义，使信息的传达更加准确和明确。另一种互动教学法是在听录音时进行的，教师在这个过程中充当了交流的桥梁，对学生进行提问和引导。互动教学方式可以在学生听完一部分材料后进行，教师可以向学生提问刚刚听过的内容，以便了解学生的理解情况，以及是否需要对材料进行更深入的解释和调整。互动交流不仅能够帮助学生更好地理解听力材料，还能够帮助教师及时发现和解决学生在理解上的困难，提高教学效果。互动教学法的优势在于能够将学生从被动的听众转变为积极的参与者，使学生结合与听力材料的交流互动，更深入地思考和理解内容，提高他们的听力技能。互动也促进了学生之间的合作和沟通，创造了一个更加开放和活跃的学习氛围，能够提高学生的自主学习能力，培养他们的批判性思维和问题解决能力。

（4）任务型教学法

在英语听力教学中，听前任务阶段的重要性不容忽视，主要任务是为学生创造一个积极的学习氛围，激活他们与听力材料相关的已有知识，并引发他们的学习兴趣。背景知识可以帮助学生更好地理解听力材料，降低听力理解的难度。背景知识分为文化背景知识和形式背景知识，文化背景知识涵盖了对不同国家社会和文化的了解，而形式背景知识则包括文章的文体、类型、组织结构等方面的语言知识。在听前任务阶段，教师的任务是通过一系列活动帮助学生激活并整合这些背景知识。以主题“The Oscar Statuette”为例，教师可以采用以下步骤：提前准备奥斯卡金像的图片，通过幻灯片展示给学生，让学生观察并描述图片中的内容。提出问题引导学生思考，如“图片中的是什么形象？”“你能描述一下这个形象吗？”“为什么它叫作奥斯卡？”，等等。学生在教师的引导下展开讨论，分享自己已经了解的与奥斯卡金像相关的信息，从而丰富彼此的知识。讨论结束后，教师组织学生陈述他们的讨论结果，从而为他们提供表达的机会，并鼓励他们与其他同学分享。教师可以播放有关奥斯卡金像来历的视频，让学生验证他们的讨论结果，从而在实际的信息验证过程中提高他们的知识水平。结合图片展示、学生讨论、视频观看等环节，学生关于奥斯卡金像的背景知识得以激活和加强，这就为他们开始听力练习做好了充分的准备。

进入听力实践阶段，即听时任务阶段，学生将运用之前培养的听力技巧和背景知识，适应不同的语音、语速和语调，听取材料，从而有效地捕捉文章的主要信息和核心内容。在听时任务阶段，教师的主要任务是引导学生进行实际的听力训练，并设计一些具体的任务帮助他们在听的过程中更好地理解和获取信息。教师可以提供一些与听力材料相关的细节问题，让学生在听完录音后口头回答这些问题，培养学生对细节信息的敏感性，并提高他们的听力捕捉能力。除了细节问题，教师还可以设计一些文章中没有具体答案的问题，鼓励学生通过图式建构和信息获取来回答，从而帮助学生更好地理解文章的整体结构和主要思想，让他们在讨论中有更多的参与。教师还可以设计一些口语练习，如听完录音后组织学生进行对话或讨论，以激发学生的积极参与，提高其表达能力。这不仅能够提高学生的口语交际能力，还能够锻炼他们在真实交流情境下的听力应用能力。

设置听力后任务阶段是为了让学生在完成听力任务后，通过进一步的训练巩固和提高词汇、语法知识水平，以及强化听力策略。该阶段的关键在于不仅要检查学生的答案，还要分析他们在听力过程中出现的问题，并提供相关的指导和训练。听力后任务的目标是通过学生的听力任务展示，找出他们可能存在的问题。教师在这个阶段应该精心设计有针对性的练习，帮助学生克服这些难题。除了纠正问题，听力后任务阶段也是学生学习运用实际语言表达方法的良好机会。教师可以通过分析听力材料中的各种语言表达，如建议、邀请、拒绝、道歉等，引导学生学习并练习这些表达方式，让学生在实际交流中更自如地运用这些语言表达，提升他们的口语表达能力。

（5）情感教学法

情感在英语听力教学中对学习效果的提升和学生的全面发展都有重要的影响，积极的情感不仅能够提升学生的听力学习成果，还有助于促进他们的综合素质的发展。消极的情感也可能成为学生听力学习过程中的绊脚石。因此，在大学英语听力教学中，教师应该注重激发学生积极的情感，并努力帮助学生克服在听力理解中可能产生的消极情感。

在教育改革的背景下，教师应强调学生的主动参与和知识构建，要求学生改变传统的被动学习方式，积极发挥主观能动性，以适应社会发展的需求。为了加强学生的认知能力，教师可以采取一系列有效的策略。例如，对于发音问题，教师可以鼓励学生在课余时间进行语音训练，借助各种资源进行发音纠正，帮助学生提高自己的发音水平，并培养其自主学习能力。而对于语法知识不熟悉的学生，教师可以引导他们阅读更多的课外读物，结合实际应用中的语法使用加深对语法规则的理解。针对不明白的问题，教师可以提供个别辅导，为学生提供更深入的解释和指导，使其更好地理解知识，增强他们的自信心。在此过程之中，学生不仅仅是被动接受者，更是知识的主动构建者，学生应树立起自主学习的意识，积极参与到课程中来，为未来的发展做好准备。认知能力的提升不仅仅是知识本身的习得，更是一种思维方式的培养，它能够帮助学生更好地分析问题，解决问题，培养其批判性思维。

大学英语听力教学中，形成性评价是不可忽视的存在，积极的评价能够有效地增强学习者的自信心，激发他们对英语听力的兴趣。因此，教师需要通过正向的反馈和鼓励消除学生对英语听力的恐惧感。具体而言，教师可以根据学生的不同水平和程度设计不同类型的任务，以达到激发学生听力动机的目的。对于基础较好的学生，教师可以设计一些较有挑战性的任务。例如，针对听力材料，教师可以要求学生进行中心意思的概括，推理、猜测生词的意思，或者推断上下文的内容。当学生的回答合理且准确时，教师应积极给予肯定和赞扬，从而提高他们的学习信心。正面的反馈会激发学生对英语听力的兴趣，使他们更加投入学习。对于基础较薄弱的学生，教师可以设计更为简单的任务。例如，关于听力材料，教师可以提出一些关于时间、地点、人物等基本信息的问题，以帮助学生逐步掌握听力材料中的关键信息。这不仅能够让学生在听力过程中取得一些小的成功，还能够培养他们对英语听力的兴趣，激发他们的学习动机。教师还可以利用形成性评价的反馈作用，通过听力成绩测试和水平测试进一步激发学生的学习动机。在测试中，教师应确保测试内容的信度、效度和区分度，避免出现过于困难的题目。如此一来，基础较弱的学生可以通过测试找回学习英语听力的信心，而基础较好的学生也能在测试中发现自身的不足，进而追求更高的英语水平。

（三）大学英语听力教学中渗透中国优秀传统文化的途径

教师在大学英语听力教学的过程中应积极渗透中国优秀传统文化，在丰富学生英语听力知识的同时，有效深化其对于中国文化的理解程度。

1. 在教材中渗透中国优秀传统文化

教材是传递知识和信息的主要媒介，也是培养学生听力技能的基础。因此，在教材编写和选择过程中，融入中国优秀传统文化元素是非常有益的，不仅可以丰富听力材料的内容，还可以提升学生的文化认知。在进行教材编写时，编写者应考虑学习者的汉语水平，选择具有一定难度的交际话题。例如，可以设置关于气候、交通、工业、法律、教育等实际生活中常见的话题，涵盖不同领域的信息，这有助于学生更全面地了解中国社会文化。学生可以借助这些话题，从听力材料中获取关于中国社会的信息，进一步拓展文化视野。将中国优秀传统文化元素融入听力材料，不仅可以提高学生的文化意识，还能够加深他们对所学英语知识的理解。例如，在听力材料中引入一些中国传统节日、习俗或历史事件，可以激发学生的兴趣，让他们更加投入听力的学习之中。同时，这些文化元素也能够使听力材料更加生动有趣，增加学生的参与感和情感投入。教材编写者还可以充分利用多样化的资源，如民歌、电影、小说、新闻等，将中国优秀传统文化的各个方面融入听力材料中，培养学生的多元文化素养，提高他们的跨文化交际能力，让他们更好地理解并适应不同文化环境。

2. 改进听力教学方式

在融入中国文化的英语听力课堂中，教师在教学方法上应不断改进，以更好地拓展文化融入的途径。这需要教师采用多种手段，使学生在听力学习中深入了解中国文化。教师通过语言传递，可以口头为学生讲解有关中国文化的知识，向学生讲述相关的历史、传统、风俗习惯等内容，可以帮助学生理解中国文化的背景和内涵。在听力材料中，教师可以加入与中国文化相关的对话或情景，引导学生从听力中获取文化信息。教师还可以采用直观感知的方式，为学生展示具体的中国文化元素。教师可以使用图片、视频、实物等来介绍中国传统节日、建筑风格、艺术作品等。结合视觉和触觉的感受，学生能够更加直观地了解和体验中国文化，从而加深对听力材料中文化信息的理解。引导探究是另一个有效的方法，教师可以鼓励学生主动参与，探索中国文化。教师可以提出问题，引导学生在课外搜集与中国文化相关的资料，如书籍、文章、新闻等。还可以组织学生进行实地考察，参观与中国文化有关的场所，如博物馆、传统村落等。学生可以通过这种方式亲身感受和体验中国文化，从而更加深入地了解中华文化。

二、中国优秀传统文化在大学英语口语教学中的渗透

口语作为一种重要的交流方式，不仅能传递信息，还能表达思想，而在学生的学习过程中，口语技能的提高更是一个不可或缺的关键部分。随着社会对英语口语能力要求的提高，大学英语教学的口语方面也引起了更多人的关注。然而，整体来看，我国大学生的英语口语水平普遍偏低，尽管学习了多年的英语，很多学生仍难以流利地进行对话，特别是难以用流利的口语表达中国文化。因此，为了提升我国学生的英语口语表达能力，大学英语口语教学迫切需要进行改革。在现实的大学英语教学中，将中国传统文化融入口语教学，可以对学生英语水平的提高起到

积极的促进作用。教师可以将中国文化元素融入口语话题，激发学生的学习兴趣，使学习口语的过程不再是单纯的技能训练，而是一种对中国文化进行深入了解和传播的过程。

（一）大学英语口语教学的内容与目标

1. 大学英语口语教学的内容

可以说，口语是人类社会使用最为频繁的交际工具之一，培养、强化学生英语口语表达能力与交际技能是英语口语教学的宗旨，因此，英语口语教学中的主要内容包括语音训练、词汇与语法、交际策略等。

（1）语音训练

语音训练是英语口语训练的基石，让学生掌握正确的发音，提高交流的清晰度和流利度。在英语口语教学中，语音训练的首要目标是帮助学生掌握准确的语音和语调。具体而言，语音训练涉及意群、停顿、弱读、重读、连读以及音节等各个方面。学生如果没有掌握规范的发音，不仅会影响自己表达观点的能力，还可能给对方造成理解上的困扰。在语音训练中，语调不仅仅是句子的声调变化，更是一种信息的传递方式。在英语口语中，降调和升调的使用情境是有规律的。例如，在英语中，使用降调的句子一般包括不能简单用“Yes”和“No”回答的问句、附加问句、感叹句、命令句以及肯定句等。正确使用语调可以帮助表达不同的情感和语气，从而让交流更加丰富。在某些情况下，使用升调也是必要的，特别是在一些疑问句和表示怀疑的句子中。当对他人的话语进行重复时，人们也常使用升调，以示尊重和关注，交流的双方可以通过这种方式更好地理解彼此的意图。语调还可以在表达不同含义时发挥关键作用。例如，同一句话在不同的语调下可以表达肯定、怀疑，甚至是责备的语气，微妙的语调变化让口语交流更具情感和表现力。而当口语中出现事物的罗列或选择疑问句时，通常会在句子的前半部分使用升调，而在后半部分使用降调，此种变化可以帮助听者更好地理解句子的结构和内容。

（2）词汇

在培养交际能力的过程中，语言能力的培养不可或缺，而词汇则是语言的核心。口语表达被视为一种创造性技能，在交流的基本框架内建立后，整个交流的空间需要用词汇来填充，传播文化和思想。然而，在英语教学中，许多学生对词汇的“掌握”只是简单地识记中文释义和拼写，他们难以流利地运用词汇来构造句子。可见，语言交际框架的基础层次没有得到有效解决，学生的口语表达能力也无法得到提升。因此，学生口语能力薄弱的主要原因之一是词汇掌握不足。从这个角度来看，口语教学的内容必然与词汇教学息息相关，并且词汇教学应该贴近实际交际情境。要实现词汇教学的有效性，口语教学需要从多个维度进行：从语音入手，通过练习音、形、义，以及词汇的搭配和造句，逐步提升学生的积极词汇积累。这是增强学生口语能力的有效路径，也是提高学生口语水平的前提和关键所在。教师注重交际化的词汇教学，能够帮助学生打破对单词的简单记忆，使他们将词汇融入真实的口语表达中。教师应该引导学生学习词汇的多样化应用，包括词汇的搭配和惯用表达方式，从而使学生更加准确地表达自己的意思，避免在口语表达中出现用词不恰当的问题。

（3）语法

语法作为语言运用的基本法则，是构建句子的重要规则，它确保句子能够被按照规范构建，为实现有效沟通打好基础。因此，语法是大学英语口语教学中的重点部分，而语法教学与口语交际化的结合，可以从多角度展开。教师应该训练学生听懂特定的口语句型，因此学生需要熟悉常用的口语表达方式，了解它们在实际交流中的应用情境。开展有针对性的听力训练可以使学生更好地理解口语句型的用法和语境，从而提升他们的听力理解能力。语法教学中应注重训练学生熟练地使用语法句型来表达自己思想的能力，学生应该掌握如何将语法知识应用于实际口语表达中，以确保意思的准确表达。结合丰富的口语练习，学生可以逐渐培养自己运用不同语法句型的能力，使口语表达更为流畅和自然。教师可以向学生讲解口语句型的特点，并进行有针对性的专项训练。了解不同句型的语法结构和用法，能够帮助学生更好地掌握口语表达的技巧。结合示范和练习，学生可以逐步掌握这些句型，从而在口语交流中更加游刃有余。

（4）交际策略

交际策略在口语教学中的重要性不可小觑。在口语交际活动中，由于语言能力的限制，交际者可能会遇到一些困难和尴尬局面。为了克服这些困难，交际者需要掌握一定的交际策略，以便在需要时借助这些策略解决问题，保证交际的顺利进行。交际策略的能力主要包括补偿能力和协商能力。

补偿能力，也被称为“补偿性策略”，指在交际者发现自己无法用准确的语言表达出想要表达的思想时，采取的一些应对手段，从而帮助交际者在语言表达不足的情况下，保持交流的连贯性和流畅性。交际者可以使用会话填补词来避免交流中的尴尬，这类词可以是一些常用的短语，如“and you see ...”“Er, that’s a very interesting question ...”“Well ..., let me think ...”，交际者使用填补词，可以在思考时控制说话的节奏，使语言表达更连贯。当交际者在某一话题上缺乏相关词汇时，可以利用自己已知的同义词或类别词进行替代，以达到更准确地表达的目的。肢体语言也是补偿能力的一种体现，交际者可以通过肢体语言，如手势、表情等辅助语言表达，从而增强交流的效果。协商能力则是在交际过程中，当听话人没有完全理解讲话人的语言，或者没有听清讲话人的意思时，听话人可以运用的一些策略，交际者可以通过请求重复或者要求解释来澄清信息，确保双方都能够理解对方的意思。在口语教学中，教师应该培养学生的交际策略能力。引导学生在实际交流中使用填补词、同义词替代等策略，帮助他们在困难情境下保持流畅的交际。教师还可以通过示范和练习，让学生熟练掌握澄清信号的使用，以提高他们的协商能力。

（5）文化知识

实现有效的交际需要学生不仅能够准确地表达语言，还能在交流中得体地运用。因此，学生除了掌握坚实的语言知识，还需具备丰富的文化背景，以确保他们的口语表达在特定的文化氛围和语境下更加贴切。在大学英语口语教学中，培养学生的文化知识也是至关重要的一环。通过了解不同国家和社会的文化，学生可以更好地理解和运用语言，从而使其口语表达更有内涵。掌握文化知识能使学生更好地理解和运用习语、隐喻以及其他文化特有的表达方式，有利于学生在交流中避免误解，同时使他们的表达更加地道和自然。文化知识也能帮助学生更好地适应不同场合的交际要求，他们可以根据不同的文化习惯和礼仪调整自己的言行举止，从而在交际中更加自信和得体。

2. 大学英语口语教学的目标

大学英语口语教学的目标在《大学英语课程教学要求》中有明确的规定，即培养学生在口语交际中能够自如地表达思想、沟通信息，并逐步提高口语表达水平。这些要求不仅仅涵盖了基本的口语技能，还针对不同水平的学生设定了更高的要求。要求学生能够在日常话题上进行简单的英语交谈，因此学生需要掌握基本的词汇和句型，能够应对日常生活中的简单对话，如问候、介绍自己、询问情况等。在学习过程中能够用英语进行交流，并能就特定主题展开讨论，要求学生不仅要具备基本的语言能力，还要在实际交流中灵活应用，表达自己的观点和看法。进一步地，能够经过准备就熟悉的话题做简短的发言，需要学生能够组织自己的思维，清楚地表达自己的想法，这也培养了他们公共演讲的能力。在更高的要求中，学生需要基本描述事件、陈述事实，并确保语音和语调基本准确、表达清楚，这涉及语音的正确运用和语调的灵活变化，以及能够用适当的语言表达清晰的意思的能力。对于更高水平的学生，要能够较为流利、准确地就一般或专业性话题进行对话或讨论，这需要他们掌握更多的词汇和更高层次的语法知识，以在更复杂的话题上进行交流。与此同时，还包括用简洁的语言概括篇幅较长、难度较大的文本或讲话，以及在国际会议和专业交流中宣读论文并参加讨论的要求。这要求学生不仅能够应对日常生活，还要在更正式、专业的场合下自如地运用口语表达能力。

（二）大学英语口语教学的原则及方式

1. 大学英语教学的原则

大学英语口语教学的核心在于培养学生在真实情境下熟练运用英语进行交际的能力，为了实现这一目标，教育界提出了一系列重要的口语教学原则，以确保学生能够逐步提高自己的口语交际能力。情境化原则强调语言使用必须紧密结合特定的情境，要求口语教学不应仅仅停留在抽象的语法和词汇层面，而应将语言置于真实的生活情景中。教师通过创造不同的情境，如购物、旅行、聚会等，能够让学生在各种实际场景下进行口语练习，从而更好地掌握语言的应用。多样化原则也是口语教学的关键，单一的教学方式难以满足不同学生的需求。教师可以借助多元化教学工具，展示真实的口语材料，创造出真实的英语口语环境，激发学生的兴趣和积极性，从而提高他们的口语表达能力。生活化原则要求教学内容贴近学生的学习和日常生活，选取有趣的话题，涵盖学生的兴趣和需求，这能够激发他们的积极性。只有在学生感兴趣的领域进行口语练习，才能够真正激发他们的学习热情。互动性原则强调在口语教学中鼓励学生进行互动，机械性的提问和回答远远不够，教师可以组织学生进行小组讨论、对话练习、角色扮演等活动，从而增加学生与他人之间的交流机会，提升他们的口语表达能力。渐进性原则强调教学要循序渐进，逐步引导学生从易到难，由浅入深。教学目标要既不过高也不过低，以免学生产生压力或畏惧情绪，并能使其更好地适应口语练习的挑战。科学性原则强调在纠正学生口语错误时要适度，教师可以先表扬学生的努力，然后再指出需要改进的地方。积极的学习环境有助于提高学生的自信心，让他们更愿意大胆尝试口语表达。鼓励性原则则是在创造积极学习环境方面的重要原则，学生需要在安全的环境中进行口语练习，从而积极参与语言表达。教师可以根据学生的不同情况选择不同的教学方法，提供个性化的策略，帮助每个学生取得进步。先听后说原则认为听和说是相辅相成的，学生可以通过先听后说积累语言知识和表达经验，从而更好地提高口语能力，先听后说原则强调了语言输入和输出的平衡。内外兼顾原则要求教学不仅仅停留在课堂上，教师可以通过组织课外活动，如英语角、演讲比赛等，为学生提供更多的语言练习机会，巩固其口语知识，帮助他们更好地进行交际。以上原则共同作用构建了有效的大学英语口语教学框架，可以帮助学生在实际交际中熟练运用英语，从而提高他们的口语交际能力。教师在教学过程中应根据这些原则进行灵活的教学设计，让学生在口语领域取得长足的进步。

2. 大学英语口语教学的方式

在大学英语口语教学中，应用任务型教学法，能将学生置于学习的主导地位，通过实际任务的完成来培养学生的英语能力。任务型教学法的实施过程涵盖了准备、实施和总结三个关键阶段，旨在全面提升学生的口语表达能力。任务前阶段，教师需要为学生创设一个激发兴趣的主题情境，引入相关话题、背景信息以及一些引导性问题，这有，教师能够激发学生的好奇心，调动他们的学习动机。这一阶段的目标是建立学生对任务的初步认知，确保他们对任务有基本的了解，并愿意投入任务之中。接下来是任务中阶段，即任务型教学法的核心阶段，更是学生实际参与任务的阶段。教师可以将学生分为小组，每个小组负责不同的任务。学生在小组内进行合作，以讨论、分工、互相协助等方式来完成任务，这促进了学生之间的互动，还培养了他们的合作能力和团队精神。学生在任务中需要积极搜集相关资料，学习课外知识，从而不断增加口语交流的语料储备。学生能够通过实际操作更好地理解语言在真实情境中的应用，逐渐培养流利的口语表达能力。最后是任务后阶段，学生在该阶段需代表小组向全班汇报任务的情况，这为学生提供了展示自己成果的机会，同时是学生口语交流的实际应用机会。教师在这个阶段起到评价和指导的作用，对学生的表现进行评价，鼓励表扬优点，纠正错误，引导他们掌握更加有效的口语表达方式。教师还可以通过在此阶段中积极引导学生总结任务的过程，帮助他们深入思考学习经验，从而更好地将其应用于实际交际。

（三）大学英语口语教学中渗透中国优秀传统文化的途径

许多学者在研究大学英语口语教学时，通常聚焦于目的语文化在教学过程中的渗透，但较少关注母语文化对英语口语教学的影响，尤其是实际的行动研究相对较少。然而，母语文化意识在被正确运用的前提下，对提高大学生的英语口语水平具有积极作用。[①]具体可以通过以下途径在大学英语口语教学中渗透中国优秀传统文化。

1. 结合中国优秀传统文化创设场景，搭建口语表达实践平台

在大学英语教材中，口语教学常以西方文化为基础，然而这与学生的生活背景有时相去甚远。为了使口语教学更贴近学生的实际，教师可以融入中国优秀传统文化，创设更具个性化的教学环境。中国优秀传统文化是丰富的资源，可以为口语教学注入新的活力。教师可以在口语课上融入中国文化元素，设计以中国传统文化为背景的口语练习。例如，开展角色扮演或讨论活动，让学生描述对中国传统节日的了解，或者探讨中国古代的哲学思想。这能使学生在语言表达中强化文化认同，也能激发他们对英语学习的兴趣。教师可以选择一些富有中国特色的主题，如中国茶文化、传统戏曲等，作为口语教学的话题，让学生用英语分享自己对这些主题的理解和看法，这不仅有助于提高学生口语表达能力，还能让他们更深入地了解中国文化的魅力。在教学过程中，教师还可以设计一些有趣的口语活动，让学生结合中国文化元素展开有创造性的交流。例如，学生可以用英语描述自己最喜欢的中国传统节日，或者讲述一个与中国历史人物相关的故事，锻炼学生的口语表达能力，培养其对

① 王岚，王洋．英语教学与英语思维[M]．长春：吉林人民出版社，2019：168.

中国文化的兴趣和理解。

2. 向学生补充与中国文化有关的词汇或句子

在课堂中，教师可以巧妙地融入与中国文化相关的英文表达，引导学生用英语谈论他们的母语文化，从而帮助学生更好地理解和运用英语知识，这也能丰富他们的文化视野。教师可以在教学中创造有趣的语境，将英语知识点与中国文化元素相结合。例如，当教授关于时间表达的课程时，教师可以介绍中国古代的农历和传统节日，然后引导学生用英语表达关于农历和节日的相关信息。这种教学方式能使学生在学习中强化文化认同，更容易记住和运用所学的英语知识。教师还可以为每个语言点设计与中国文化相关的练习。例如，在学习询问健康状况的表达时，教师可以设计一个对话情境，让学生扮演中医师和病人，使用英语进行沟通，这既锻炼了学生英语口语水平，还能使其学到关于中医和健康的相关知识。期间教师的引导也非常重要，要通过鼓励学生的主动思考和讨论，让他们从不同角度了解中国文化，同时用英语进行表达。在这个过程中，学生会不自觉地将所学的英语知识应用到自己感兴趣的主题上，从而提高了学习的积极性。

3. 文化对比

（1）植物文化对比

汉语中的“土豆”仅仅是一种普通的植物，没有特殊的象征意义。然而，在英语中，单词“potato”却因受人们的喜爱而获得了更丰富的内涵，常被用来比喻“人”或“人物”，甚至指代“美元”。此种语言现象展示了语言与文化之间的紧密联系，凸显了词汇在不同语境下的多义性。英语中常用短语“a small potato”指代那些不引人注意的普通人物。另一个例子是“a couch potato”，这个短语形象地描述了那些整天迷恋电视节目，忽略学业的人，暗指其消极的生活态度。类似地，短语“a hot potato”用来描述棘手的问题，突显了这个问题可能带来的不便和困扰。而在具体表达上，英语中的“potato”也被用于表示货币单位。例如，表达“花 497 美元”的时候，可以使用“497 potatoes”，这反映了人们对金钱和生活成本的戏谑态度，以及对金钱与食物之间联系的特殊认知。英语中的表达“the clean potato”在口语中可用来指代“正派的人”或“正经的事情”，为“potato”赋予了社会价值和道德判断，这也反映了语言在文化背景下的演化，赋予单词更为丰富的含义。不难发现，语言并不是单纯的传递信息的工具，它承载着文化、社会和人们的观念。英语中的“potato”就是一个微妙的例证，它在不同的文化和语境中有截然不同的内涵。这提醒人们在语言学习和交流中，要理解语言背后的文化意蕴，以更好地进行跨文化交际。

（2）动物文化对比

在西方文化中，鳄鱼（crocodile）被视作凶狠而狡猾的动物，它常以流泪的方式来迷惑猎物，等待时机将其吞食。然而，实际上，鳄鱼流泪并非因为情感上的伤心或悔恨，而是一种正常的生理现象，有助于排出体内的多余盐分。这一特性在英语中被引申为“鳄鱼的眼泪”，通常用来比喻虚伪的慈悲或假装的仁义。英语中的短语“the crocodile tears”常被用来形容某人的假慈悲。例如，句子“He wept a few crocodile tears over his wife’s death and then got married again at once.”中的“crocodile tears”就是指这个人对妻子的死展现出的虚假悲伤，事实上他很快就再婚了。与此不同，汉语中并没有特定的文化短语与鳄鱼相关。然而，汉语中也有与之相似的表达，如“猫哭耗子——假慈悲”，也具有揭示虚伪情感的含义。虽然起源于不同的文化背景，但这些类似的表达都在形容那些故意掩盖真实意图的行为。随着文化交流的深入，英语中“鳄鱼的眼泪”的用法逐渐被中国人理解和接受，在中国文化的影响下融入了汉语中，为人们提供了一个更加生动的方式来描述虚伪和伪装。中西方之间文化的碰撞和融合，进一步深化了人们对其他文化中表达方式的理解，也拓展了人们自己的表达手段，增强了人们的跨文化交流的能力。

第三节　大学英语阅读与写作教学中渗透中国优秀传统文化的对策

一、大学英语阅读教学中渗透中国优秀传统文化的对策

在大学英语阅读教学中，渗透中国优秀传统文化是一项重要的任务，可以通过多种对策有效实现。

（一）选题策略

在大学英语阅读教学中，选材策略是关键步骤，选择与中国传统文化相关的文章，可以为学生提供一个深入了解中国文化的窗口，让学生不仅在阅读中提升语言能力，还能在阅读中感受到中国优秀传统文化的独特魅力。例如，教师可以选择孔子或孟子的名言作为阅读材料。我国古代思想家的智慧言辞对中国文化影响深远，引导学生解读这些名言，能使其了解到中国古代儒家思想的核心价值观，如仁、义、礼、智等。不仅如此，对这些名言的解读也能让学生学习到一些与现代社会相关的智慧，如领导力、人际关系等。另一个选择是介绍中国古代的诗词，如唐诗宋词。这些诗词不仅具有美丽的艺术价值，还蕴含了深刻的文化内涵。学生通过阅读解析这些诗词，可以提高词汇和阅读理解能力，还能够领略到中国古代人们对自然、人生和情感的独特诠释。教师还可以选取与中国成语相关的文章。成语作为中国语言文化的瑰宝，蕴含着丰富的文化内涵和历史背景，教师可以向学生解释成语的来源和意义，扩展其词汇量，并让学生了解到中国人的智慧和幽默。

（二）背景介绍

在大学英语阅读教学中，背景介绍是一项重要的内容，有助于学生

更深入地理解所选文化的内涵和背景，从而更好地理解文章的上下文和含义。这种策略不仅提供了知识的补充，还能够帮助学生建立起与文化相关的情感共鸣。例如，如果教师选择了一篇关于中国传统节日的阅读材料，如春节，那么在教学过程中，教师就可以通过简短的背景介绍让学生了解春节的历史由来、传统习俗和文化意义。有关背景知识将有助于学生更好地理解文章中提到的与春节相关的内容，如庆祝活动、食物等，也能够帮助学生更好地体会中国人在春节期间的喜庆氛围和团圆情感。而如果选用了一篇关于中国古代诗词的阅读材料，教师也可以通过简短的背景介绍，向学生解释该诗词的创作背景、作者以及诗词背后所蕴含的情感和意义，这有利于学生更深入地理解诗词的内涵，从而更好地欣赏其中的美和智慧。背景介绍不仅能够提升学生的阅读理解能力，还能够培养学生的跨文化意识。学生了解不同文化的历史、传统和价值观，能在英语阅读的过程中更好地理解文章中的文化内涵，从而更好地应对跨文化交流的挑战。

（三）文化解释

在大学英语阅读教学中，文化解释能够帮助学生更好地理解与中国文化相关的生词、成语或习惯用语，进而深入领会文章的深层含义，帮助学生进行词汇积累，引导其更好地理解文化内涵，从而提升他们的阅读水平。例如，如果在阅读材料中出现了“狮子舞”的描述，教师可以对学生进行文化解释，解释狮子舞在中国传统文化中的重要地位和象征意义。学生深入了解狮子舞的背景之后，就可以更好地理解文章中与狮子舞相关的内容，如节庆活动、舞蹈动作等，同时能够体会到狮子舞所代表的中国文化特色和精神。如果文章中使用了成语“画蛇添足”，教师可以对学生进行文化解释，解释这个成语的来源和含义。这能使学生更加了解成语诞生的背景，更好地理解文章中使用此成语的意图，从而深入领会作者的表达意图。文化解释能够在一定程度上帮助学生更好地理解文化内涵，培养学生的文化意识和跨文化交际能力。学生通过了解与中国文化相关的词汇和表达方式，能更好地进行跨文化交流。

（四）讨论与分享

在大学英语阅读教学中，讨论和分享是一项重要内容，组织学生进行小组讨论，可以激发学生对文章内容和中国文化的深入思考，同时促进学生之间开展交流和合作。当学生完成阅读后，教师可以将他们分成小组，让每个小组讨论他们对文章的理解和感受，并让学生针对个人的看法和理解进行比较和交流，从而拓展他们的视野和认识。不同的学生可能会有不同的角度和观点，讨论与分享的过程能促使学生从多个角度去思考和解读文章，从而更加全面地理解文章的意义。在小组中，学生需要听取其他同学的意见，表达自己的看法，从而培养自己的口语表达能力和倾听能力。学生之间的交流也可以激发更多新的想法和思考，让他们从不同的角度来理解和分析文化内涵。[①]除了小组讨论，教师还可以鼓励学生分享自己的理解和感受。每个小组可以派出代表，向全班分享他们的讨论成果，让不同小组之间进行跨组交流，可以拓展了学生的思维和视野。学生通过分享还可以从其他同学的角度来理解文章，获得新的启发和思考。在进行讨论和分享时，教师需要起到引导的作用，确保讨论有条不紊地进行，不会偏离主题或陷入混乱。教师可以给学生提供一些问题或话题，引导他们的讨论方向，还可以在讨论结束后进行总结和点评，确保学生得到了正确的信息和启发。

二、大学英语写作教学中渗透中国优秀传统文化的对策

在大学英语写作教学中，渗透中国优秀传统文化是一项重要的策略，它可以丰富学生的写作内容，增强他们对中国文化的认识和理解。

（一）选题引导

在大学英语写作教学中，将中国优秀传统文化渗透到教学中是一项

① 崔校平．中国传统文化英语阅读教程[M].上海：上海交通大学出版社，2019：98.

极具价值的策略。其中，选题引导是一种有效的方法，可以让学生从文化的角度出发进行写作，更深入地了解和传承中国传统文化。选题引导指通过选择与中国传统文化相关的主题或话题，激发学生的兴趣，引导他们在写作过程中融入文化元素。例如，教师可以为学生提供有关中国传统节日的选题，如春节、中秋节等，这类传统的节日往往承载了中国人民的情感、习俗和价值观，学生可以从个人经历、家庭传统以及节日的象征意义等角度出发，展开自己的写作。另外，比较古代哲学思想与现代生活也是一个引人深思的写作方向，选择某一古代哲学思想，如儒家、道家或佛教，与当代社会现象进行比较。例如，要求学生写一篇文章，探讨儒家思想中的“仁爱”观念在当代社会中的体现，或者比较古代的“无为而治”理念与现代管理理念的异同，可以使学生展现自己批判性思维，还可以让其深入思考中国古代智慧如何在现代社会中发挥作用。在选题引导中，教师可以起到引导和启发的作用，向学生提供相关的背景知识、阅读材料或案例，激发他们的思考和创意。如此一来，学生将不再把写作视为一种机械的任务，而是将其与自己的文化根脉相结合，为自己的作品赋予更多的深度和独特性。

（二）引用典故成语

在大学英语写作教学中，渗透中国优秀传统文化的策略之一是引用典故成语，这样可以鼓励学生在写作中引用中国古代典故、成语或诗词，从而为文章增添深度和文化内涵，有效提升学生的写作技巧和语言表达能力。引用典故成语是一种充满智慧的表达方式，教师可以在写作任务中设置引用的要求，例如，要求学生在一篇议论文中引用一句孔子的名言，或在一篇叙述文中使用一个相关的成语来点缀文章，为文章赋予历史感和文化深度，并提升学生对传统文化的了解和运用能力。例如，如果学生正在撰写一篇关于领导力的议论文，教师可以要求他们引用孔子的名言“君子周而不比，小人比而不周”，让学生更加精准地表达自己对领导力的看法，还能体现中国古代智慧在现代议题的启发讨论中。学生在写作中引用成语也是一种有效的文化渗透方法。例如，学生在叙述文中可以使用“卧虎藏龙”形容某个地方有潜在才华，或者在说明问题的论述中使用“因果关系”来加强逻辑，这不仅能为文章增色添彩，还能够锻炼其对词语的灵活运用能力。如此，学生的写作将不再局限于简单的表达，而是融入了中国古代智慧和文化内涵，进而有利于提升他们的写作质量，培养他们的跨文化沟通能力和文化自信心。教师在批改学生作文时可以对引用的典故成语进行点评，引导学生更好地理解和运用这些文化元素。

第四节　中国优秀传统文化视角下的大学英语思政教学实践策略

一、有效融入中国优秀传统文化内涵

优秀传统文化是中华民族的瑰宝，蕴含着丰富的思想智慧和价值观念。在大学英语教学中融入中国优秀传统文化，能在潜移默化中培养学生正确的思想意识和道德价值观，深化英语教学的内涵。教师在教学过程中应当注重传统文化的渗透，而不生搬硬套，可以选取与英语教学内容相关的优秀传统文化，与英语教学相融合，使学生在学习英语的同时了解中国传统文化的精髓。例如，在学习英语中的交际策略时，教师可以引用孔子的名言“己所不欲，勿施于人”，引导学生在语言交际中更加尊重他人、友善待人。教师可以在教学中穿插相关的典故、成语或诗词，以丰富学生的语言表达。例如，在讲解词汇时，教师可以引用与传统文化相关的成语，如“卧虎藏龙”“大展宏图”等，让学生在学习语言的同时了解到成语的文化内涵。

二、灵活融合校园文化与课程教学

将校园文化与课程教学巧妙结合，是提升大学英语思政教育效果的一种重要策略。校园环境和氛围可以成为融入传统文化的有效元素，教师可以选择与校园文化相关的传统文化元素，如中国古典音乐、书法、绘画等，将其引入课堂教学。例如，在教授关于艺术的英语课程时，教师可以让学生了解中国古代绘画家的传奇故事，或者解读中国画中蕴含的哲学思想，将传统文化元素与课程内容有机结合，提升学生的学习兴趣，拓展他们的文化视野。教师还可以引入校园文化的话题，将其与传统文化相联系。例如，在进行口语教学时，教师可以设计以校园生活为背景的对话情境，让学生用英语表达他们在校园中的体验和感受。将校园文化与课程教学巧妙结合，能丰富课堂内容，激发学生的学习动力和认同感。学生在感受到校园文化的熏陶和传统文化的价值后，会更加自觉地投入学习，从而更好地理解和传承中国优秀传统文化。

三、提升教师对中国优秀传统文化的认识

当前，我国大学英语教学多数集中在英语专业毕业生身上，很多英语教师虽然拥有丰富的英语知识，但是在学习英语的过程中对中华优秀传统文化的了解相对较少，这导致他们在大学英语课程中无法有效地融入传统文化元素。因此，大学英语教师迫切需要提升对中华优秀传统文化的认识水平。大学英语教师需要超越狭隘的英语学习和教学范畴，积极深入了解中华优秀传统文化，掌握涵盖国学、历史、民族艺术等多个领域的知识。中华优秀传统文化极其丰富，大学英语教师应自觉拓宽自身的知识面，深入理解传统文化的核心价值。如此，教师才能更好地将传统文化元素融入大学英语课程之中，使其更具深刻内涵。中华优秀传统文化并不是孤立存在的，而是与西方文化存在着相似之处和联系的。大学英语教师可以充分利用自己的英语专业知识，深入研究中华优秀传

统文化，发现二者之间的相似性和互补性，从而实现中华优秀传统文化与大学英语的有机融合，为大学英语教学提供新的思路和方法，让学生更好地理解和感受传统文化的魅力。在教学实践中，大学英语教师还可以将中华优秀传统文化融入具体的课程设计和教学活动中。例如，在阅读课程中，教师可以选择以中国古典文学作品为素材，让学生用英语描述其中的情节和意义。在写作课程中，教师可以引导学生运用中华传统文化元素，写作议论文或小说，从而深入体验传统文化的内涵。

第七章　中国优秀传统文化融入英语翻译活动的探究

第一节　中华传统戏曲文化融入大学英语翻译活动

一、结合翻译美学视角分析中国传统戏曲的对外译介

在大学英语翻译活动中融入中华传统戏曲文化可以为学生提供一个独特的学习机会，开阔他们的文化视野，提升他们的翻译技能。基于翻译美学视角分析中国传统戏曲的对外译介，学生可以更深入地感受到戏曲翻译艺术的魅力。在实施的过程中，教师可以选择一些经典的戏曲剧本、唱词或台词，要求学生进行翻译。例如，教师可选取《红楼梦》中的一段唱词，要求学生用英语翻译，保留原文的韵律和情感，同时传达其中蕴含的文化内涵。这既考验了学生的语言表达能力，也能引导他们深入了解中华传统戏曲的情感意蕴和文化特点。

二、联合授课与项目驱动

在大学英语翻译活动中融入中华传统戏曲文化是一项具有丰富创意和教育价值的举措。为了有效落实这一理念，可以采取联合授课与项目驱动相结合的方式，以更好地促进学生综合素质的提升。联合授课是一种让不同领域的教师协同授课，融合不同学科的知识和观点，提供更丰富的学习体验的授课方式。在中华传统戏曲文化与大学英语翻译活动相结合的情境下，教师可以邀请文学、戏剧、语言等相关领域的教师一同参与教学。从而为学生提供深入的文化解读，以及有关戏曲语言和表达方式的专业指导。联合授课不仅可以丰富课程内容，还可以培养学生的跨学科思维和合作能力。项目驱动是一种将学习与实践结合的方法，通过实际项目的策划与实施，让学生在实践中获得知识和技能的提升。在融入中华传统戏曲文化的大学英语翻译活动中，教师可以设计一个具有挑战性的翻译项目，要求学生选取一段戏曲唱词进行翻译，既保持原文的情感和美感，又能让目标语言读者理解其中的文化内涵，并推动学生更深入地体验中华传统戏曲的魅力，锻炼翻译技能和创意思维。联合授课与项目驱动的结合，可以进一步提升学生的学习效果和实践能力。在联合授课中，教师们可以共同制定课程目标，将中华传统戏曲的文化内涵有机融入英语翻译教学之中。此外，通过项目驱动，学生能够在实际操作中感受到文化融合的挑战，这也能逐步提升他们的跨文化交际和翻译能力。

第二节　中国优秀典籍文化融入大学英语翻译活动

在解决教学问题时，教学法的核心目标一直是找到具体的答案来应对“教什么”和“怎么教”的难题。一旦教学内容明确，就需要认真探讨如何将国学教育融入外语教学，积极寻求创新的教学理念和方法。将中国典籍文化融入大学英语教学并非简单任务，而是一个需要从多个方面构建的综合工程。

一、借助中国优秀典籍文化全面加强大学英语读写译活动

在现今的大学英语教材与教学中，听、说、读、写、译五大学习维度构成了英语学习的核心。然而，在这五个关键领域中，中华典籍文化的内容几乎是被遗漏的。在听、说、读、写、译这五个维度上融入中国典籍文化的内容，不仅是一项必要的措施，还是一个相互关联、需系统性强化的工程。在大学英语的听说课程中，引入中国典籍文化的内容是一个行之有效的方式。教师可以选取一些已经被翻译成英文的典籍内容，以及古代名人的轶事作为听力材料，拓展学生的典籍文化知识，激发学生对听力练习的兴趣。例如，选择司马迁的《史记·刺客列传》作为听力材料，让学生通过听力理解其中关于荆轲“士为知己者死”的英雄壮举，引发学生对这一主题的讨论。另外，在选择这类听力材料的基础上，教师可以设计口语练习题目，让学生进行口头表达。例如，要求学生复述听力内容中的故事情节，或就与荆轲类似的英雄行为以及相关话题进行讨论。通过这样的练习，学生不仅可以提升口语表达能力，还能够更深入地理解典籍文化的内涵，并将其与现实生活联系起来。除了在听说课程中的引入，中国典籍文化也可以融入阅读与写作课程。教师可以选取与中华传统文化有关的文章、故事作为阅读材料，鼓励学生从中获取启发，并进行写作练习，帮助学生加深对典籍文化的理解，促进学生英语阅读与写作能力的有效提升。

在大学英语教学中，将中华传统戏曲文化融入实践活动是一项需要精心设计与执行的任务。为了有效实施这一目标，教育工作者需要在多个方面做出努力，以确保学生能够深入了解、体验和传承这一宝贵的文化遗产。为了将中华传统戏曲文化融入大学英语翻译活动，教师需要认真选择相应的教材。教材中应当精选那些与戏曲文化紧密相关的文章、

剧本或评论，以便学生在翻译活动中能够深入理解戏曲的内涵和精髓。经典戏曲的剧本，或是关于著名戏曲演员的评论，都可以成为潜在的教材资源，从而方便教师引导学生进行翻译练习。联合授课与项目驱动是促使中华传统戏曲文化融入大学英语翻译活动的有效策略之一，教师可以与戏曲专业的教师合作，共同授课，把戏曲的历史、发展、演出方式等知识融入英语课堂，这有助于让学生更全面地理解戏曲文化，也能促进跨学科的交流与合作。教师可以使用项目驱动的方式，组织学生参与戏曲翻译项目，让学生深入了解戏曲的文化内涵，并通过实际翻译任务来加深学生对戏曲的理解。为了使学生在翻译活动中更好地理解中国传统戏曲文化，教师可以采用翻译美学视角进行分析，包括戏曲剧本中的修辞手法、情感表达、角色塑造等方面。教师可以引导学生从翻译的角度深入探讨戏曲的独特之处，进而提高学生的翻译意识，让他们更加注重在翻译过程中保留戏曲文化的特点。另外，通过阅读西方优秀汉学家的翻译作品，学生可以学习典范的翻译案例，从而提升自身的翻译水平。教师可以引导学生进行对比研究，分析不同翻译版本之间的差异，帮助学生更好地理解戏曲的深层内涵。

二、课上与课下、线上与线下相结合

大学英语教学中，将中华传统典籍文化融入实践活动是一项既具有复杂性又需要长期推进的任务。在这个过程中，教师应当充分发挥引导者的作用，将课堂教学与课外拓展相结合，借助线上与线下资源，培养学生对中华传统文化的深刻理解。在课堂上，教师应以激发学生兴趣、激发思考、培养创造力为目标，设计多元化的教学活动。然而，课堂时间有限，而典籍内涵却是丰富无限的，因此教师需要在课堂教学中引导学生充分利用互联网资源。教师可以在课前为学生提供多样化的线上学习材料，如典籍相关文献、翻译版本等，让学生在课堂前就开始自主学习。而在课后，教师可以布置相应的任务，鼓励学生在课外自主查找典籍资料，进行协作交流与磋商，从而进一步深化学生对典籍的理解。

将课内与课外、线上与线下相结合，既可以利用传统教学资源，又可以借助互联网平台，为大学英语带来更为丰富的教学体验。在这方面，孔子与《论语》作为中国传统文化的重要代表，应受到特殊关注。教师可以选定相关章节作为课堂教学内容，然后引导学生在课前对翻译版本进行研究，甚至尝试自我翻译，为课堂讨论打下基础。教师可以引导学生对不同汉学家翻译版本进行对比，让学生更好地了解翻译的难点与技巧，提高其跨文化交际能力。教师还应充分发挥互联网资源的作用，引导学生使用网络平台，参与在线学习。例如，学生可以观看与典籍文化相关的影视资料，如电影《孔子》，或者参加慕课课程。这样的活动能够更好地培养学生的自主学习能力和思维能力，同时提升其英语输入与输出的水平。

三、个人学习与合作学习相融合

在大学英语教学中，如何更好地融入中华传统典籍文化，让学生积极参与并深入理解，是一个需要教师不断探索的课题。教师应将教学模式由知识传授转变为学生主动学习，而在这个过程中，小组合作学习是一种极具潜力的教学模式。小组合作学习作为一种集体协作的学习方式，有利于激发学生的学习主动性和创造力。教师可以将班级同学分为不同的小组，通过科学的搭配，让学生在小组中相互协作，从根本上改变传统教学中教师主导、学生被动的局面，使学生从被动的知识接受者转变为积极的知识探究者。在进行小组合作学习时，教师应该合理规划任务，使任务的难度与深度能够适应学生的实际情况。教师可以布置典籍文化相关的预习、讨论、口语练习、翻译任务等，以此来促进学生对中华传统文化的全面理解和掌握。例如，学生可以合作研究特定典籍人物或事件，讨论并解读某篇典籍文章，或者以小组为单位进行辩论与比赛。通过合作与交流，学生还能够培养与他人合作的能力，这对提高其未来的社会适应性和职业能力也大有裨益。

第三节 中国优秀传统文化中的特色词语与翻译实践案例

中国文化源远流长，积淀了丰富的独特词汇，蕴含着富有中国特色的历史、文化和价值观。从“阴阳”“八卦”到“科举”“状元”，从古代的“武术”到现代的“一带一路”，无不映射着中国人的智慧与情感。随着改革开放的深入，社会上涌现出大量新词，如“改革开放”“小康”“新常态”等，这些词汇见证着中国在时代变革中的进步与发展。富有中国特色的词汇不仅仅是语言的表达，更是中华文化的重要组成部分，蕴含着丰富的文化内涵，代表着中国人对世界观的独特理解和中国人民的共同情感与价值认同。然而，正是因为这些词汇蕴含了深厚的文化内涵，它们在跨文化交流中也可能成为障碍。汉语中的一词多义、文化隐喻，使跨语言、跨文化的准确传达变得复杂而困难。

一、常见译法

（一）直译

对于有些意在字表的中国特色词语，无须加注，直译即可，如“糖炒栗子”，可译为“sugar-fried chestnuts”。

（二）直译 + 注释

有些中国特色词语意在字表，但具有文化背景信息，对这类词语的翻译可采用直译与注释相结合的方法，如“南拳”，可译为“South Boxing”，然后加注介绍其产生的历史、种类和特点。

（三）直译 + 音译

对于含有专名的中国特色词语，若意在字表，可采用直译与音译相结合的方法。例如，“哈尔滨红肠”“桂林米粉”可分别译为“Harbin red sausage”“Guilin rice noodle”。另外，有些汉语词语中的特色词语本身就是采用音译，如“臭豆腐”的英文是“stinky tofu”，其中的 tofu 是“豆腐”的音译，stinky (臭的) 是直译。

（四）直译 + 音译 + 注释

有些中国特色词语的翻译似可采用直译、音译、注释相结合的方法。例如，中医术语“阴虚”“阳虚”可译为“yin deficiency”“yang deficiency”，其中的 yin 和 yang 为音译，deficiency 是直译，然后对 yin 和 yang 加注如下：Yin is the principle of darkness negativity, and femininity in Chinese philosophy and medicine, and its counter-part is yang which refers to the principle of light, heat, motivation, and masculinity; both yin and yang are believed to exist in all things。

（五）意译

有些汉语特色词语在一定语境下文化意蕴并不浓厚，此时可采用意译的方法，而无须加注。例如，“韬光养晦”“不折腾”“月嫂”，可译为“keep a low profile”“don’t get sidetracked”“postpartum care worker”。

（六）意译 + 注释

有些汉语特色词语具有较强的文化色彩，不宜采用直译，此时可以采用意译与注释相结合的方法。例如京剧中的“花旦”“老生”“花脸”可分别译为“vivacious girl”“Bearded man”“painted-face”，然后加注介绍其角色特点。

（七）音译 + 注释

有些汉语特色词语在英语中找不到对应词语，这是词汇空缺现象，此时可考虑采用音译，然后加注说明。例如，“风水”“土豪”“饺子”，可采用汉语拼音法分别译为“fengshui”“tuhao”“jiaozi”，然后利用注释介绍这些词语的文化内涵。

（八）增词

在有些情况下，特色词语的翻译可适当增词，以准确达意。例如，“八宝饭”译为“eight-treasure rice pudding”，增加了“pudding”，此增译为向英语文化靠拢的归化译法，就像“南拳”中的“拳”译为“boxing”(亦可用 kungfu)，“白斩鸡”译为“oiled chicken chops served cold”（其中“served cold”为增词，点明此菜为冷菜，并非热菜，从而消除了“boiled”可能会引起的误解）。

二、译策译法选介——套译法

根据《中国翻译词典》的解释，套译法是一种翻译方法，其核心在于将译入语中的同义习语直接套用到译出语中，以保持内容、形式和修辞色彩的相似性。套译法在翻译实践中常被用来处理习语、固定表达等。例如，中文的“隔墙有耳”可以用英语的“walls have ears”翻译，“空中楼阁”可以用“castle in the air”翻译等。套译法旨在保留原文的文化特色和习语特色，同时通过改变具体形象来翻译原文的固定表达。套译法的应用具有一些优点，它能够保持原文的文化特色，因为这是在保留意义的前提下，将习语直接套用到译文中，可使译文依然保持原文所蕴含的文化信息。套译法保留了原文习语的特点，这对于读者来说能够更加自然地理解译文，因为他们能够联想到在本族语境中类似的习语表达。套译法也有助于提高译文的可读性，读者可以迅速领会译文的意思，而不需要过多解释。具体而言，套译法可以被应用于很多方面。以中文和英文为例，明显可以看出许多习语和固定表达在两种语言中具有相似的意义和结构。例如，“树倒猢狲散”可以用英语习语“monkeys desert a falling tree”来表达。翻译者通过这种方式可以保持原文的意义，并在译文中引入类似的习语，让读者直观地理解。类似地，“鱼米之乡”可以用英文习语“land of fish and rice”来翻译，这样，读者不仅能够理解意义，还能够感受到它的文化背景。然而，套译法的应用也存在一些挑战。翻译者需要在翻译前充分了解译入语和译出语中的习语，确保它们在意义和形式上相似或相同。否则，套译法就可能会导致翻译结果错误，甚至造成误解。

参考文献

[1] 张枫．中国优秀传统文化与高校思想政治教育工作融合研究 [M]. 太原：山西经济出版社，2021.

[2] 姜智芹．跨文化的追寻：中西文学研究论集 [M]. 北京：中华书局，2022.

[3] 沈春霞，于杰，倪广春，等．文化产业建设项目投资管理与实践 [M]. 南京：东南大学出版社，2022.

[4] 季中扬，梁建恕．传统节日传承机制与当代实践研究 [M]. 南京：南京大学出版社，2022.

[5] 陈爱国．中国当代戏剧视觉化转型研究 [M]. 南京：东南大学出版社，2021.

[6] 李解人．大学英语教学模式探究 [M]. 北京：新华出版社，2020.

[7] 王朝杰．大学英语翻译理论与实践研究 [M]. 北京：新华出版社，2020.

[8] 孙硕．中国古典诗词德育价值研究 [D]. 北京：北京科技大学，2023.

[9] 徐欣慰．文化翻译观视角下《三宝日记》翻译实践报告 [D]. 景德镇：景德镇陶瓷大学，2023.

[10] 彭玉清．文化意识培养导向的外语教师教学能力理论构建 [D]. 北京：北京外国语大学，2023.

[11] 周成彬．基于深度学习的古文翻译方法研究 [D]. 太原：中北大学，2023.

[12] 成方圆 . 交际翻译在英汉翻译实践中的运用：《世界如何运行》的汉译为例 [D]. 北京：北京外国语大学，2023.

[13] 古晓妮 .《路遥传》（节选）汉英翻译实践报告 [D]. 延安：延安大学，2023.

[14] 陈楚雄 . 以豫剧翻译为依托的中国文化汉英翻译教学研究 [J]. 汉字文化，2023（15）：166-168

[15] 姜巧彦 . 新文科背景下红色文化资源融入大学英语教学路径研究 [J]. 传播与版权，2023（14）：100-102，106.

[16] 王艳芳 . 新时代高校大学英语教学中的中国文化输入研究 [J]. 湖北开放职业学院学报，2023，36（14）：168-171.

[17] 刘凤琴 . 浅谈中华传统文化在英语教学中的渗透 [J]. 英语广场，2023（21）：129-132.

[18] 赵富霞 . 跨文化能力培养目标下外语教师角色重塑探析 [J]. 湖北开放职业学院学报，2023，36（13）：47-49.

[19] 郭奉红 . 大学英语教学中的文化安全路径探析 [J]. 鄂州大学学报，2023，30（04）：34-37.

[20] 彭兵转，洪照玥 . 大学外语教学中的中华文化融入路径探究 [J]. 黑龙江教师发展学院学报，2023，42（7）：64-66.

[21] 郭佳鑫，马洁 . 中华优秀传统文化融入高等外语教育的价值、目标及路径 [J]. 外语教学，2023，44（4）：63-68.

[22] 张鹏 . 中外大学英语教材文化呈现比较研究 [J]. 外语学刊，2023（4）：67-74.

[23] 吴一帆 . 文化渗透背景下大学英语课堂教学创新思路 [J]. 佳木斯职业学院学报，2023，39（7）：76-78.

[24] 郭盈，李佳莲 . 论文化自信视域下的大学英语教学 [J]. 长春大学学报，2023，33（6）：104-108.

[25] 胡雅萍 . 高校英语教育提升文化自信的实践策略 [N]. 中国电影报，2023-03-29（11）.

[26] 董艳．高校英语教学中翻译教学与文化育人的融合 [N]. 中国文化报，2023－02－24（3）.

[27] 黄敬惟，张鹏禹．助世界理解中国文化精髓 [N]. 人民日报海外版，2023－02－16（7）.

[28] 施晨露．用英语读出唐诗音韵格律之美 [N]. 解放日报，2023－08－21（2）.

[29] 郝天韵．强强联合蓄力文化“出海”[N]. 中国新闻出版广电报，2023－08－04（7）.

[30] 王春香．中华优秀传统文化的翻译策略 [N]. 中国社会科学报，2023－07－27（8）.

[31] 王红英．创新民族文化外宣翻译与传播路径 [N]. 中国社会科学报，2023－07－27（8）.